Sabine Rückert

Tote haben keine Lobby

Die Dunkelziffer der vertuschten Morde

Hoffmann und Campe

Mortuis et morituris

Die Deutsche Bibliothek – CIP-Einheitsaufnahme
Rückert, Sabine:
Tote haben keine Lobby : die Dunkelziffer der vertuschten Morde /
Sabine Rückert. – 1. Aufl. –
Hamburg : Hoffmann und Campe, 2000
ISBN 3-455-11287-0

Copyright © 2000 by Hoffmann und Campe Verlag, Hamburg
Schutzumschlaggestaltung: Büro Hamburg / Simone Leitenberger
Satz: Dörlemann Satz, Lemförde
Druck und Bindung: GGP Media GmbH
Printed in Germany

Inhalt

Vorwort und Dank

Im Sommer des Jahres 1998 setzte ich mich in ein Taxi, das vor dem Bahnhof einer deutschen Großstadt wartete. Die Taxifahrerin, eine mitteilungsbedürftige Frau Ende vierzig, begann mit mir zu plaudern und offenbarte mir – die sie nie zuvor gesehen hatte und nie wieder sehen würde – auf dem Weg zum Reiseziel ihr ganzes Leben in Kurzfassung. Es war ein sehr kummervolles Leben, dessen Tragödie im Verlust der einzigen Tochter gipfelte. Das Mädchen, knapp über zwanzig, sei Mitte der Neunzigerjahre in der Vorweihnachtszeit spurlos verschwunden, erzählte sie mir. Über zwei Jahre sei sie vermisst gewesen. Dann habe die Polizei ein Skelett aus dem Fluss gezogen und behauptet, es handle sich um die Gebeine ihrer Tochter. Die Todesursache sei nicht mehr festzustellen. Sie, die Mutter, habe nun der Polizei zu Protokoll gegeben, sie verdächtige den Liebhaber der Tochter, diese umgebracht zu haben. Die Beziehung sei eine Katastrophe gewesen, das Mädchen habe sich gefürchtet. Doch niemand habe sich für ihre Anklage interessiert, ernsthafte Nachforschungen angestellt oder sich gründlich um die Aufklärung der Todesumstände der jungen Frau bemüht. Es sei zum Verzweifeln gewesen. Als ich ausstieg, wusste ich: Sie wird ihr Leid dem nächsten Fahrgast wieder erzählen.

Ich habe noch oft an die Taxifahrerin und ihre tote Tochter gedacht, aber ich hielt ihre Geschichte für übertrieben oder für einen gruseligen Ausnahmefall im perfekten deutschen Ermittlungssystem. Heute weiß ich es besser.

Wenige Wochen später las ich eine Meldung in der Zeitung: »Jeder zweite Mord bleibt unentdeckt«. Ein kleiner Fünfzeiler unter der Rubrik Vermischtes verschiedener Tageszeitungen. Eine Nachrichtenagentur hatte diese Information auf einer Tagung der Deutschen Gesellschaft für Rechtsmedizin aufgeschnappt und an die Medien weitergegeben. Mir fiel die Geschichte der Taxifahrerin wieder ein, und ich ging als Redakteurin der Hamburger Wochenzeitung DIE ZEIT der Sache nach.

Die Recherche führte mich in die Leichenkeller dieser Republik und in die Abgründe der staatlichen Todesermittlung. Der Zeitungsartikel wuchs sich aus zum vorliegenden Buch, welches das Dunkelfeld der Tötungsdelikte in Deutschland auszuleuchten versucht. Unzählige Berichte fanden den Weg zu mir. Einige, die sich beweisen ließen, nahm ich in das Buch auf, einige, die sich nicht beweisen lassen, seien hier kurz erwähnt:

Da ist die Geschichte des Trunksüchtigen, der in der Garage heimliche Alkoholvorräte angelegt hat. Eines Tages befindet sich in dem zur Schnapsflasche umfunktionierten Terpentinbehälter tödliches Gift. Wie es in ihn hineinkam, hat die Polizei nie geklärt. Da ist die Geschichte des jungen Mädchens, das seiner Mutter gesteht, vom Vater jahrelang missbraucht worden zu sein. Am nächsten Tag fällt der Vater von der Leiter und bricht sich das Genick. Der Sturz fand seinen Platz in der amtlichen Unfallstatistik. Da ist die Geschichte der Abiturientin, die verschwindet und deren sterbliche Überreste Jahre später nur wenige hundert Meter vom Haus der Eltern gefunden werden. Todesursache unklar. Solche Fälle passieren täglich in Deutschland.

Ich recherchierte bei Hausärzten und Notärzten, bei Rechtsanwälten und Staatsanwälten, bei Richtern und Rechtsmedizinern, bei Kriminalisten und Kriminologen, bei Hinterbliebenen und bei Tätern. Ich stieß auf Mord, von dem keiner wissen will, und Totschlag, vor dem die Menschen die Augen schließen. Und am Ende der Recherche habe ich begriffen, was Fachleute und Ermittler meinen, wenn sie sagen: Tote haben keine Lobby.

Ich habe dieses Buch geschrieben, damit sich das ändert. »Die Würde des Menschen ist unantastbar«, formuliert Artikel 1 des Grundgesetzes. Und doch gilt das nur für Lebende. Die Würde des Menschen hört mit seinem Tod häufig auf. Denn Tote sind tot. Sie interessieren nicht. Es existiert in Deutschland ein staatliches System des Nichtwissenwollens. Ich werde zeigen, wie und warum die verschiedenen Instanzen der Todesursachenforschung sich viel zu oft nicht die Mühe machen, lückenlos aufzuklären, woran ein Mensch gestorben ist. Doch ungesühnter Mord lastet auf der Gesellschaft. Wer die Toten nicht achtet, gerät auch in Gefahr, das Leben nicht zu achten.

Das Buch dokumentiert Menschengeschichten, die als Fälle abgelegt sind. Es konnte nur entstehen, weil ungezählte Informanten, Experten, Betroffene mit mir geredet und mich unterstützt haben. Ich danke besonders (in alphabetischer Reihenfolge):

Professor Bernd Brinkmann, Direktor des Instituts für Rechtsmedizin in Münster; Privatdozent Dr. Alfred Du Chesne, Erster Oberarzt am Institut für Rechtsmedizin in Münster; Dagmar Freudenberg, Staatsanwältin bei der Staatsanwaltschaft Göttingen; Friedhelm Gabriel, ehemaliger Leitender Oberstaatsanwalt an der Staatsanwaltschaft Wuppertal; Professor Claus Henßge, Direktor des Instituts für Rechtsmedizin in Essen; Stephan Harbort, Kriminaloberkommissar im Polizeipräsidium Düsseldorf; Professor Winfried Hassemer, Richter am Bundesverfassungsgericht in Karlsruhe; Hanna Haupt, Gefängnispfarrerin in Halle; Rolf Jaeger, Kriminaldirektor, Polizei Siegen; Professor Arthur Kreuzer, Direktor des Instituts für Kriminologie an der Universität Gießen; Jörg Nabert, Rechtsanwalt in Hamburg; Professor Klaus Püschel, Direktor des Instituts für Rechtsmedizin in Hamburg; Dr. Marianne Röhl, Leitende Oberärztin in der 3. Abteilung für Psychiatrie und Psychotherapie im Klinikum Nord, Hamburg, Gerd Strate, Rechtsanwalt und Strafverteidiger in Hamburg, und dazu vielen, vielen anderen Polizisten, Notärzten, Rechtsmedizinern und Staatsanwälten, die es vorziehen, ungenannt zu bleiben.

Auch jenen Personen danke ich, die aus eigener Erfahrung wissen, was ein Dunkelfeld ist. Die eine Zeit ihres Lebens in ihm zugebracht haben und nun den Schutz der Anonymität nicht verlassen wollen – aus gutem Grund.

Die bei Erstnennung mit einem Sternchen (*) versehenen Namen sind zum Schutz der Persönlichkeitsrechte der Betroffenen geändert worden.

1 Die Dunkelziffer

Viele Tötungsdelikte in Deutschland
kommen nie ans Licht

Am 12. März 1998 beginnen um 9.32 Uhr im westfälischen Lüdinghausen Ermittlungen in einem Todesfall. Zu klären ist die Frage: Wie starb Nithrsan Emmanuel?

Ihr verkohlter Babykörper wird an jenem Morgen aus einem verbrannten Kinderreisebett geborgen. Fünfzehn Monate alt ist sie geworden. Mit den Eltern und zwei Geschwistern (zweieinhalb Jahre und vier Monate) lebte sie in einer Asylunterkunft am Stadtstannenweg. Ein Notarzt bestätigt den Flammentod des Kindes. Die Geschwister werden mit Rauchvergiftung ins Krankenhaus geflogen.

Der Brandsachverständige diagnostiziert Brandstiftung. Das Feuer sei am Kinderbett gelegt worden. Die Kriminalpolizei schließt aus der Situation (drei Kinder eingesperrt in einem Raum), dass der zweieinhalbjährige Bruder der Toten gezündelt haben muss. Das leuchtet der Staatsanwaltschaft Münster ein: Sie gibt die kleine Leiche zwei Tage später zur Bestattung frei. Eine Woche nach dem Tod, am 19. März 1998 um 14.35 Uhr, werden die sterblichen Überreste der Nithrsan Emmanuel eingeäschert – auf Wunsch der Eltern.

Der Fall Emmanuel hätte damit als abgeschlossen gelten können, wären nicht ein paar Milliliter Blut der kleinen Nithrsan auf der Welt zurückgeblieben. Auf Drängen des misstrauischen Brandsachverständigen war der Leiche noch am Todestag eine Blutprobe entnommen worden. Zwei Tage nach der Einäscherung trifft das Ergebnis der Blutuntersuchung bei der Staatsanwaltschaft in Münster ein: Im Blut ist kein Kohlenmonoxid. Das Kind hat bei Ausbruch des Feuers nicht mehr geatmet. Es muss bereits vorher tot gewesen sein.

Führt ein Arzt die Leichenschau bei einem Verbrannten durch, kann er wegen der Verletzungen durch Hitze und Rauch nur selten genau feststellen, ob der Mensch durch Feuer oder schon zuvor durch ein Gewaltverbrechen umgekommen ist. Eine Brandstiftung, die kaschieren soll, dass jemand ums Leben gebracht worden ist, gehört zu den Klassikern der Kriminalistik. Damit solche Tötungen nicht unerkannt bleiben, werden Brandleichen geöffnet.

Den Ermittlern im Fall Emmanuel war davon wohl nichts bekannt. Die Staatsanwaltschaft hielt eine Obduktion des Kindes für überflüssig, obwohl sie in solchen Fällen zum Standard gehört und der Brandsachverständige mehrfach darauf gedrängt hatte. Auch hörten die Ermittler erst nach der Kremation davon, dass die Familie Emmanuel dem Jugendamt schon längere Zeit wegen »emotionaler Kälte« gegenüber den Kindern aufgefallen war. Die Mutter des toten Kindes sagte bei der Polizei aus, ihre Tochter sei noch am Leben gewesen, als sie den Raum verlassen und die Tür hinter sich verschlossen habe. Nachbarn zweifeln daran. Sie berichten, sie hätten Frau Emmanuel darauf hingewiesen, dass es im Zimmer ihrer Kinder brenne und dass Türen und Fenster verriegelt seien. Als die Frau nicht reagierte, hätten sie selbst die Rollläden von außen hochgeschoben und die Fenster gewaltsam geöffnet.

Das alles sind Indizien, aber keine Beweise. Das einzige Beweismittel, das Corpus Delicti, ist mit staatlichem Stempel zu Asche geworden. Fragt man die Staatsanwälte in Münster heute, woran das Flüchtlingskind gestorben sei, zucken sie bedauernd die Achseln: »Die Todesursache ist unklar.« Der Fall wird in keiner Tötungsstatistik auftauchen. Wie so viele andere auch.

12

1998 starben in Deutschland 852 382 Menschen, 1622 davon wurden getötet – aus Berechnung, im Affekt. Die Aufklärungsrate bei den so genannten Kapitaldelikten gegen das Leben liegt bei 95 Prozent. So jedenfalls steht es in den offiziellen Zahlenkolonnen des Bundeskriminalamtes in Wiesbaden.

Doch es gibt noch andere Listen. Sie werden in den Leichenkellern der Rechtsmedizinischen Institute geführt, von denen es in jeder größeren deutschen Stadt eines gibt. Dorthin werden die Toten gebracht, bei denen der Staatsanwalt eine gerichtliche Autopsie angeordnet hat. Dort werden sie seziert, dort wird die Todesursache für Polizei und Staatsanwälte festgestellt – meistens eindeutig und definitiv. In diesen Instituten geraten nun durch Zufall auch Verstorbene auf den Seziertisch, denen im Totenschein ein natürliches Ende bescheinigt worden ist und die nach behördlichem Ermessen gar nicht obduziert werden müssten.

Das kann der Fall sein, wenn an den Instituten gerade wissenschaftliche Reihenuntersuchungen laufen, bei denen über einen gewissen Zeitraum zum Beispiel für ein »Forschungsprojekt Plötzlicher Kindstod« alle Säuglinge einer Autopsie unterzogen werden, die in der Region sterben.

Das kann der Fall sein bei privat finanzierten Obduktionen, wenn die Verwandten beispielsweise die Todesursache des Onkels zweifelsfrei erfahren wollen.

Das kann der Fall sein, wenn nachträglich ein Mordverdacht aufkeimt, der zur Exhumierung einer Leiche führt. Und natürlich dann, wenn jemand auf der Polizeiwache überraschend einen Mord gesteht, den ihm niemand vorgeworfen hat. Bei nicht wenigen all dieser Opfer fördert erst die Sektion das gewaltsame Sterben zu Tage.

Zufallsentdeckungen dieser Art sind in Deutschland häufiger, als der Bürger glauben mag. Wie oft sie vorkommen, hat 1997 erstmals eine Studie der Gesellschaft für Rechtsmedizin zu erfassen versucht. Sie trägt den Titel »Fehlleistungen bei der

Leichenschau in der Bundesrepublik Deutschland« (Brinkmann et al. 1997a) und dokumentiert die Überraschungsfunde aus den Leichenkellern von dreiundzwanzig der achtunddreißig deutschen Rechtsmedizinischen Institute. Der Zeitraum der Studie umfasst insgesamt ein knappes Jahr, wobei sich die Institute in ungleichmäßigen Zeiträumen daran beteiligten. Hinter der Anstrengung steckte die Absicht, endlich wenigstens eine gewisse Vorstellung vom Ausmaß der unentdeckten Tötungsdelikte zu erhalten.

Das Ergebnis zeigt: Zu den dreizehntausend sezierten Toten in diesem knappen Jahr gehörten rund dreihundertfünfzig, denen der Totenschein ein *natürliches* Ableben bescheinigte. Von diesen »natürlich« Verstorbenen hatten jedoch zweiundneunzig Tote, also etwa ein Viertel, ein sehr unnatürliches Ende genommen, wie sich bei der Obduktion herausstellte. Sie gliedern sich folgendermaßen auf:

92 Zufallsentdeckungen gewaltsamer Tode

Unfälle	49
Medizinische Maßnahmen (»Kunstfehler«)	19
Suizide	9
Tötungen	10
Drogen	5

Unter dreihundertfünfzig – laut Totenschein – »natürlich« Verstorbenen waren also zehn nicht erkannte Tötungsdelikte verborgen (dazu kommen noch zwei unbekannt gebliebene Tötungsdelikte, die an Deutschen im Ausland begangen worden waren und erst bei außerordentlichen Sektionen in Frankfurt und Würzburg festgestellt werden konnten). Die Zahlen lassen sich auf insgesamt siebzehn Tötungsdelikte hochrechnen, hätten sich alle Rechtsmedizinischen Institute an der Studie beteiligt.

14

Eine Kurzbeschreibung der zehn Überraschungsfälle:

Fall 1 (Tötung, Dresden): Ein weiblicher Säugling wird tot im umgekippten Stubenwagen unter der Bettdecke aufgefunden. In der Todesbescheinigung steht: natürlicher Tod, Verdacht auf Plötzlichen Kindstod. Die Polizei erhält zufällig einen Hinweis und veranlasst eine Sektion. Ergebnis: Das Kind wurde unter einer weichen Bedeckung erstickt.

Fall 2 (Tötung, Frankfurt am Main): Ein achtunddreißigjähriger Mann wird in eine Klinik eingeliefert, wo der Hirntod eintritt. Der Totenschein bestätigt den natürlichen Tod: Herzstillstand, Kreislaufversagen, Gehirnblutung. Jetzt geht ein Freund des Toten zur Polizei: Zwei Wochen vor dem Tod sei der Verstorbene in eine Schlägerei verwickelt gewesen, bei der er ein blaues Auge davongetragen habe. Eine Woche vor der Einlieferung habe er noch einen Kollaps erlitten. Die Sektion ergibt: schweres Schädel-Hirn-Trauma.

Fall 3 (Körperverletzung mit Todesfolge, Münster): Ein vierundfünfzigjähriger Mann wird in hilflosem Zustand an einer Raststätte aufgefunden. Alle klinischen Zeichen deuten auf einen Schlaganfall hin. Der Notarzt lässt ihn in die Klinik einweisen, wo der Kranke einen Tag später stirbt. Die Todesbescheinigung konstatiert: Schlaganfall mit Stammhirnbeteiligung und Halbseitenlähmung rechts. Der Mann wird begraben. Nach einigen Wochen meldet sich die Ehefrau des Toten bei der Polizei: Ihr Mann habe zwei Wochen vor seinem Tod eine Schlägerei gehabt. Zwei Monate nach der Bestattung wird der Tote exhumiert. Das Sektionsergebnis bestätigt: Der Mann hatte einen heftigen Schlag auf den Kopf erhalten, wodurch später ein Hirninfarkt ausgelöst worden war.

Fall 4 (Tötung, Frankfurt am Main): Ein polizeibekannter neunundfünfzigjähriger Mann, der oft auf dem Flughafengelände nächtigt, wird auf einer Bank im Flughafenbahnhof halb sitzend tot aufgefunden. Im Totenschein steht: natürlicher Tod, medizinisch nicht aufgeklärt. Der Tote wird zu wissenschaftlichen Zwecken in die Rechtsmedizin gebracht. Die Sektion ergibt: Schädelverletzungen, Schädel-Hirn-Trauma.

Fall 5 (Körperverletzung mit Todesfolge, Jena): Ein vierunddreißigjähriger Dialysepatient hat eine Schlägerei mit seinem Bruder, bei der er einen Faustschlag ins Gesicht erhält. Fünf Stunden später ist er tot. Der Totenschein weist einen natürlichen Tod durch Nierenversagen aus. Die Schwester des Verstorbenen erstattet Anzeige. Die Sektion ergibt: Hirnblutung.

Fall 6 (Tötung, Kiel): Ein achtundzwanzigjähriger Mann wird im Streit erschossen. Im Totenschein steht: natürlicher Tod. Plötzlich meldet sich der Täter und gesteht. Die Sektion ergibt: Verblutung durch Steckschuss in der Brust.

Fall 7 (Körperverletzung mit Todesfolge, Leipzig): Einer zweiundachtzigjährigen Frau wird der natürliche Tod bescheinigt. Durch einen nicht näher ermittelten Zufall gelangt ihr Körper in die Gerichtsmedizin. Die Sektion ergibt: Beckenbruch nach gewaltsam herbeigeführtem Sturz.

Fall 8 (Tötung, Münster): Ein fünf Monate alter Säugling wird von der Mutter im Auto ins Krankenhaus gebracht. Sie sagt, das Kind sei ihr im Auto gestorben. In den Totenschein wird eingetragen: Verdacht auf Plötzlichen Kindstod. Die wissenschaftliche Sektion ergibt: diskrete Erstickungsbefunde. Die Mutter gesteht daraufhin, ihr Kind in einem Plastiksack erstickt zu haben.

Fall 9 (Tötung, Potsdam): Ein sechzigjähriger Mann wird auf einem Gehweg liegend tot aufgefunden. Der Totenschein gibt an: plötzlicher Herztod. Der Tote soll eingeäschert werden. Erst bei der zweiten Leichenschau, die ein Rechtsmediziner zehn Tage später vor der Kremation vornimmt, fallen die Stichverletzungen in der Brust auf. Die Sektion ergibt: Herzstich.

Fall 10 (Tötung durch Misshandlung, Hamburg): Ein zwei Monate alter männlicher Säugling wird von seinem Vater leblos ins Krankenhaus gebracht. Er behauptet, das quengelige

Kind ins Bett gebracht zu haben. Es sei plötzlich still geworden. Später habe er es mit Erbrochenem im Mund aufgefunden. Im Totenschein steht: Verdacht auf Plötzlichen Kindstod. Der Säugling wird begraben. Zufällig liest ein Arzt die Todesanzeige in der Zeitung. Er hatte zwei Jahre zuvor schwerste Misshandlungssymptome beim Geschwisterkind diagnostiziert. Er informiert die Polizei. Der Säugling wird exhumiert. Die Sektion ergibt: Hirnhautblutungen durch stumpfe Gewalt gegen den Kopf, Augenhintergrundblutungen durch Schütteln, alte und frische Rippenbrüche.

Zu diesen zehn Toten, denen Ärzte offenkundig fälschlich ein natürliches Ende bescheinigt hatten, kommen in der Untersuchung von 1997 noch weitere fünfunddreißig mit *unklarer* Todesursache eingelieferte Personen, die durch fremde Hand um ihr Leben gebracht worden waren. »Diese Gruppe«, schreiben die Rechtsmediziner in ihrer Erläuterung der Studie, »umfasst ebenfalls Beispiele gravierender ärztlicher Fehlleistungen bei der Leichenschau.« Die Fehler seien aber nicht zu Stande gekommen, weil es an Anhaltspunkten für einen gewaltsamen Tod gemangelt habe, sondern allein dadurch, dass offenkundige Zeichen für Mord und Totschlag von den Ärzten am Leichenfundort aus Ahnungslosigkeit oder Desinteresse nicht zur Kenntnis genommen worden seien.

Auch diese Gruppe der Zufallsentdeckungen mit »ungeklärter Todesursache« soll hier durch einige Beispiele veranschaulicht werden, wie sie den Rechtsmedizinern jeden Tag auf den Seziertisch kommen.

Fall 1 (Hamburg): Ein Zweiundachtzigjähriger wird von seiner Nichte vollständig bekleidet auf dem Sofa sitzend aufgefunden. Er ist tot. Der Leichenfundort ist unauffällig. Der Arzt kreuzt zwar ungeklärte Todesart im Totenschein an, die Staatsanwaltschaft gibt die Leiche dennoch zur Einäscherung frei, was häufig geschieht. Da meldet sich ein junger Mann bei der Polizei und gesteht, den Greis umgebracht zu haben. Er habe ihm nach homosexuellen Handlungen eine Plastiktüte über den Kopf gestülpt und ihn so erstickt. Die nun erfolgte Sektion ergibt: Würgemale und Erstickungszeichen.

Fall 2 (Münster): Eine dreiunddreißigjährige Frau liegt, wie ihre halb erwachsenen Kinder feststellen, morgens tot im Bett. Der Hausarzt kreuzt auf dem Totenschein zwar den ungeklärten Tod an, sagt aber der Polizei, er vermute, dass es sich um einen Herztod handle. Da die Tote noch jung ist, ordnet die Staatsanwaltschaft eine Sektion an. Sie ergibt: versteckte Würgemale und Erstickungsblutungen. Die Frau war von ihrem Lebensgefährten beseitigt worden.

Fall 3 (Hannover): Ein Dreiundfünfzigjähriger ist tot. Der Wohnungsmitinhaber berichtet dem Arzt, der Mann sei direkt vor seinen Augen gestorben. Der Arzt beschreibt im Totenschein »pockenartige, rötliche Anhaftungen« und kreuzt »Todesursache ungeklärt« an. Erst drei Tage später findet die Sektion statt, bei der eigentlich nur festgestellt werden soll, ob der Mann an einer Epidemie erkrankt war. Sie ergibt: Er ist nach Stichen und Schnitten in die Brust verblutet.

Solche und ähnliche Entdeckungen sind es, die die deutschen Rechtsmediziner ein großes Dunkelfeld bei Mord und Totschlag fürchten lassen. Schon immer waren sie – im Gegensatz zu vielen (nicht allen!) Staatsanwälten – davon überzeugt, dass ungezählte Tötungsdelikte im Geheimen geschehen und nie zur Kenntnis der Ermittlungsorgane gelangen. Und gerade die erfahrensten Kriminalisten teilen diese Ansicht. Beunruhigend wird die Studie der Rechtsmedizinischen Institute darum auch im Besonderen, wo sie die Zufallsentdeckungen im so genannten Sektionsgut (13 000 Tote) hochrechnet auf die Todesfälle in der gesamten Bevölkerung (knapp 900 000 Tote pro Jahr).

Die Wissenschaftler legen Wert darauf, dass ihre Hochrechnung »vorsichtig und konservativ« sei. Dennoch kommen sie bei ihrer Dunkelfeldschätzung zu dem Schluss, »dass jährlich in der Bundesrepublik mit insgesamt 11000 bis 22000 nicht natürlichen Todesfällen zu rechnen ist, die bei der Leichenschau als *natürlich* klassifiziert werden. Darunter 1200 bis 2400 Tötungsdelikte.« Ruft man sich nun die offiziellen Zahlen der Kriminalpolizei ins Gedächtnis zurück (also etwa 1500 bis 2000 Fälle von Tötungen und tödlichen Körperverletzungen pro Jahr), bedeutet das Ergebnis: *Mindestens jede zweite Tötung* in Deutschland bleibt unerkannt. Oder mit anderen Worten: Jedes Jahr geht in Deutschland die Titanic mit Mann und Maus unter, ohne dass es einer merkt.

Das Dunkelfeld bei Tötungsdelikten war und ist ein Feld der Schätzungen und Spekulationen. Eine wissenschaftlich fundierte kriminologische, soziologische oder polizeiliche Dunkelfeldforschung wurde – nach Angaben des Bundeskriminalamtes (BKA) – im ganzen deutschsprachigen Raum definitiv nie angestellt. Auch im englischsprachigen Raum sind nur spezielle Ausschnitte des Dunkelfelds beleuchtet worden (siehe Kapitel 2, Stichwort: Mord im Krankenhaus).

Das liegt zum Teil in der Natur der Sache: Die klassische Methode der Dunkelfeldforschung bei anderen Delikten, die *Opferbefragung,* lässt sich hier nicht anwenden. Tötungsopfer können naturgemäß keine Auskunft mehr geben. Nur bei der Obduktion erzählen sie ihre Geschichte dem, der ihre Körper untersucht. Doch kein Staat der Welt kann es sich leisten, zu Forschungszwecken alle Verstorbenen obduzieren und giftchemisch analysieren zu lassen.

Auch die zweite Methode der Dunkelfeldforschung, die *Täterbefragung,* funktioniert bei Tötungen nicht. Bei weniger schwer wiegenden Delikten wird ein bestimmtes Sample von Personen nach von ihnen begangenen Straftaten gefragt, auf die niemand aufmerksam geworden ist. Um Auskunft über nicht entdeckte Morde zu geben, müssten die Befragten jedoch so gewaltige psychische Verdrängungsbarrieren und so immense Angst- und Schuldgefühle überwinden, dass keinesfalls mit validen Ergebnissen zu rechnen wäre (siehe auch Kapitel 6, Stichwort: Wann wird ein Mensch zum Mörder?). Viele Täter, auch die abgebrühtesten, geben die ihnen vorgeworfenen Tötungsdelikte bis zum Ende ihres Lebens nicht zu – mag die Polizei ihnen auch noch so viele Morde zweifelsfrei nachgewiesen haben, mögen sie auch vom Gericht deswegen zu mehrfach lebenslänglicher Haft verurteilt worden sein. Alle Polizeiermittler kennen diese Regel der menschlichen Seele: Je »qualifizierter«, je schwerer ein Verstoß gegen das Gesetz ist, desto eiserner wird darüber geschwiegen.

Einen interessanten Hinweis könnte die »Projektstudie über das Mobilitätsverhalten von Serien- und Intensivtätern« enthalten, die 1996 von der Fachhochschule der Polizei Wiesbaden durchgeführt wurde. Sie beschäftigte sich auch mit dem Dunkelfeld bei den unterschiedlichsten Delikten. Ihr lag die Methode der Täterbefragung zu Grunde. Dreihundertzwei Strafgefangene, die in der Justizvollzugsanstalt Darmstadt-Eberstadt einsaßen, wurden gebeten, auf anonymen Fragebögen über ihr kriminelles Verhalten Auskunft zu geben. In dem Darmstädter Gefängnis verbüßen männliche Täter Freiheitsstrafen kurzer und mittlerer Dauer. Achtzig Personen, also 26 Prozent der Inhaftierten, waren bereit, die Fragen zu beantworten.

Aus den Ergebnissen ging hervor, dass sich nur 6 Prozent der Insassen keine weiteren Delikte hatten zu Schulden kommen lassen als die, für die sie einsaßen. 25 Prozent hatten bis zu zehn Straftaten begangen, die ihnen nicht zur Last gelegt worden waren, 17,5 Prozent bis zu fünfzig und 15 Prozent über fünfzig Straftaten. Die unerkannten Delikte waren somit *acht Mal* so häufig wie die ermittelten.

Es wurde gezielt nach dem Dunkelfeld bei Diebstahl, bei

Einbruch, bei Bandenkriminalität, bei Raub und schwerem Raub, bei Betrug, bei Rauschgiftkriminalität und bei Verkehrsdelikten gefragt. Tötungsdelikte wurden – aus oben genannten Gründen – nicht explizit angesprochen, allerdings gab es eine Rubrik *Kapitalverbrechen*, und damit sind Tötungsdelikte gemeint.

Die Frage Nummer 2.8.2 ist in diesem Zusammenhang besonders interessant. Sie lautete: »Welche [Ihrer] Straftaten wurden der Polizei hauptsächlich nicht bekannt?« Zweiundsechzig Personen, also 77 Prozent der Probanden, beantworteten diese Frage. Sieben von ihnen (9 Prozent) kreuzten an, bereits Kapitalverbrechen begangen zu haben, von denen die Polizei keine Kenntnis erhalten hatte.

Auch die dritte (und am wenigsten zuverlässige) Methode, Licht ins Dunkelfeld zu tragen, greift bei Tötungsdelikten ins Leere. Es ist die Frage an *Mitwisser:* Haben Sie von einer nicht entdeckten Straftat erfahren? Sie funktioniert nicht, weil auch auf den Zeugen, die ein solches Delikt ja verschweigen und sich dadurch mitschuldig machen, ein schlechtes Gewissen lastet. Oft sind Mitwisser einer Tat – wenn es sie denn überhaupt gibt – dem Täter sehr nahe und ebenso wie er starken Verdrängungsmechanismen unterworfen.

Was die Dunkelfelderhebung bei Tötungsdelikten ganz grundsätzlich so ungeheuer schwierig macht, ist die Tatsache, dass kriminelle Akte gegen das Leben (auch wenn gute Gründe dafür sprechen, von einer satten Dunkelziffer auszugehen) im Prinzip sehr selten vorkommen. Außerdem ist es potenziell jedem Menschen zuzutrauen, dass er ein Tötungsdelikt begangen hat, und damit wird es sehr schwer, eine irgendwie eingrenzbare Personengruppe ausfindig zu machen, in der sich gezielte Befragungen auszahlen könnten. Der Aufwand der Dunkelfeldforschung bei Tötungsdelikten wäre in jedem Fall gigantisch, der Erfolg – im Verhältnis – gering.

So marginal die wissenschaftlichen Erkenntnisse sein mögen – Spekulationen über das Ausmaß des Dunkelfelds bei so kapitalen Verbrechen wie Tötungsdelikten wurden und werden immer wieder angestellt. 1957 ging der damalige Leiter der Düsseldorfer Kriminalpolizei, Kriminalrat Dr. Bernd Wehner, in seinem Buch *Die Latenz der Straftaten* (Schriftenreihe des Bundeskriminalamtes) dem Phänomen nach. Er fächert den Begriff Latenz in »drei Dunkelzahlen« auf:

- die unentdeckten Verbrechen (also diejenigen, von denen niemand etwas erfährt und mit denen sich dieses Buch beschäftigt),
- die ungeklärten Verbrechen (also diejenigen, bei denen zwar der Straftatbestand bekannt, also beispielsweise eine Leiche vorhanden ist, aber kein Täter ermittelt wird)
- und die ungesühnten Verbrechen (also diejenigen, die bekannt geworden sind und derer auch jemand verdächtigt wird – nur lässt sich diesem Verdächtigen die Tat nicht nachweisen, so dass er nicht vor Gericht gestellt werden kann beziehungsweise freigesprochen werden muss).

Die erste der drei Dunkelzahlen, also die der unentdeckten Verbrechen, sei, schreibt Wehner, für die Kripo am problematischsten, weil sie sich allein im Feld der Vermutung bewege. Er geht aber – belehrt von eigener Berufserfahrung – davon aus, dass sie weitaus die Größte sei. »Fest steht«, schreibt er, »dass wir mit sehr zahlreichen latenten Tötungsdelikten zu rechnen haben«, und er fährt nach einigen komplizierten Rechenexempeln fort: »Der Wirklichkeit am nächsten dürfte eine Schätzung der unentdeckten Tötungsdelikte in Höhe von 1 : 3 bis 1 : 6 kommen.«

Schon 1928 hatte der Kriminalist Robert Heindl in seinem Buch *Der Berufsverbrecher* geschrieben: »Vergessen wir auch nicht, wie viele Personen Jahr für Jahr im eigenen Bett, umge-

Dunkelzifferschätzung 1956 nach Bernd Wehner: »Für das Jahr 1956 hat die Polizeiliche Kriminalstatistik 1029 Fälle von Tötungsdelikten ausgewiesen (von denen 920 aufgeklärt worden sind). Die Latenz dieser Deliktsgruppe sollte minimal bei 1 : 3 und maximal bei 1 : 6 liegen, das heißt, wir müssen für 1956 mit 1029 + 3087 = 4116 bis 1029 + 6174 = 7203 Fällen rechnen.« Daraus ergibt sich für Wehner eine mittlere Schätzung von 5659 Fällen.

	Zahl der Fälle nach der Polizeilichen Kriminalstatistik für 1956	Unentdeckte Fälle		Tötungskriminalität 1956 (in Fällen)		
		minimal 1 : 3	maximal 1 : 6	nicht	sondern	
					minimal	in der mittleren Schätzung
Tötungsdelikte (Mord, Totschlag, Versuch, Kindstötung	1029	3087	6174	1029	4116	5659

ben von dem Ehegatten, Arzt, Krankenpfleger und Priester, sterben und doch das Opfer eines latenten Verbrechens sind … dessen Täter vielleicht am Sterbebett steht und Tränen vergießt.« Und der Nestor der Kriminalkommissare, Ernst Gennat, Begründer der ersten Berliner Mordinspektion, konstatierte in den Dreißigerjahren, die Mordkriminalität werde »vielfach … unterschätzt« (zitiert nach Wehner 1957).

Das Einzige, woran sich hin und wieder die Dunkelziffer bei Tötungsdelikten erahnen lässt, ist eben die Zufallsentdeckung. Das meint auch Bernd Wehner, und die Rechtsmediziner von heute werden ihm beipflichten. Um seine These zu belegen, schildert er haarsträubende Mordserien aus der deutschen Kriminalgeschichte, die vor Augen führen, wie lange berüchtigte Mehrfachtäter wie Haarmann, Denke oder Seefeld im Schutz des Dunkelfelds ihr Unwesen treiben konnten. Dank einfältiger Ermittler.

Der Fall Seefeld
Nach den Aufzeichnungen von Regierungs- und Medizinalrat Dr. Richard Pfreimbter, 1936, und Dr. Bernd Wehner.

Der Fall Seefeld soll hier kurz erzählt werden, obwohl er schon fast siebzig Jahre zurückliegt und die polizeilichen und rechtsmedizinischen Techniken sich in der Zwischenzeit um ein Vielfaches verbessert haben. Dennoch lässt sich auf diesem Ausflug in die Vergangenheit nach wie vor sehr eindrücklich illustrieren, wie leicht ein Mord ad acta gelegt werden kann, wie sehr es auf die Aufmerksamkeit des einzelnen Arztes beziehungsweise Polizisten am Leichenfundort ankommt und welch entsetzliche Folgen Schlampereien oder Irrtümer haben können.

Der Uhrmacher Adolf Seefeld wurde am 23. Mai 1936 in Schwerin hingerichtet. Ihm war bei seiner Verurteilung zur Last gelegt worden, zwölf Jungen ermordet zu haben. Die Fälle ereigneten sich wie folgt.

Opfer 1: Am 16. April 1933 wird in Wittenberg ein Zwölfjähriger mit Namen Gnirk vermisst. Zwei Tage später wird die Leiche in einer Kiefernschonung gefunden. Die untersuchenden Ärzte stellen keine Gewalteinwirkung fest. Man hat den Eindruck, der Junge sei im Schlaf erfroren. Es gibt keine Obduktion und keine kriminalpolizeilichen Nachforschungen.

Opfer 2: Am 8. Juni 1933 wird ein Achtjähriger namens Metsdorf aus Potsdam vermisst. Sieben Wochen später wird seine Leiche bei Mäharbeiten in einem Roggenfeld gefunden.

24

Die Ärzte stellen keine äußeren Verletzungen fest, die Obduktion ergibt nichts. Ernsthafte Nachforschungen finden nicht statt.

Opfer 3: Am 2. November 1933 verschwindet in Ludwigslust der zehnjährige Tesdorf. Zwei Wochen später wird seine Leiche auf einer Treibjagd in einer Kiefernschonung gefunden. Sie ist unverletzt. Die Ärzte können keine Todesursache feststellen, sie nehmen an, der Junge sei an Kälte gestorben. Die Kriminalpolizei vermutet nach Ermittlungen, das Kind sei aus Angst vor Strafe nicht nach Hause gegangen, habe sich wohl in die Schonung gelegt und sei dort im Schlaf erfroren.

Opfer 4: Am 22. November 1933 verschwindet der zehnjährige Prätorius aus Rostock. Die Leiche wird erst sieben Wochen später im Schilfdickicht außerhalb der Stadt entdeckt. Die Obduktion ergibt: Ein feiner Knochenriss im Schädel ist die Todesursache – andere Faktoren allerdings sprechen für einen Erfrierungstod. Erneute Schädeluntersuchungen ergeben: Der Sprung ist wahrscheinlich beim Öffnen des Schädeldaches durch die Obduzenten entstanden. Die Kripo stellt die Ermittlungen ein.

Opfer 5: Am 16. Januar 1934 fehlt plötzlich der neunjährige Korn aus Lübeck. Eine Schulklasse findet seine Leiche beim Ausflug einen Monat später in einer Tannenschonung. Bei der Leiche liegen Zigaretten und Streichhölzer. Gewalteinwirkung ist nicht erkennbar. Die Obduktion ergibt: Tod durch Herzschwäche bei überfülltem Magen, wobei die Herzschwäche noch durch reichliches Zigarettenrauchen begünstigt worden sei. Ermittlungen bleiben ohne Ergebnis.

Opfer 6: Am 2. Oktober 1934 wird ein siebenjähriger Junge aus Oranienburg vermisst. Vier Wochen später findet sich die Leiche in einem Wäldchen. Ein Berliner Gerichtsarzt kann wegen fortgeschrittener Verwesung keine Todesursache mehr feststellen. Polizeiliche Ermittlungen verlaufen ergebnislos.

Opfer 7 und 8: Am 16. Oktober 1934 verschwinden der vierjährige Dill und der fünfjährige Eipel aus Neuruppin. Am nächsten Morgen werden die Kinderleichen eng umschlungen in einer Schonung gefunden. Der Kleinere hat Reste von Fliegenpilz zwischen den Lippen. Gewalteinwirkung ist nicht zu sehen. Die Obduzenten halten eine Pilzvergiftung für wahrscheinlich, für Fremdverschulden liegen keine Anhaltspunkte vor.

Opfer 9: Am 8. Oktober 1934 wird ein elfjähriger Schüler aus Brandenburg vermisst. Fünf Wochen später wird die Leiche in einer Schonung entdeckt. Wegen der starken Verwesung ist keine Todesursache mehr erkennbar. Nachforschungen finden nicht statt.

Opfer 10: Am 16. Februar 1935 wird der zehnjährige Neumann aus Wismar von Bekannten seiner Eltern mit nach Schwerin genommen und verschwindet hier spurlos.

Opfer 11: Am 23. Februar 1935 wird der ebenfalls zehnjährige Zimmermann aus Schwerin als vermisst gemeldet. Erst jetzt beginnt die Staatsanwaltschaft Schwerin, Zusammenhänge zu ahnen. Endlich setzen Ermittlungen ein.

Opfer 12: Am 22. März 1935 verschwindet ein zwölfjähriger Junge namens Thomas aus Wittenberge. Seine Leiche wird am nächsten Tag ausfindig gemacht.

Der Tod dieses letzten Opfers führt die Beamten schließlich auf die Spur des Serienmörders Seefeld, der am 3. April 1935 festgenommen wird. Er streitet alle Taten ab. Erst über ein Jahr später, kurz vor seiner Hinrichtung, legt er ein umfassendes Geständnis ab. Außer den zwölf Morden, wegen derer er verurteilt worden ist, gesteht er nun noch weitere sieben. Wie und warum er die Kinder getötet hat, wurde nie vollständig geklärt. Er behauptete, er habe mit selbst gebrautem Gift gemordet, dessen Herstellung jedoch »ein Amtsgeheimnis« sei. Er habe den Jungen das Gift auf Pfefferminzbonbons angeboten, woraufhin sie schläfrig geworden seien. Dann habe er sich an den willenlosen Kindern vergangen und sie sterbend zurückgelassen.

Armin Mätzler, langjähriger Leiter der Abteilung Kriminalpolizei in Düsseldorf und Köln, schreibt 1997 in seinem Buch *Todesermittlungen:* »Die Frage, ob ein Fall Seefeld auch heute noch möglich sein könnte, muss sicherlich mit Ja beantwortet werden. Diese Knabenmorde waren ja vor allem deshalb nicht aufgefallen, weil niemand, weder Ärzte noch Kriminalpolizei, ernsthaft an ein Kapitalverbrechen geglaubt hatte.«

Mit Serientätern, ihrem Modus Operandi und ihrer Dunkelziffer beschäftigt sich seit Jahren mit Leidenschaft ein Herr vom Polizeipräsidium Düsseldorf. Der Kriminaloberkommissar Stephan Harbort hat penibel über die Serienmörder Buch geführt, die in Deutschland seit dem Zweiten Weltkrieg ihr Unwesen trieben. Er hat massenhaft Daten über ihr Leben und ihre Taten gesammelt und statistisch aufbereitet.

Einundsechzig Mörder passen in Harborts Serientäterraster, wobei die Täter nach seiner Definition mindestens drei Tötungen getrennt voneinander begangen haben und von einem Gericht deswegen verurteilt worden sein müssen. Täter beispielsweise, denen die Justiz nur zwei von acht Tötungsdelikten nachweisen konnte, werden also von Harbort nicht berücksichtigt. Bei seinen Untersuchungen stieß der Kommissar zwangsläufig auch ins Dunkelfeld vor, da gerade Serientäter oft jahrelang ungehindert töten können, weil niemand ihre Morde zur Kenntnis nimmt. In seiner Studie »Kriminologie des Serienmörders« kommt Harbort darum zu folgender Erkenntnis: »Von 374 den Probanden zugeordneten Taten wurden 91 (= 24,3 Prozent) als Tötungsdelikte nicht erkannt. Begünstigt wurde der dann unverhoffte Aufklärungserfolg im Wesentlichen durch einen Offenbarungsdrang des Tatverdächtigen. Neunzehn Probanden (= 31,7 Prozent) gestanden Tötungsdelikte, die ihnen gar nicht vorgeworfen worden waren.«

Auf Grund von Hochrechnungen, die er auf der Basis seines Datenmaterials angestellt hat, kommt Harbort zu der These, dass »mindestens zwölf Mordserien (= 73 Tötungsdelikte) seit Ende des Zweiten Weltkriegs unerkannt geblieben sind«.

Auch der Latenzforscher Bernd Wehner weigerte sich, Fälle wie Seefeld als Ausnahmeerscheinungen abzutun; sie ließen vielmehr erkennen, wie »unheimlich vielfältiger die Gründe und umfangreicher die Latenz bei Kapitalverbrechen sein muss, als Wissenschaft und Praxis bisher haben erkennen können«. Und er stellt die provokante Frage: »Wer will wissen, ob er nicht täglich an einem Haarmann vorübergeht oder von einem Denke gegrüßt wird? Oder ob seine Söhne nicht mit denen eines Massenmörders spielen?«

Das alles klingt nach Paranoia. Und doch waren und sind die Menschen, die von einem beträchtlichen Dunkelfeld bei Tötungsdelikten überzeugt sind, keineswegs wahnsinnig. Im Gegenteil – es handelt sich um nüchterne Wissenschaftler, trockene und akribische Ermittler, die ihr eigener Berufsalltag das Fürchten gelehrt hat. In einem hoch zivilisierten Staat wie dem deutschen, der jede Lebensregung reglementiert, der jeden Quadratmeter irgendeinem Nutzungsplan zuführt und der von gläsernen Bürgern bevölkert wird, ist es offenbar möglich, jemanden in aller Stille ins Jenseits zu befördern. Warum auch nicht? Hier sind ja auch laut Polizeistatistik 5409 Staatsangehörige wie vom Erdboden verschluckt. Hier harren ja auch 1200 namenlose Leichen und Skelette ihrer Identifizierung, und bei vielen wird auch die Todesursache nie mehr festgestellt werden können. Hier kompostieren ja auch Tote fünf Jahre in ihrer Wohnung, ohne dass es jemandem auffällt. Hier werden ja auch durch puren Zufall Gerippe entdeckt, die in Plastiksäcken auf Dachböden vermodern, und das Klinikpersonal bringt hier zu Lande serienweise Patienten mit Kaliumchlorid- oder Luftinjektionen um, ohne Verdacht zu erregen. Unterhalb der zivilisierten Selbstverständlichkeit finden

Dinge statt, die die Vorstellungskraft des Bürgers überfordern. Und doch geschehen sie im Stillen Tag für Tag – so wie die gerade erwähnten Geschichten tatsächlich geschehen sind: 1998 in Hamburg. 1975 in Hamburg. 1986 in Wuppertal. 1990 in Gütersloh. Betrachtet man die Welt aus der Perspektive der forensischen Mediziner, ist das Ungeheuerliche alltäglich und allgegenwärtig. Sie erleben, wie oft eine Untat nur durch die beiläufige Aufmerksamkeit einer einzigen Person aufgedeckt wird. Sie fragen sich: Und wie viel öfter nicht?

Auch Polizisten fragen sich das. Der Kriminalkommissar Armin Mätzler hat sich diese Frage vierzig Jahre lang gestellt. So lange war er im Polizeidienst. Er ist im Rheinland als unerbittlicher Spürhund zur Legende geworden. In seinem Standardwerk *Todesermittlungen*, in dem er junge Beamte auf die Tücken des Berufs vorbereitet, schreibt er: »Untersucht man Zufallsentdeckungen, so muss man feststellen, dass der Täter in der Regel nichts getan hatte, um das Verbrechen zu verschleiern. Dass die Tötungen dennoch nicht erkannt wurden oder werden, liegt aber nicht nur an der oft mangelnden Erfahrung und häufig wenig qualifizierten Leichenschau der den Tod feststellenden Ärzte, sie liegt auch darin begründet, dass Tatbestände durch die Polizei falsch beurteilt werden, dass Tötungsdelikte als Unglücksfälle oder Selbstmorde gedeutet werden oder aber dass Morde als Vermisstenfälle in den Karteien verschwinden, obwohl die Menschen nie wieder auftauchen ... Solche Zufallsentdeckungen erhellen immer wieder einmal schlagartig die unentdeckte Tötungskriminalität. In solchen Augenblicken wird erschreckend klar, dass auch in einem so geordneten Staatswesen wie dem unseren Menschen unerkannt morden können, dass andere Opfer solcher Verbrechen werden können, ohne dass ihr Verschwinden – wird es überhaupt registriert – ernsthafte Sorgen bereitet.«

Auch Bernd Wehner, der in den Fünfziger- und Sechzigerjahren Verbrecher jagte, hat im Laufe seines langen Berufslebens erfahren, wie leicht sich ein Mord begehen und vertuschen und wie schwer er sich nachweisen lässt. Er erzählt folgenden Fall aus dem Kripo-Alltag seiner Zeit: »Ein geschiedener Mann pflegte mehr oder weniger regelmäßig seine frühere Frau zu besuchen. Gelegentlich eines solchen Besuches gab er [ihr] ein starkes Schlafmittel in den gemeinsam genossenen Wein. Als [sie] schläfrig wurde, brachte der Täter Flasche und Gläser in die Küche, wusch ein Glas ab, stellte es in den Schrank und veranlasste dann sein fast willenloses Opfer, die Korridortür bei seinem Verlassen der Wohnung hinter ihm zu verschließen. Die Frau begab sich dann sofort in ihr Schlafzimmer, wo sie sich angekleidet auf das Bett legte. Hier starb sie an Leuchtgasvergiftung. Der Täter hatte, unmittelbar vor Verlassen der Wohnung, die Gaszuleitung zweier Lampen geöffnet.« Der Fall wurde erst sehr viel später infolge von Vorwürfen und Gerüchten bei Erbstreitigkeiten rein zufällig aufgeklärt.

»Wir wissen«, schreibt Wehner bei anderer Gelegenheit, »dass es Tausende von vornherein zweifelhafter Todesfälle gibt, die nicht durch ›zufällige‹ Obduktionen ›geklärt‹ werden; geben sie uns nicht erst recht ein Bild von der Gefahr der täglichen Wiederholung solcher Pannen, die zu verhindern der Staatsbürger in erster Linie von seiner Kriminalpolizei füglich fordern kann?« Die Gründe, auf die Wehner zurückführt, dass es bei der Todesermittlung immer wieder zu gravierenden Fehlern kommt, gelten heute, über vierzig Jahre später, noch genauso wie zu seiner Zeit. Das ist ein Skandal.

- Es mangelt den Ärzten an Kompetenz bei der Leichenschau.
- Es wird zu wenig obduziert (was wiederum aus dem Verhalten von Polizei und Staatsanwaltschaft resultiert; siehe auch Kapitel 3, »Die Ermittler«).

Zurück zur Gegenwart: Von 1990 bis 1995 wurden im Rechtsmedizinischen Institut der Universität Münster 274 Todesfälle von Säuglingen und Kleinkindern untersucht, bei denen im Vorfeld *kein* konkreter Verdacht auf ein Tötungsdelikt bestand, ja nicht einmal ein unnatürlicher Tod vermutet wurde (Du Chesne et al. 1996). 167-mal wurde die Obduktion gerichtlich angeordnet, 107-mal fand eine wissenschaftliche Sektion zur Erforschung von Ursachen für Kindstod statt. Die Sektionen förderten Erschütterndes zu Tage: Von den 274 kleinen Toten waren acht umgebracht worden. Fünf Tötungsdelikte wurden durch gerichtliche Sektionen entdeckt, die drei übrigen verbargen sich im wissenschaftlichen Sektionsgut.

Hier in Kürze die Geschichten der drei bei der wissenschaftlichen Untersuchung entdeckten Tötungsdelikte:

Fall 1: Ein fünf Wochen alter männlicher Säugling wird von der Mutter tot im Bett gefunden. Bei der Leichenschau wird Plötzlicher Kindstod bescheinigt. Die Staatsanwaltschaft gibt die Leiche frei. Die Eltern stimmen auf Anfrage einer wissenschaftlichen Sektion zu. Bei der Untersuchung entdecken die Mediziner Blutergüsse an den Hoden, Rippenbrüche und blaue Flecken an Armen und Beinen; sie stellen fest, dass das Baby an Austrocknung und Unterernährung gelitten hat. Wahrscheinliche Todesursache: Verdursten bei Vernachlässigung und Misshandlung.

Fall 2: Ein zehn Wochen alter männlicher Säugling liegt tot im Bett. Der leichenschauende Arzt vermutet Plötzlichen Kindstod. Die mit dem Einverständnis der Eltern durchgeführte wissenschaftliche Sektion ergibt folgendes Bild: Der Säugling ist unterernährt und ausgetrocknet, er starb an einer beidseitigen Nierenvenenthrombose mit Niereninfarkt. Im Blut wird Kokain nachgewiesen. Die Mutter gibt an, dem Kind gegen Husten ein weißes Pulver verabreicht zu haben, das ihr von ihrem Lebensgefährten in die Hand gedrückt worden sei. Später nimmt sie diese Aussage zurück. Wie das Rauschgift in den Körper des Kindes gelangte, wird nicht geklärt.

Fall 3: Ein achtzehn Monate altes Mädchen stirbt laut Totenschein eines natürlichen Todes. Als Todesursache wird eine Stoffwechselerkrankung vermutet. Die Pathologen einer Klinik obduzieren die Leiche und stellen eine herdförmige Lungenentzündung fest. Einige Wochen später treten beim Geschwisterkind und beim Vater des toten Kindes Fieber, Krämpfe und Delirien auf. Das tote Kind wird exhumiert und nunmehr gerichtsmedizinisch nachuntersucht. Als Todesursache wird jetzt eine Clozapinvergiftung diagnostiziert. Täterin war die psychotische Mutter.

Die gerichtlich angeordneten Sektionen betrafen in der Regel ältere Kinder, deren jähes Ableben sich mit der Allerweltsdiagnose »Plötzlicher Kindstod« nicht mehr erklären ließ. Auch von dieser Gruppe sollen drei Fälle in Kurzfassung vorgestellt werden.

Fall 1: Ein drei Jahre alter Junge wird von der Mutter tot im Schlafzimmer aufgefunden. Er hat keine äußeren Verletzungszeichen. Die gerichtsmedizinische Untersuchung ergibt: Erstickungsblutungen. Punktförmige Einblutungen in den Halsweichteilen. Älterer Schienbeinbruch. Das Kind starb den Erstickungstod. Polizeiliche Ermittlungen fördern zu Tage, dass es bereits früher misshandelt worden ist.

Fall 2: Ein vierjähriger Junge soll angeblich in der Küche unter Aufsicht des Freundes der Mutter gestürzt sein. Er hat eine große Platzwunde am Kinn. Die Wiederbelebungsversuche des Notarztes bleiben erfolglos. Erst zwei Tage zuvor war das Kind aus dem Krankenhaus entlassen worden, wo es drei Wochen lang wegen einer Kopfverletzung nach einem angeblichen Sturz im Schwimmbad behandelt worden war. Bei der Sektion stellt sich heraus, dass im Bauchraum fast ein Liter Blut schwimmt; die Leber ist gerissen. Im Gesicht finden sich Erstickungszeichen, am Hals Griffspuren. Todesursache: Gewalt gegen den Bauch.

Fall 3: Ein vierjähriges Mädchen soll in Verbindung mit Bauchschmerzen bewusstlos geworden sein. Sie habe in den letzten Monaten häufiger Bauchweh gehabt, sagen die Eltern dem Notarzt. Noch auf der Fahrt ins Krankenhaus stirbt das Kind. Der Befund der Sektion: Bauchfellentzündung nach Darmriss. Das Kind starb an den Folgen von Fußtritten.

Das alarmierende Ergebnis der Studie aus Münster lautet, dass sowohl die gerichtlichen Routinesektionen (bei denen *in keinem Fall* ein Tötungsverdacht bestand) als auch die wissenschaftlichen Sektionen, die allein aus Erkenntnisinteresse vorgenommen wurden, jeweils etwa 3 Prozent Tötungen ans Licht brachten, die sonst unerkannt geblieben wären.

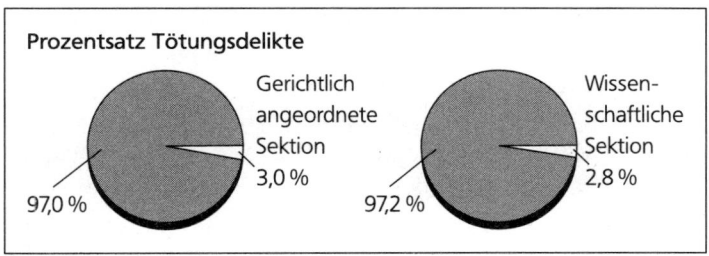

Relative Häufigkeit der Tötungsdelikte in den beiden Sektionsgruppen (gerichtliche und wissenschaftliche Obduktionen)

»Die praktisch gleiche Häufigkeit von Tötungsdelikten in beiden Gruppen«, schreiben die Verfasser Professor Bernd Brinkmann, Privatdozent Alfred Du Chesne und Dr. Thomas Bajanowski, »lässt Ineffektivität der staatsanwaltschaftlichen Auswahlkriterien bei Kindertodesfällen vermuten.« Was auf Deutsch heißt: Welches Kind seziert wird und welches nicht, ist nicht Gegenstand ernsthafter Erwägungen, sondern bleibt mehr oder weniger dem Zufall überlassen.

Auch an den leichenschauenden Ärzten üben die Rechtsmediziner aus Münster harte Kritik. Bei mindestens vier der acht Tötungen seien äußere Anzeichen von Gewaltanwendung offenkundig und hätten den Doktoren auffallen müssen, wenn sie auch nur ein klein wenig Sorgfalt hätten walten lassen. Insgesamt habe sich in dem (im Vorfeld der Autopsie) als *unverdächtig* geltenden Sektionsgut, also einer Untergruppe aller untersuchten Fälle, jeder dreißigste Fall als Tötungsdelikt entpuppt. Dabei muss noch berücksichtigt werden, dass eine ganze Reihe Eltern ihre Zustimmung zur wissenschaftlichen Obduktion des verstorbenen Kindes *nicht* gegeben hatte. Dass sich in dieser Gruppe weitere Tötungsdelikte verbargen, steht zu befürchten.

Den Forschern fiel weiterhin auf, dass bei den im ersten Lebensjahr gestorbenen Kindern deutlich seltener eine gerichtliche Sektion angeordnet worden war. Der Grund: In den ersten zwölf Monaten tritt der Plötzliche Kindstod besonders häufig auf. Ärzte und Staatsanwälte geben sich deshalb oft vorschnell mit dieser Erklärung zufrieden und lassen die Sache auf sich beruhen. Die Münsteraner Mediziner glauben deshalb, dass in dieser Altersgruppe die unentdeckten Morde in Deutschland über dem Durchschnitt liegen. Sie vermuten jährlich etwa zwanzig vertuschte (»maskierte«) Tötungsdelikte an Kindern im ersten Lebensjahr. Die Sektionsrate bei Kindern liegt jedoch insgesamt fünf Mal höher als bei Erwachsenen. Würden Erwachsene ebenso häufig seziert, würde wohl auch bei ihnen eine Vielzahl spurenarmer Tötungsdelikte ans Licht kommen, schätzen die Rechtsmediziner.

Vergrößert wird das Dunkelfeld nämlich obendrein, weil in Deutschland nur sehr wenige Sektionen vorgenommen werden. Lediglich 1 bis 2 Prozent der Leichen kommen in die Gerichtsmedizin. Weitere 6 Prozent werden von Pathologen in den Kliniken untersucht, die aber über wenig kriminalistische Kompetenz verfügen und vor allem auf Krankheitsbefunde und deren Ursachen fixiert sind. Dagegen ist zum Beispiel in Finnland die Sektionsrate sehr viel höher als bei uns: 35 Prozent – und 15 Prozent davon erledigen die Gerichtsmediziner. In Finnland ist auch die Tötungsrate erheblich höher: Während in Deutschland in den letzten fünf Jahren (1994 bis 1998) auf zehntausend Verstorbene durchschnittlich zwanzig Getötete kamen, waren es in Finnland dreiunddreißig. Dort werden viele der Mordfälle erst während der Autopsie entdeckt. Finnland übertrifft auch seine skandinavischen Nachbarländer in der Zahl der nachgewiesenen Tötungen. Bei allen Schwierigkeiten, die der Vergleich von Polizeistatistiken unterschiedlicher Länder mit sich bringt, ist doch eine gewisse Tendenz erkennbar. Bleibt die Frage: Sind die Vergleichszahlen aus Skandinavien ein Indiz für die Ausmaße des Dunkelfelds? Besteht also ein Zusammenhang zwischen der Anzahl der statistisch erfassten Tötungen und der Häufigkeit von Sektionen? Es scheint so.

Dafür spricht jedenfalls das Ergebnis einer Studie aus dem Rechtsmedizinischen Institut München: Dort registrierte man zwischen 1911 und 1975 nur sechs Fälle von zu Tode misshandelten Kindern – also etwa *alle zehn Jahre (!)* einen. Als man anfing, gezielt und im größeren Rahmen Kinderleichen zu sezieren, konnte man zwischen 1990 und 1995 etwa zwanzig Fälle nachweisen – also etwa *alle drei Monate (!)* einen.

Drastisches lässt auch die Untersuchung ahnen, die der Rechtsmediziner Professor Reinhard Vock in Leipzig angestellt hat. Er verglich die Zahlen der tödlichen Kindesmisshandlung und -vernachlässigung in der DDR von 1985 bis 1989 mit denen in der BRD. Das Ergebnis: In der DDR wurden im Verhältnis doppelt so viele Kinder zu Tode gequält wie im Westen. Der einzige Grund für dieses Resultat ist in der hohen Obduktionsrate zu suchen, die in der DDR üblich war – im Vergleich zur Bundesrepublik ein präzises Überwachungssystem: Im Zuge so genannter Verwaltungssektionen wurden 30 bis 40 Prozent der Leichen geöffnet. Bei Kindern unter sechzehn Jahren war sogar eine Obduktionsrate von 100 Prozent üblich. Dabei fanden sich eben auch reichlich maskierte Tötungen.

Jene Verwaltungssektionen waren nicht gerichtlich angeordnet, sondern fanden zum Wohle der Volksgesundheit statt. In der DDR wurde – neben der gerichtlichen Sektion bei Tötungsverdacht – auch jeder andere auf nicht natürliche Weise Gestorbene automatisch obduziert – egal, ob es sich offenkundig um einen Selbstmörder oder um das Opfer eines Unfalls handelte. Außerdem wurden alle unbekannten Toten aufgeschnitten, alle Verstorbenen mit unklarer Todesursache, alle gestorbenen Schwangeren, Kreißenden und Wöchnerinnen, alle tot Geborenen. In der Regel wurden auch Tote, die an einer Infektion, Berufs- oder Geschwulstkrankheit gelitten hatten, wie auch Menschen, die nach einer Organtransplantation oder Schutzimpfung gestorben waren, einer Autopsie unterzogen.

Uta Romanowski vom Institut für Gerichtliche Medizin Halle hat einmal alle Tötungsdelikte von 1981 bis 1990 zusammengestellt, die an ihrem Institut zufällig durch Verwaltungssektionen aufgedeckt worden sind: Es waren neunzehn Fälle. Das sind 8,7 Prozent der Tötungsdelikte, die in diesem Zeitraum in Halle insgesamt obduziert wurden. Sie gliedern sich folgendermaßen auf:

Obduktionsergebnisse	Anzahl	Angaben im Totenschein
Kindstötung	2	Totgeburt
Kindesmisshandlung und -vernachlässigung mit Todesfolge	6	Plötzlicher Kindstod (SIDS)
Körperverletzung mit Todesfolge	7	Tot aufgefunden
Vorsätzliche Tötung	4	Alkoholvergiftung Treppensturz
Gesamt	19	

Durch Verwaltungssektionen aufgedeckte Tötungsdelikte in Halle 1981 bis 1990

Bei den Kindstötungen oder tödlichen Kindesmisshandlungen hatte der leichenschauende Arzt *immer* Totgeburt oder

Plötzlichen Kindstod angenommen. Bei sieben totgeschlagenen Erwachsenen hatte er gar keine Todesursache finden können, bei vier Morden hatte er drei Alkoholvergiftungen und einen Treppensturz diagnostiziert.

Die nächste Grafik illustriert die Anzahl der in Halle durch Verwaltungssektion aufgedeckten Tötungsdelikte über die Jahre.

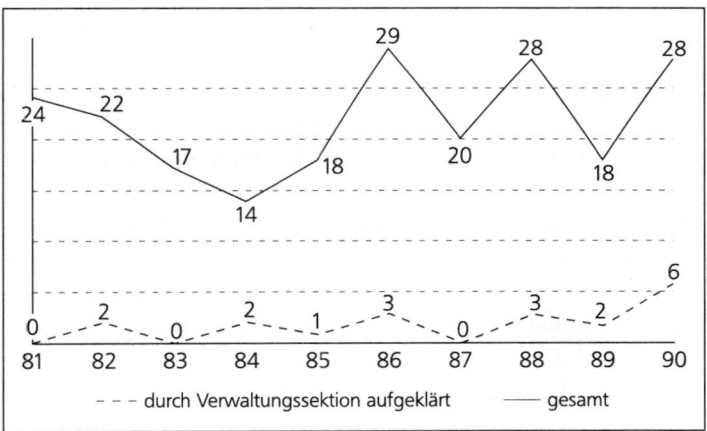

Anzahl der durch Verwaltungssektion aufgeklärten Tötungsdelikte

In den Jahren 1982 und 1986 wurde etwa jede zehnte Tötung durch Verwaltungssektion entlarvt, 1990 war es sogar jede vierte bis fünfte.

Vor diesem Hintergrund erscheint es befremdlich, dass sich die Bundesrepublik Deutschland (die im Verhältnis zum früheren Polizeistaat DDR eine weit höhere Kriminalitätsrate hat) an den so viel akribischeren Ermittlungsgepflogenheiten der DDR kein Beispiel nahm. Im Gegenteil: Die staatliche Einrichtung der Verwaltungssektion wurde nach der Wende nicht nur im Westen nicht eingeführt, sondern obendrein auch noch im Osten abgeschafft.

Die Pflegerin

Ein Fall aus Köln, der zeigt, wie leicht in Deutschland gemordet werden kann

Am Nachmittag des 5. Juli 1990 betrat die selbstständige Altenpflegerin Marianne N. mit einem Körbchen frischer Kirschen die Wohnung der betagten Martha Vogel*. Frau N. war seit zehn Jahren in Köln-Kalk unterwegs, um älteren Leuten, die nicht schwer pflegebedürftig, aber auf ein bisschen Unterstützung angewiesen waren, zur Hand zu gehen. Sie gehörte in diesem Viertel zu den bekannten Erscheinungen: eine grauhaarige, verheiratete Frau in den Fünfzigern, immer mit einer großen Tasche ausgerüstet, immer in Eile auf dem Rundgang von einem Patienten zum anderen.

Frau N. versorgte gewöhnlich eine ganze Reihe alter Leute an einem Arbeitstag. Sie besuchte sie einmal täglich oder morgens und abends, half ihnen beim Waschen und Eincremen, kaufte für sie ein, räumte ihre Wohnungen auf, ging mit ihnen spazieren, zur Bank oder Post, gab ihnen Spritzen und zählte ihre Pillen ab. Sie war eine beliebte Pflegekraft, galt als freundlich, kompetent und engagiert und mit gerade der richtigen Portion Resolutheit ausgestattet. Ihre Dienste rechnete sie mit der Krankenkasse ab, Extras wurden privat bezahlt.

An diesem Tag erschien sie zum zweiten Mal bei der achtundachtzigjährigen Martha Vogel, um ihr die Kirschen zu bringen. Frau Vogel fühlte sich wohlauf und war, abgesehen von ein paar Altersbeschwerden, insgesamt in einem guten Gesundheitszustand. Just am Mittag war auch noch der Dok-

38

tor bei ihr gewesen und hatte gesagt, dass er sehr zufrieden mit ihr sei. Sie hoffte, hundert Jahre alt zu werden. Der Wunsch sollte nicht in Erfüllung gehen. Nachdem die Pflegerin etwa um halb vier gegangen war, fiel die alte Frau in ein Koma, aus dem sie nicht mehr erwachte.

Als Marianne N. am nächsten Morgen wieder nach ihrer Patientin sah, lag diese bewusstlos und in den Kleidern, die sie am Vortag getragen hatte, auf dem Bett vor dem laufenden Fernseher. Sie hatte sich eingenässt. Die Pflegerin rief den Hausarzt und die Kinder der alten Dame an, dann wusch sie die Besinnungslose und zog ihr ein Nachthemd über. Der Krankenwagen brachte die Patientin rasch in die Klinik. Dort fragte ein Arzt ihre beiden Töchter, ob sich die Mutter vergiftet haben könnte – ihre Pupillen seien eng, die Muskeln schlaff, die Atmung flach. Die Töchter schüttelten den Kopf: Die Mutter wollte hundert werden.

Als sich die Töchter in der Wohnung der Mutter umschauten, bemerkten sie, dass die blaue Mappe, in der die alte Frau ihre Ersparnisse aufbewahrt hatte, leer war. Ebenso ihre Haushaltsgeldbörse. Da außer den Töchtern nur noch die Pflegerin N. zur Wohnung Zutritt hatte, keimte ein böser Verdacht in ihnen auf. Plötzlich fiel ihnen die Vermutung des Arztes wieder ein, es könnte sich um eine Vergiftung handeln. Sie wandten sich an einen Staatsanwalt, der in der Nachbarschaft wohnte. Der zog Erkundigungen über die Pflegerin ein und stieß auf ein beachtliches Vorstrafenregister: Bereits in vierzehn Verfahren war gegen Marianne N. ermittelt worden. Immer wieder hatte sie wegen Diebstahl, Betrug, Urkundenfälschung und Unterschlagung im Gefängnis gesessen. Immer wieder war sie in den Ruch geraten, beim Tod von Patienten die Hand im Spiel gehabt zu haben, doch hatte man ihr nie etwas nachweisen können.

Wenige Tage später trat bei der alten Frau Vogel der Exitus ein. Unverzüglich erstatteten die Töchter Strafanzeige gegen die Pflegerin. Sie habe, so lautete ihr Vorwurf, über 2300 Mark aus der Wohnung des Opfers entwendet. Die Staatsanwaltschaft ordnete nun die Obduktion an. Sie ergab als Todesursache vordergründig eine Lungenentzündung. Die anschließenden toxikologischen und feingeweblichen Untersuchungen zeigten: Die alte Frau war zum Todeszeitpunkt voll gepumpt mit einem starken Beruhigungsmittel, an dessen Vergiftungsfolgen sie schließlich gestorben war.

Am 22. Mai 1991 wurde die Altenpflegerin Marianne N. festgenommen. Fast zwei Jahre später verurteilte das Landgericht Köln sie in einem aufwändigen Indizien- und Sachverständigenprozess zu zwei Mal lebenslanger Haft wegen sechsfachen Mordes. In vielen weiteren Todesfällen lagen massive Verdachtsmomente gegen die Frau vor. Die Kriminalpolizei ging von siebzehn vollbrachten und achtzehn versuchten Tötungsdelikten aus. Nur durch die Häufung der tödlichen Vergiftungen in ihrer Klientel waren der Pflegerin die Morde überhaupt nachzuweisen. Eine Reihe ihrer verstorbenen Patienten hatte die Staatsanwaltschaft exhumieren und auf Gift hin untersuchen lassen; hundertfünfzehn Zeugen und sechs Sachverständige wurden vom Gericht gehört.

In einem kriminalistischen Kraftakt hatten die Kölner Polizeibeamten über Monate hin Indizien und Aussagen zusammengetragen. Fast jeden, der Frau N. kannte, hatten sie befragt und jede noch so schwache Spur verfolgt. Es war nicht leicht, die Angeklagte ihrer Verbrechen zu überführen, sie legte nie ein Geständnis ab. Vielmehr suchte sie sich durch geschickte Lügen und Halbwahrheiten aus der Schlinge zu ziehen. Für alle in ihrer Wohnung versteckten Schmuckstücke präsentierte sie eine schlüssige Erklärung, jedes noch so abwegige Verhalten versuchte sie plausibel zu machen. Als sie endlich merkte, dass die Widersprüche, in die sie sich verwickelte, zum unauflösbaren Knäuel wurden, begann sie zu weinen und verweigerte fortan jede Aussage. Erst bei ihrem letzten Wort vor Gericht brach sie das Schweigen und beteuerte erneut ihre Unschuld. Bei der Urteilsverkündung erlitt sie einen Zusammenbruch.

Doch die Erkenntnisse der Kölner Rechtsmediziner waren unwiderlegbar: Sämtliche Opfer der Marianne N. waren mit Truxal vergiftet worden, einem im Medizinerjargon Antityrannikum genannten Mittel, das in der Psychiatrie aggressiven und unruhigen Schizophrenen oder Psychotikern verabreicht wird. Truxal – als Saft eine milchig-süßliche Flüssigkeit mit kratzigem Nachgeschmack – gehört zur Medikamentengruppe der Neuroleptika. Es enthält den Wirkstoff Chlorprothixen, der stark dämpfend aufs vegetative Nervensystem wirkt. Bei einer Überdosis verwandelt sich Truxal in tödliches Gift. Die Vergifteten erschlaffen und fallen ins Koma, ihre Pupillen verengen sich, der Mund trocknet aus, das Herz rast und bleibt schließlich stehen. Wirkt das Medikament nicht sofort letal und zieht sich der Todeskampf über mehrere Tage hin, so kommt es häufig zu einer tödlich verlaufenden Lungenentzündung. Marianne N. hatte Truxal in Altersheimen bisweilen in kleinen Dosen bei verwirrten und unruhigen Menschen eingesetzt. Sie wusste auch, dass das Medikament tödlich wirken kann. 1990 hatte sie selbst versucht, sich mit Truxal das Leben zu nehmen.

Der erste Mord, der Marianne N. nachgewiesen werden konnte, hatte sich 1986 ereignet. Opfer war die einundachtzigjährige Witwe Magdalena Stern*. Sie lebte sehr zurückgezogen und in bescheidenen Verhältnissen im ersten Stock eines Mietshauses. Abgesehen von ihrer fünfzehn Jahre jüngeren Schwester, die von Sozialhilfe lebte, und deren Sohn hatte sie kaum Kontakte. Alles, was Frau Stern besaß, versteckte sie bar in einer schwarzen Mappe im Wohnzimmerschrank. Es waren etwa 35 000 Mark, die ihre Schwester dereinst erben sollte. Abends, wenn Frau Stern zu Bett ging, nahm sie die schwarze Mappe mit. Ein gutes Jahr vor ihrem

Tod hatte sie ihrer Schwester 10 000 Mark übergeben, damit diese nicht gänzlich mittellos dastünde, falls ihr – der Älteren – etwas Schlimmes widerfahren sollte.

Mit zunehmendem Alter wurde Frau Stern immer ängstlicher, hinfälliger und depressiver. Sie klagte über Schlafstörungen und konnte ohne Schlaftabletten keine Ruhe mehr finden. Nach Auffassung ihres Hausarztes war sie inzwischen regelrecht tablettenabhängig. Im Juli 1984 verordnete er deshalb häusliche Pflege für Frau Stern. Der Pflegeauftrag lautete: Sicherung der ärztlichen Behandlung und Medikamentenüberwachung. So trat die Pflegerin Marianne N. in das Leben der alten Witwe.

Frau N. kam nun an jedem Wochentag, rieb Frau Stern die Beine ein, brachte ihr Mittagessen, zog sie manchmal an und begleitete sie zum Arzt. Oft holte sie auch Rezepte aus der Praxis ab und löste sie für die alte Dame ein. Diese gewann ihre Pflegerin mit der Zeit so lieb, dass sie Angst und Misstrauen überwand und ihr sogar eine Vollmacht über ihr Girokonto ausstellte. Nun durfte die Pflegerin Frau Sterns Bankgeschäfte erledigen und die Rente abheben; außerdem bekam sie einen Wohnungsschlüssel. Das Entzücken der alten Dame lag vielleicht auch darin begründet, dass Frau N. ihr gute Dienste erwies, die so gar nicht in Einklang mit dem Pflegeauftrag standen. So versorgte sie die Patientin mit Schlaf- und Beruhigungsmitteln, die weit über das verordnete Maß hinausgingen. Auf welche Weise sie an die starken und rezeptpflichtigen Medikamente gelangte, blieb ihr Geheimnis.

Ende des Jahres 1985 verschlechterte sich der Gesundheitszustand der Witwe Stern rapide. Sie war immer müde und aß schlecht. Am 18. November rief die Pflegerin N. den Arzt: Frau Stern sei hingefallen, habe sich den Kopf gestoßen und sei ohnmächtig geworden. Im Krankenhaus fand sich weder eine Beule noch ein blauer Fleck an der angeblich so schlimm Gestürzten, dafür waren die Pupillen eng gestellt und keine

Reflexe vorhanden. Die Kranke war stark ausgetrocknet. Unklare Bewusstlosigkeit, lautete die Diagnose. Es war bekannt, dass die Patientin Missbrauch mit Tabletten trieb.

Drei Tage blieb Frau Stern bewusstseinsgetrübt, am vierten Tag klarte sie auf und war voll ansprechbar. Kurz darauf saß die Pflegerin N. am Krankenbett ihrer Patientin und riet ihr, die 10 000 Mark von der Verwandtschaft zurückzufordern. Sie selbst erkläre sich bereit, die Summe während des Klinikaufenthalts für Frau Stern zu verwahren. Die alte Witwe ließ sich beschwatzen und forderte ihre Schwester auf, ihr den Betrag beim nächsten Krankenbesuch bar mitzubringen. Als der Sohn der Schwester mit dem Geld ins Krankenhaus kam, traf er am Eingang auf die Pflegerin. Er fragte sie, ob sie wisse, was seine Tante mit den 10 000 Mark vorhabe, doch Frau N. erwiderte nur, er brauche sich darüber keine Gedanken zu machen. Dann ging er ins Krankenzimmer seiner Tante und überreichte ihr das Geld. Sie steckte es sofort unter die Bettdecke und gab es später, als der Neffe fort war, an Frau N. weiter.

Am 12. Dezember 1985 wurde Frau Stern aus dem Krankenhaus entlassen. Doch ihr Geld sah sie nie wieder. Alle Versuche der alten Witwe und ihrer Verwandten, die 10 000 Mark zurückzubekommen, schlugen fehl. Marianne N. hielt sie mit leeren Versprechungen hin und rückte keine Mark mehr heraus. Die alte Frau sagte immer wieder weinend zu ihrer Schwester: »Die Frau N. gibt mir das Geld nicht zurück!« Auch bei Nachbarn klagte sie, jemand habe ihr Geld weggenommen und sie wisse sich nicht zu helfen. Als ihr Neffe sie Anfang Januar 1986 wieder auf die Summe ansprach, brach sie in Tränen aus und sagte, sie traue sich nicht, das Geld zurückzuverlangen, sonst besorge die Pflegerin ihr keine Schlafmittel mehr. Da erwiderte der Neffe wütend: »Sag der Frau N., wenn das Geld bis nächste Woche nicht da ist, zeige ich sie an.« Das richtete Frau Stern aus.

Zwei Tage später, am 6. Januar 1986, machte eine Nachbarin der Magdalena Stern eine merkwürdige Beobachtung. Sie stieg gerade die Treppe auf dem Weg zu ihrer Wohnung hinauf, als sie an der Tür der alten Frau vorbeikam. Sie war geöffnet, und durch den Spalt sah sie die Pflegerin Marianne N. und die völlig hilflose Greisin. Magdalena Stern lag auf dem Sofa. Die Pflegerin schimpfte, Frau Stern habe in die Hose gemacht und sie müsse sie nun säubern. Die Nachbarin dagegen hatte den Eindruck, die alte Frau sei schon fast tot. Sie vermochte nur mit größter Mühe zu sprechen und sagte, sie habe keine Kraft mehr. Doch einen Arzt holte die Pflegerin nicht.

Am nächsten Morgen klingelte Marianne N. bei den Nachbarn der Witwe Stern und gab an, ihre Patientin mache nicht auf. Dann rief sie den Neffen, der sofort kam. Er wunderte sich, als er den Schlüsseldienst am Werk sah – die Pflegerin hatte doch einen Schlüssel zur Wohnung der Tante. Drinnen lag Magdalena Stern angezogen auf der Couch in der Küche. Sie war tot. Die Pflegerin rief den Arzt, der den Exitus feststellte. Todesursache: Herzversagen.

Die Verwandten sahen sich nun in der Wohnung um. Ihnen fiel auf, dass die Handtasche der Verstorbenen an einem ungewohnten Ort stand. Sie enthielt noch 200 Mark. Die schwarze Mappe mit dem Ersparten lag an ihrem Stammplatz im Wohnzimmerschrank. Sie war leer.

In der Wohnung der Nachbarn trafen die Verwandten auf die Pflegerin und fragten sie, wo denn das ganze Geld geblieben sei. »Woher soll ich das wissen?«, entgegnete Marianne N. »Die« – und damit meinte sie die Tote – »ist doch bekloppt. Die hat das Geld bestimmt weggeschmissen. Gucken Sie doch mal im Mülleimer nach.« Der Neffe forderte die Pflegerin auf, die 10 000 Mark zurückzugeben. Frau N. bestritt, je Geld von der alten Frau bekommen zu haben, und beschuldigte die Verwandten nun ihrerseits, sie hätten die Tote bestohlen. Man stritt noch eine Weile, was zu nichts führte. Dann holte der Bestatter die Leiche ab.

Kurz danach ging die Pflegerin Marianne N. mit der Schwester der Toten zur Bank, um die ausgestellten Vollmachten für hinfällig zu erklären. Dabei erwähnte sie, dass die Januarrente der Verstorbenen bereits abgehoben sei. Irgendwelche Ermittlungen zum Todesfall Stern gab es nicht.

Marianne N. kam auf unterschiedliche Weise an ihre Kundschaft. Manchmal wurde sie von begeisterten Patienten an andere weiterempfohlen, manchmal von den Kindern älterer Leute angesprochen, ob sie sich nicht bereit finden könne, Mutter oder Vater zu pflegen. In der Regel aber nannten die ansässigen Hausärzte den Namen N., wenn sie ihren älteren Patienten Pflege verordneten. Denn Frau N. genoss bei manchen Ärzten ihrer Gegend hohes Ansehen.

Es kam allerdings auch vor, dass sie sich ihre Patienten selbst aussuchte, beispielsweise die sechsundachtzigjährige Sophia Walter*, die das zweite Opfer der Pflegerin wurde. Frau Walter traf ihre Mörderin ein halbes Jahr nach dem Tod der Frau Stern zufällig auf der Straße. Marianne N. versuchte immer wieder aufs Eifrigste, Kontakt zu der scheuen und überängstlichen alten Frau zu finden, und diente sich ihr fast aufdringlich als Pflegerin an. Sie erbot sich, ihr Vitaminspritzen zu setzen, brachte ihr unaufgefordert die Tageszeitung und begleitete sie zum Arzt.

Diese Anhänglichkeit hatte ihren Grund. Sophia Walter mangelte es nicht an Geld. Das war bekannt, und daraus machte sie auch keinen Hehl. »Ich habe niemanden nötig, ich kann mir alles leisten«, pflegte sie zu sagen. Und erzählte vielen (wohl zu vielen) Leuten, dass sie ein kleines Vermögen in ihrer Wohnung versteckt halte. Wie viel es bei ihrem Tod genau war, wurde nie geklärt. Im Jahr 1984 waren es noch 140 000 Mark. Dazu kamen Halsketten, Colliers, Ringe und

Armbänder. Jeden Monat hob Sophia Walter ihre Rente ab und versteckte das Geld bei sich zu Hause in Plastiktüten und Blechdosen, im Backofen und unter einem Sessel.

Daher war Frau Walter auch außerordentlich misstrauisch. Sie lebte sehr zurückgezogen, konnte Fremde nur schwer ertragen. Post bekam sie so gut wie nie. Mit den anderen Mietern im Haus wechselte sie nur wenige Worte. Besuch ließ sie allenfalls nach telefonischer Anmeldung herein, mit ihren spärlichen Bekannten hatte sie Klingelzeichen vereinbart. Die Eingangstür hatte sie mit zwei zusätzlichen Schlössern sichern lassen, die sie stets verriegelt hielt. Zusätzlich schob sie drei Keile von innen unter die Tür.

Dennoch muss es Marianne N. mindestens ein Mal vor der Mordtat gelungen sein, die Wohnung der Sophia Walter zu betreten und sich von den Barschaften im Haushalt ein Bild zu machen. Die alte Frau Walter sagte jedenfalls später zu Bekannten, »diese Frau« lasse sie nicht mehr in die Wohnung. Und auch gegenüber dem Hausarzt bemerkte sie, Frau N. trage ihr zwar dauernd ihre Dienste an, aber sie, Sophia Walter, wünsche das nicht, denn »die N. schnüffelt mir zu viel herum«.

Am Freitag, dem 12. September 1986, klingelte Sophia Walter am frühen Nachmittag überraschend bei einer Nachbarin. Sie war in sehr guter geistiger und gesundheitlicher Verfassung und machte den gewohnten ausgeglichenen Eindruck. Die alte Dame sagte zu ihrer Nachbarin, sie habe einen Brief bekommen, aus dem sie nicht schlau werde – ob sie wohl einen Blick darauf werfen könne? Die Nachbarin, die gerade ausgehen wollte, fragte, ob es denn sehr dringend sei. Frau Walter verneinte, bat sie aber, nach ihrer Rückkehr bei ihr vorbeizuschauen. Dann kehrte sie in ihre Wohnung zurück. Die Nachbarin hat sie als Letzte lebend gesehen.

Als eine zweite Nachbarin knapp zwei Stunden später in ihre Wohnung ging, sah sie eine grauhaarige Fünfzigerin aus der Wohnung von Sophia Walter kommen und die Tür hinter sich ins Schloss ziehen. Das übliche typische Geräusch, mit dem die drei Türschlösser verriegelt wurden, wenn jemand die Waltersche Wohnung verließ, blieb diesmal aus. »Komisch«, dachte die Hausbewohnerin. Als nach einiger Zeit die erste Nachbarin bei ihr klingelte und erklärte, Frau Walter öffne nicht, obwohl sie sich mit ihr wegen eines rätselhaften Briefes verabredet habe, wurde sie unruhig. »Da stimmt was nicht«, sagten sich die beiden Frauen. Sie stellten eine Leiter an die Hauswand, um durch das Fenster in die Wohnung zu blicken, doch es war nichts zu sehen. Dann riefen sie den Hauseigentümer an und forderten ihn auf, die Wohnung aufbrechen zu lassen. Der entgegnete, das sei keinesfalls vor dem nächsten Tag möglich.

Als sich Frau Walter anderntags immer noch nicht rührte, riefen alle drei die Polizei, die den Schlüsseldienst verständigte. Die Tür war nicht verschlossen. Sie ließ sich mit einer Plastikkarte mühelos öffnen. Frau Walter lag ordentlich zugedeckt im Bett. Sie trug ein Nachthemd und eine Strumpfhose. Sie war tot. Niemand ahnte oder bemerkte, dass sie vergiftet worden war.

Die Verwandten von Frau Walter fanden bei der Wohnungsräumung keinen Schmuck mehr vor, und auch einen Brief konnten sie nirgends entdecken. Nur die Tageszeitung mit dem Datum vom Todestag lag da, obwohl Sophia Walter niemals Zeitungen las. Der größte Teil des Bargelds war ebenfalls verschwunden. Die Verwandten gingen verwundert zur Bank, wo man ihnen mitteilte, eine blonde Dame habe sich eingehend nach den Guthaben der Verstorbenen erkundigt. Es sei aber außer einer längst festgelegten Schenkung nichts mehr da. Die Verwandten wunderten sich noch mehr und gingen zur Polizei. Dort zählten sie alles auf, was im Zusammenhang mit dem Tod der Schwester eigenartig gewesen war. Der Beamte erklärte ihnen, es habe keinen Zweck, Anzeige gegen unbekannt zu erstatten. Damit war der Fall für ihn erledigt.

Die nächsten beiden Opfer waren die achtundachtzigjährige Ernestine Merz* und der siebenundachtzigjährige Eduard Kirch*. Frau Merz wurde am 23. März 1988, Eduard Kirch am 8. Mai 1989 von Marianne N. ermordet. Was den beiden Fällen einen zusätzlichen Schreckensfaktor verleiht, ist die Tatsache, dass Frau N. und ihr Mann mit den Kindern der Opfer eng befreundet waren. Die Ehepaare Merz und N. gingen gern zusammen Bier trinken und fuhren auch gemeinsam in Urlaub. Man lud sich gegenseitig zu Geburtstagen ein. Bei einem Abendessen in der Merzschen Wohnung sagte Marianne N. eines Tages, sie könne ihren Mann ohne weiteres unter die Erde bringen, das würde keiner merken. Das Ehepaar Merz fasste die Bemerkung als schlechten Scherz auf.

Die alte Ernestine Merz ging den Weg ihrer Vorgängerinnen: Sie wurde bewusstlos in ihrer Wohnung aufgefunden und starb Tage darauf an einer (wie sich viel später ergab: durch akute Vergiftung hervorgerufenen) Lungenentzündung im Krankenhaus. Alles blieb unauffällig, niemand sah einen Anlass zu Ermittlungen. Für Marianne N. brachte die Tat diesmal keinen Vorteil. Das Sparbuch, das sie der Sterbenden entwendet hatte, gab sie unter dem Vorwand, es in der Wohnung zwischen den Platten eines Ausziehtisches gefunden zu haben, zurück, nachdem sie hatte feststellen müssen, dass es durch ein Kennwort gesichert war. Daraufhin ließ sie die Freundschaft zu den jungen Merzens allmählich absterben, ohne dass diese ahnten, was sie dazu bewegte.

Im Fall Eduard Kirch ging Marianne N. noch abgefeimter vor. Dabei ließ sie sich nicht einmal durch die Tatsache abhalten, dass der einzige Sohn des Opfers Staatsanwalt war. Dieser Staatsanwalt war es, der sie auch noch selbst gefragt hatte, ob sie nicht den Vater pflegen möchte. Denn der Staatsanwalt und der Ehemann N. kannten sich seit der Kindheit.

Marianne N. nahm das Angebot an, und man war von ihrer Fürsorge hingerissen. Der alte Herr Kirch war ein reicher

Mann; er besaß ein Mietshaus und hatte mehrere hunderttausend Mark auf der Bank. Seine Pflegerin liebte er fast überschwänglich und nannte sie liebevoll »mein Mariannchen«. Mit der Zeit entwickelte sich zwischen den Ehepaaren N. und Kirch junior ein herzliches Verhältnis, das auch keine Trübung erlitt, als dem alten Vater im Sommer 1988 zehntausend Mark abhanden kamen. Der Alte verdächtigte sogar den eigenen Sohn, der wiederum der Putzfrau nicht traute. Gegen die Pflegerin N. jedenfalls hegte niemand auch nur den leisesten Argwohn.

Anfang Mai 1989 hob der alte Herr Kirch wiederum eine hohe Summe ab. Diesmal waren es zwanzigtausend Mark. Einige Tage später lud man die Eheleute N. zum Geburtstag der Schwiegertochter ein. Der Staatsanwalt holte seinen Vater und die N.s ab. Man aß zu Mittag, man trank Kaffee. Der alte Herr Kirch war bei bester Gesundheit. Als er der jungen Frau Kirch bei einer Gelegenheit ein wenig auf die Nerven ging, sagte die Pflegerin N. zu ihr, der Schwiegervater habe doch ein schönes Alter, für sie sei es doch das Beste, er wäre nicht mehr. Frau Kirch junior maß dieser geschmacklosen Bemerkung keine Bedeutung bei.

Am nächsten Morgen rief der Sohn den Vater an und erfuhr, dass es ihm gut gehe. Mittags rief Marianne N. den Sohn an, und er erfuhr, dass sein Vater tot sei. Eine halbe Stunde später traf die Schwiegertochter ein und fand die weinende Pflegerin vor. Obwohl Frau Kirch tief betroffen war, fielen ihr einige Umstände auf. Die Couch, auf der der tote Schwiegervater wie aufgebahrt lag, hatte er zu Lebzeiten immer gemieden. Es war die Couch seiner verstorbenen Ehefrau gewesen. Auch wunderte sie sich, dass unter seinen Füßen ein Kissen lag und dass die Hausschuhe so ordentlich nebeneinander auf dem Boden standen, wo er sie doch sonst immer achtlos hatte liegen lassen.

Als Todesursache stellte die herbeigerufene Ärztin Herzversagen fest, eine Diagnose, an die die Schwiegertochter nicht glauben mochte. Der Tod des alten Mannes erschien ihr völlig überraschend, und ihr fielen Frau N.s Worte vom Vortag wieder ein. Sie sagte: »Wir lassen ihn obduzieren.« Jetzt entrüstete sich Marianne N.: »Willst du wirklich eine Obduktion bei einem so alten Mann? Das musste doch mal passieren in dem Alter!« Dann traf der Sohn ein. Er hegte keinerlei Zweifel am natürlichen Tod des Vaters. Das Thema Obduktion war damit vom Tisch.

Tage später durchsuchte das Ehepaar Kirch die Wohnung des alten Herrn nach den zwanzigtausend Mark. Sie fanden nichts. Auch die Brillantbrosche und die übrigen Schmuckstücke, die früher der Mutter des Staatsanwalts gehört hatten, waren, abgesehen von zwei, drei Ringen und einer Uhr, verschwunden. Die beiden wunderten sich darüber, doch stellten sie keine weiteren Nachforschungen an. In der folgenden Zeit kühlte die Freundschaft zwischen den zwei Paaren ab und versickerte schließlich ganz, ohne dass die Kirchs einen Grund für diese Entwicklung hätten erkennen können.

Rote Warnlampen hätten vor den Augen des Herrn Staatsanwalt aufgeblinkt, wäre er auf die Idee gekommen, sich die Vorstrafenliste der so hoch gelobten Pflegerin kommen zu lassen, wie es dann ein Jahr später sein Kollege tat. Doch er kam nicht auf die Idee. Niemand legte Marianne N. das Handwerk. Wenige Monate nach ihrem unerkannten Mord an Eduard Kirch verurteilte ein Gericht sie obendrein in ihrem fünfzehnten Verfahren zu einer Gefängnisstrafe, die auf vier Jahre Bewährung ausgesetzt wurde. Sie hatte mit gefälschten Unterschriften die Konten verstorbener Patienten geplündert.

Erst im Mordprozess setzte sich in den vielen Verhandlungstagen der wahre Charakter der Marianne N. aus Hunderten von Mosaiksteinchen zusammen. Es war fast die schaurige Regel, dass es mit ihren Patienten bergab ging und Wertgegenstände verschwanden, sobald Frau N. im Haus war. Manchmal griffen Verwandte noch rechtzeitig ein und warfen sie hinaus, oft aber blieb sie auch. Immer wieder war aufmerksamen Angehörigen oder Freundinnen der ihr anvertrauten Alten aufgefallen, dass sie versuchte, diese zu isolieren und von sich abhängig zu machen. Hatte sie Erfolg, zerstörte sie systematisch alle sozialen Kontakte der Alten, bis nur noch sie, N., übrig war. Und was lag näher für einen völlig vereinsamten Greis, als die einzige Person seines Vertrauens, die aufopfernde Pflegerin, zur Alleinerbin zu erklären?

Solches widerfuhr auch der fünfundachtzigjährigen Henriette Petersen*, der die Pflegerin Marianne N. noch am 1. Februar 1991 – während bereits gegen sie ermittelt wurde – eine Überdosis Truxal verabreichte. Frau Petersen war eine wohlhabende Dame ohne Kinder. Sie verfügte über eine gute Pension, ein Guthaben von mehr als einer halben Million, darüber hinaus über Möbel, Bilder, Teppiche und Porzellan. Obwohl sie auch eine Eigentumswohnung besaß, wohnte sie zur Miete. Zu ihrer Vermieterin hatte sie ein so gutes und vertrauensvolles Verhältnis, dass diese sogar Bankgeschäfte für sie erledigte. Außerdem hatte Frau Petersen noch drei beste Freundinnen; die alten Damen trafen sich zum Mittagessen und besuchten einander regelmäßig. Sonst hatte Frau Petersen wenig Kontakt zu anderen, sie hörte schlecht und sah noch schlechter, sie galt als schwierig und misstrauisch und hielt die Menschen im Allgemeinen für böse.

Im Hochsommer 1990 trat Marianne N. ins Leben der Henriette Petersen. Sie kümmerte sich rührend um die alte Witwe, ja suchte sie sogar an den Wochenenden auf, um ihr Insulin zu spritzen oder Augentropfen zu verabreichen. Gleichzeitig begann Frau Petersen mehr und mehr zu vereinsamen. Die Freundinnen bat sie, nicht mehr zu ihr zu kommen – die Pflegerin N. wünsche keine Besuche. Besorgungen, Einkäufe und den Gang zum Friedhof machte Frau Petersen jetzt nur noch mit Frau N. Die Freundinnen der alten Dame bemerkten, dass diese »ganz versessen« auf ihre Pflegekraft war.

Was die Beziehungen zu den Freundinnen zusätzlich trübte, war die Tatsache, dass Frau Petersen jetzt regelmäßig Schmuck wie auch größere Summen Bargeld vermisste und argwöhnte, ihre Besucherinnen hätten sie bestohlen. Dies führte so weit, dass manche Bekannte es nicht mehr wagte, die Wohnung der Frau Petersen zu betreten, aus Angst, ein übler Verdacht könnte auf sie fallen.

Mit der Vermieterin, die früher zu ihren Vertrauenspersonnen gehört hatte, begann Henriette Petersen, unterstützt von Frau N., einen regelrechten Krieg. Noch im August 1990 entzog sie der Frau unerwartet die Vollmacht über ihre Konten und forderte von ihr die Schlüssel zu ihrer Wohnung zurück. Dann weigerte sie sich plötzlich, die Nebenkosten für die Treppenhausreinigung zu zahlen. Schließlich tauschten nur noch die Rechtsanwälte der beiden Damen Briefe aus, und von der früheren freundlichen Beziehung blieb am Ende des Jahres nichts als Wut übrig.

Je mehr ihr Verhältnis zur Umwelt zerstört wurde, desto inniger fühlte sich Frau Petersen mit ihrer Pflegerin verbunden. Sie lobte sie und schwärmte für sie und sagte immer wieder, sie wolle ihr Geld demjenigen vermachen, der lieb zu ihr sei und sie bis zum Tode in der eigenen Wohnung pflege – und das sei eben Frau N. Am 19. Dezember 1990 war es dann so weit: Die Witwe Petersen ging mit Marianne N. zum Notar und ließ sie zur Alleinerbin einsetzen. Am nächsten Tag veranlasste die Pflegerin, dass in die Wohnungstür ihres Schützlings ein neues Schloss eingebaut wurde.

Am 1. Februar 1991 traf Frau Petersen vormittags ihre Freundin Frau Clauss* auf der Straße. Weil beide erkältet waren, verabredeten sie sich für den Abend auf ein Glas Grog in Frau Petersens Wohnung. Sie gingen gleich in ein Geschäft und kauften eine Flasche Rum, die Frau Petersen mit nach Hause nahm. Als Frau Clauss, die gegenüber wohnte, abends bei der Witwe klopfte, öffnete niemand. Sie klopfte lange, ging dann aber wieder heim. Die Henriette ist wohl aus irgendeinem Grunde beleidigt, dachte sie, und vom Fenster ihrer eigenen Wohnung aus konnte sie sehen, dass bei der Freundin kein Licht brannte.

Am nächsten Morgen versuchte sie erneut, Frau Petersen zu erreichen – per Telefon, doch niemand hob ab. Jetzt begann Frau Clauss sich Sorgen zu machen und rief die Pflegerin an, sie solle sich rasch um ihre Patientin kümmern. Nach einer halben Stunde sah sie Frau N. eintreffen und begab sich ebenfalls hinüber zu Frau Petersen. Diese lag im Nachthemd auf dem Bett und reagierte nicht auf ihren Gruß. Frau Clauss streichelte der Freundin das Gesicht und fragte, was denn los sei. Die alte Dame sei völlig betrunken, erwiderte Frau N. und zeigte auf die halb leere Flasche Rum. Frau Clauss wunderte sich sehr, denn ihre Freundin Henriette trank gewöhnlich keinen Alkohol, und sie roch auch nicht danach. Als sie vorschlug, einen Arzt zu rufen, log die Pflegerin, das sei bereits geschehen. Frau N. wachte den ganzen Tag am Bett der bewusstlosen Witwe, deren Zustand sich nicht besserte. Als sie am späten Abend nach Hause fuhr, hatte sie noch keinen Arzt verständigt.

Dies tat sie erst am folgenden Sonntagmorgen um 10.02 Uhr. Frau Petersen sei erkältet, erklärte sie, wolle aber keinen Doktor sehen. Von Alkohol oder Vergiftung sagte sie nichts. Der Arzt antwortete, sie solle sich wieder bei ihm melden, falls sich der Zustand der alten Dame verschlechtere. Wenig später rief Frau Clauss über die Straße, warum denn noch immer kein Arzt bei Henriette gewesen sei, und wieder behauptete die Pflegerin, sie habe einen gerufen, nur sei der bislang noch nicht erschienen. Am Nachmittag besuchte Frau N. die Vermieterin der Frau Petersen, mit der sie eigentlich verfeindet war, über eine Stunde lang und erzählte ihr die Version von der halb leeren Flasche Rum, der betrunken im Bett liegenden Frau Petersen und dem Arzt, der sich einfach nicht einfinde, obwohl sie schon zwei Mal darauf gedrungen habe. Und dann bemerkte Frau N.: »Ich bin Alleinerbin. Ich habe alles geerbt.«

Erst am späten Nachmittag verständigte Marianne N. einen Notarzt. Der fand die vergiftete Frau Petersen gegen 18 Uhr in tiefer Bewusstlosigkeit vor. Er schrieb eine Überweisung in die Klinik und wies die Pflegerin an, sofort einen Krankenwagen zu rufen, woraufhin er sich hastig verabschiedete. Marianne N. rief keinen Krankenwagen.

Gegen 20 Uhr wählte die Pflegerin die Notarztnummer 112. Dem zweiten herbeigeeilten Notarzt zeigte sie die nun fast leere Rumflasche und behauptete, die habe Frau Petersen allein ausgetrunken, sie trinke überhaupt gern und liege seit 15 Uhr im Koma. Auf die Frage, warum sie so lange gezögert habe, Hilfe zu holen, fand sie keine Antwort. Dann entdeckte der Notarzt den Überweisungsschein seines Kollegen. Wieder fragte er, warum die Pflegerin denn nichts unternommen habe, und diesmal antwortete Frau N., sie habe gefürchtet, die tausend Mark für den Rettungswagen selbst bezahlen zu müssen. Nachdem sie den Notarzt darauf hingewiesen hatte, dass die alte Dame an Diabetes leide, diagnostizierte er einen Zuckerschock und ordnete die sofortige Einlieferung in die Klinik an. Frau N. wollte die Kranke nicht begleiten, obwohl der Arzt sie darum bat.

Als Henriette Petersen gegen 22 Uhr ins Krankenhaus kam, befand sie sich in einem äußerst kritischen Zustand. Bewusstlos, mit blauen Lippen, trockener Zunge und verengten Pupillen lag sie auf der Intensivstation. Sie atmete hastig und flach, hatte Lungenentzündung und Herzrasen. In der Nacht vom 5. auf den 6. Februar 1991 starb sie an den Folgen der Vergiftung. Die behandelnden Ärzte diagnostizierten den natürlichen Tod durch Herzversagen.

Noch während Frau Petersen im Krankenhaus starb, begann Marianne N. die Wohnung auszuräumen. Die Vermieterin, der das Verhalten der Pflegerin immer merkwürdiger vorkam, sagte zu ihr: »Hoffentlich können Sie das verantworten«, woraufhin sie einen Brief vom Rechtsanwalt bekam, in dem sie aufgefordert wurde, derlei Verdächtigungen gefälligst zu unterlassen. Nach dem Tod ihrer Patientin veranlasste die Alleinerbin N. umgehend die Feuerbestattung der Verstorbenen. So wurden die sterblichen Überreste der Henriette Petersen verbrannt und am 5. März 1991 in einer Urne beigesetzt. Elf Wochen später endlich verhaftete die Polizei Marianne N., weil sie unter dem Verdacht stand, die 1990 verstorbene Martha Vogel ermordet zu haben.

2 Der Arzt und der Tod

*Warum Hausärzte, Notärzte und Mediziner
in den Kliniken Morde übersehen*

Ein Bauernhof im Westfälischen: An einem kalten Wintertag
des Jahres 1987 bittet ein alter Bauer seinen Sohn, die Auto-
batterie aus dem Kühler des Traktors zu heben. Als der junge
Mann sich bückt, schlägt der Vater mit einer Eisenstange zu.
Er zielt auf den Kopf seines Sohnes, trifft aber nur die Schulter.

Der Sohn flieht, begibt sich ins Krankenhaus und zeigt den
Vater an. Bei der Vernehmung erwähnt er, dass zwei Jahre zuvor ein Freund auf dem elterlichen Hof unter merkwürdigen
Umständen zu Tode gekommen sei. Die alten Unterlagen
werden herbeigeschafft. Im Totenschein des Verstorbenen ist
als Todesursache vermerkt: Schädelbruch durch Sturz.

Die Leichenschau hatten damals ein Arzt und ein Polizist
durchgeführt und dabei gründliche Arbeit geleistet. Der Tote
war vor einem Stall aufgefunden worden. Außer einer großen
Schwellung am rechten Auge und einem dicken Hämatom
hatte er keine Verletzungen aufgewiesen. Die beiden Leichenbeschauer waren zu dem Schluss gekommen, der junge Mann
sei an jenem kalten Wintertag auf einer Eisplatte ausgerutscht, habe sich den Kopf zertrümmert und sei seinen tödlichen Verletzungen noch an Ort und Stelle erlegen.

Nun, nach dem Anschlag des Alten auf den Sohn, sieht der
Todesfall nicht mehr so eindeutig aus. Der alte Bauer wird befragt, er verwickelt sich in Widersprüche. Die Staatsanwaltschaft ordnet die Exhumierung der Leiche an. Am 23. Dezem-

ber 1987 wird das, was von dem jungen Mann übrig geblieben ist, ausgegraben und seziert.

Auf den ersten Blick bestätigt sich den zuständigen Rechtsmedizinern aus dem Institut in Münster, was die Leichenbeschauer diagnostiziert hatten. Bei der äußeren Inspektion des Schädels sind Frakturen erkennbar. Offenbar ein Schädelbruch. Das Schädeldach wird geöffnet, und als die Rechtsmediziner das Gehirn in seiner harten Haut herausheben, ertönt ein leises Klimpern. Auf dem metallenen Sektionstisch liegt ein verformtes kleinkalibriges Bleiprojektil. Das Geschoss hatte den Kopf nicht durchschlagen. Es war durch das Auge eingedrungen und an der Schädelhinterwand abgeprallt. Durch die Schwellung des Auges war das Einschussloch unentdeckt geblieben.

Die Nachforschungen der Polizei ergeben nun, dass der Vater zwei Jahre zuvor einen Mörder gedungen hatte, der den Sohn gegen Zahlung von 5000 Mark beseitigen sollte. Der hatte sich auf die Lauer gelegt und im Zwielicht den nächstbesten jungen Mann erschossen.

Der Fall zeigt, wie schwierig, ja unmöglich es für den leichenschauenden Arzt oft ist, die Todesursache bei einem Verstorbenen korrekt festzustellen, selbst wenn er sich alle erdenkliche Mühe gibt. »Hellseherische Fähigkeiten« erfordere diese Aufgabe, schreibt der berühmte Rechtsmediziner Wolfgang Spann in seiner Autobiographie *Kalte Chirurgie*. Aber oft fehlt es den deutschen Leichenbeschauern schon an fundamentalen Voraussetzungen.

Am Arzt, der den Leichenschein ausstellt, bleibt bei einem Todesfall alle Verantwortung hängen. Er ist der Filter, der die auf natürliche Weise ums Leben gekommenen von den nicht natürlich verstorbenen Toten trennt. Drei Aufgaben hat er bei der Leichenschau zu erfüllen:

- Er muss feststellen ob der Mensch *tatsächlich tot* ist. Dafür gibt es sichere Zeichen: Totenflecke, Totenstarre, Fäulnis.
- Er muss die *Todesursache* feststellen. Das ist so gut wie unmöglich, denn ohne einen Blick auf die inneren Organe lässt sich praktisch niemals hundertprozentig sicher sagen, woran jemand gestorben ist (es sei denn, der Leiche fehlt der Kopf). Also wird er eine mehr oder weniger zutreffende Vermutungsdiagnose in den Leichenschauschein eintragen.
- Er muss die *Todesart* klären, also sagen, ob der Mensch, der da vor ihm liegt, auf natürliche oder unnatürliche Weise gestorben ist: ob Alter oder Krankheit oder aber Unfall, Selbstmord oder Mord zu seinem Tod geführt hat. Das Kreuzchen des Arztes im Totenschein entscheidet nun, ob die Leiche ohne weitere Umstände ins Grab gesenkt oder ob die Kriminalpolizei eingeschaltet wird.

Kreuzt der Arzt den *natürlichen* Tod an (was er – mit regionalen Schwankungen – in 90 bis 97 Prozent aller Fälle tut), ist die »Leichensache« abgeschlossen. Die Todesbescheinigung gelangt über den Bestattungsunternehmer zum Standesamt, wo der Tod beurkundet wird. Daraufhin folgt ohne weitere Untersuchungen das Begräbnis. Nur mit enormem Aufwand und bei massiven Verdachtsmomenten von Seiten Dritter könnten jetzt noch polizeiliche Ermittlungen erzwungen werden. Einzige Voraussetzung für die Diagnose »natürlicher Tod« wäre streng genommen eine Krankheit und dazu ein Arzt, der diese Krankheit kennt, sie behandelt hat und weiß, dass sie zum Tode führen kann. Wird in einem weniger eindeutigen Fall der natürliche Tod dokumentiert, so ist das Vorgehen des Arztes unkorrekt, vielleicht sogar fahrlässig.

Kreuzt er den *nicht natürlichen* Tod an – wenn er keine Ursache für einen natürlichen Tod finden kann oder Spuren von Gewalt bemerkt –, so nimmt in jedem Fall die Kriminalpolizei den Leichenfundort in Augenschein und beginnt mit den

Nachforschungen. Der Fall geht dann in die Verantwortung der staatlichen Ermittler über (siehe Kapitel 3).

Hegt der Arzt hingegen Zweifel an den Todesumständen – er kann keinen gewaltsamen Tod feststellen, aber auch keinen eindeutig natürlichen –, ist er verpflichtet, den *nicht geklärten* Tod zu dokumentieren. Nun muss in vielen Bundesländern ebenfalls die Polizei gerufen und die Staatsanwaltschaft informiert werden.

Doch nur bei jeder zehnten bis zwanzigsten Leiche der Kategorien »nicht natürlich« und »ungeklärt« wird dann von den Ermittlungsbehörden auch wirklich eine Obduktion angeordnet. Zigtausende von Toten werden deshalb jedes Jahr zur letzten Ruhe gebettet, ohne dass endgültig festgestellt und im Totenschein eingetragen wäre, woran sie denn nun eigentlich gestorben sind.

Manchmal ruhen sie nicht lange. Ungefähr alle drei Tage wird irgendwo in der Bundesrepublik ein Leichnam exhumiert, damit die Todesursache nachträglich ergründet werden kann – so häufig wie in keinem Nachbarland. Bei einem ausgegrabenen Körper lässt sich allerdings leider sehr oft nicht mehr diagnostizieren, was ihn einst das Leben gekostet hat. Gerade bei exhumierten Leichen können gravierende Anzeichen durch den Fäulnisprozess verändert oder gar nicht mehr erkennbar sein.

Schleswig-Holstein hat in Sachen Leichenschau einen Sonderweg eingeschlagen, der das Desinteresse des Staates an seinen toten Bürgern besonders eindrücklich demonstriert. Auch die Ärzte des nördlichsten Bundeslandes hatten früher angesichts der oben beschriebenen Zwangslagen häufig den »ungeklärten Tod« angekreuzt und die Verantwortung für die »Leichensache« damit an die Polizei, Amtsärzte oder Rechtsmediziner weitergegeben. Ein korrektes Verhalten, möchte man meinen, ganz im Sinne des Verstorbenen und der staatlichen Rechtssicherheit. Wo letzte Sicherheit fehlt, soll ein Dokument nicht ausgefüllt werden.

Diese Meinung allerdings fand im Ministerium des Inneren keineswegs ungeteilte Zustimmung. Deshalb gab der zuständige Landesminister am 26. September 1977 einen Erlass heraus, in dem er der Polizei versicherte, sie sei »*grundsätzlich nicht verpflichtet*, in Fällen einer nicht geklärten Todesart Ermittlungen zu führen«. In einem Schreiben vom 27. Februar 1990 an die Behörden des Kreises Plön (nachrichtlich an alle Kreise und kreisfreien Städte) setzt der Minister für Arbeit und Soziales nach: »Für den Fall, dass der Arzt die Rubrik ›nicht aufgeklärt‹ ankreuzt ... wird die Kriminalpolizei *nicht* eingeschaltet.« Rechtsmediziner in Lübeck riefen daraufhin beim Leiter des Standesamtes ihrer Stadt an und fragten, ob das wohl ernst gemeint sei. Sie erfuhren dann, dass die Standesbeamten bereits Post vom Innenminister bekommen hätten, worin man sie anweise, auch Leichensachen der »nicht aufgeklärten« Todesart zu beurkunden. Manfred Oehmichen, Direktor des Rechtsmedizinischen Instituts Lübeck, schrieb 1993 im *Schleswig-Holsteinischen Ärzteblatt*: »Da somit weder die Polizei noch der Amtsarzt tätig werden kann noch muss und da andererseits das Standesamt das Recht zur Beurkundung hat, wird in Lübeck in allen Fällen nicht geklärter Todesart die Todesart nicht mehr aufgeklärt.«

Nachdem man in Schleswig-Holstein die Rubrik »Todesart nicht aufgeklärt« auf diese Weise gezielt überflüssig gemacht hatte, ist sie inzwischen (am 1. Juli 1999) völlig abgeschafft worden. Der Arzt im Norden Deutschlands ist nun in der wenig komfortablen Lage, sich direkt am Leichenfundort entscheiden zu müssen, ob er den gewaltsamen oder den natürlichen Tod vor sich hat. Er darf die Polizei nur dann rufen, wenn ihm »Anhaltspunkte für ein nicht natürliches Geschehen« auffallen. Ob der Rechtssicherheit damit gedient ist? Wie viele Ärzte werden jetzt, mulmiger Gefühle und düsterer

Ahnungen zum Trotz, doch den natürlichen Tod ankreuzen, nur um keinen Ärger mit den Hinterbliebenen oder der Polizei zu haben? Vermutlich die meisten. Gute Nachricht für schlaue Mörder.

Die Leichenschau wird in Deutschland von jedem beliebigen Arzt vorgenommen, egal, wie gut (oder schlecht) er mit den Phänomenen des Todes vertraut ist. Das Gesetz verpflichtet jeden Arzt zur Leichenschau. Im Allgemeinen ist es der Hausarzt oder der Notarzt, der das Ende diagnostiziert und die Todesursache zu erraten sucht. Doch auch Augen- und HNO-Ärzte, Gynäkologen, Laborärzte und Psychiater – Mediziner, die seit dem Studium keine Leiche mehr gesehen haben und von dieser Aufgabe völlig überfordert sind – beugen sich über die Hingeschiedenen. Sie sollen dann darüber befinden, ob es Anhaltspunkte für einen unnatürlichen Tod gibt.

Und das ist selbst für den Experten nicht einfach. Ein Leichenfundort sieht fast immer harmlos aus. Verdacht keimt oft erst bei sorgfältigster Inspektion des Körpers und seiner Umgebung auf. Sachkundige Antworten verlangen Training, beharrliche Skepsis und kriminalistische Phantasie. Deshalb sollte eine Leichenschau auch sehr sorgfältig durchgeführt werden. Die Bestattungsgesetze der Bundesländer schreiben als Mindestanforderung vor:

- Die Leiche soll entkleidet und bei heller Beleuchtung von allen Seiten begutachtet werden.
- Die Körperöffnungen sollen untersucht werden, ebenso die Bindehäute und der Hals, denn hier lassen sich Stauungsblutungen und Strangulationsmerkmale erkennen, die beim Würgen und Drosseln entstehen.
- Verbände müssen entfernt werden, sie könnten Schuss-, Stich- oder Schnittverletzungen verdecken.

Die Wirklichkeit sieht leider ganz anders aus. Viele Ärzte grausen sich vor den Toten und halten Abstand. Sie haben den Beruf des Mediziners ergriffen, weil sie am lebendigen Körper wirken wollen, und betrachten den Umgang mit Leichen als unangenehme und schlecht bezahlte Begleiterscheinung ihrer Arbeit.

Eine Wiener Untersuchung über das Verhältnis von Krankenhausärzten zu Leichen (Stefenelli et al. 1993) brachte Folgendes ans Licht: 44 Prozent der Ärzte bekundeten, sie könnten sich auch nach Jahren ärztlicher Tätigkeit nicht an Leichen gewöhnen. 27 Prozent gestanden, sie würden grundsätzlich oder tunlichst den Obduktionsbereich meiden, und fast die Hälfte davon gab offen einen starken Widerwillen gegen den toten menschlichen Körper zu.

Dieser Abneigung entspricht die Sorgfalt, mit der Ärzte in der Regel vorgehen. Bei unappetitlichen Exemplaren wird die Leichenschau gern mit einem Blick von der Tür aus erledigt. Mit spaßigen Sprüchen wie »Natürlich ist der da tot« wird hastig das natürliche Ableben dokumentiert. Nur im Ausnahmefall wird eine Leiche umgedreht – von der Inspektion der Körperöffnungen ganz zu schweigen. »Leichenscheu statt Leichenschau« spotten die Gerichtsmediziner: Nach Untersuchungen von Rechtsmedizinern in Münster (Peschel et al. 1997) wird ein Toter nur in etwa 20 Prozent der Fälle entkleidet, nur jeder dritte Arzt entfernt die Kinnbinde, die Strangulationsmerkmale so vortrefflich kaschieren kann. Und so wundert es keinen forensischen Mediziner, wenn einer Toten mit elf Messerstichen im Leib, die vom aufgeregten Bestatter ins Institut gebracht wird, im Totenschein jäher Herztod bescheinigt wird – so geschehen in Hannover und in vielen ähnlichen Fällen, die Armin Mätzler in seinem Standardwerk *Todesermittlungen* verewigt hat. Eine Strafe müssen fahrlässige Leichenschauer nicht fürchten, Ordnungsgelder sind kaum jemals verhängt worden.

Der Hausarzt

Ein weiterer Faktor verhindert die korrekte Leichenschau: Die Ärzte, die den Totenschein ausstellen sollen, kennen die vor ihnen liegenden Verstorbenen oft zu gut oder zu schlecht, um misstrauisch zu werden. Sie schauen kurz ins gebrochene Auge, konstatieren den Exitus und fragen vielleicht noch die Verwandten, was sich in den letzten Tagen abgespielt habe. Dann stellen sie den Schein aus. »Größte Zurückhaltung aber ist geboten bei Informationen und Berichten aus dem persönlichen Umfeld des Verstorbenen«, bläute Professor Werner Janssen, langjähriger Chef der Hamburger Rechtsmedizin, seinen Studenten in einer Vorlesung ein. »Darauf sollte der Leichenschauer – auch wenn die Familienverhältnisse ihm noch so vertraut sind und geordnet erscheinen – niemals (!) seine Diagnose der Todesart stützen. Er sollte wissen, dass nach einer alten kriminalistischen Erfahrung über 50 Prozent der Täter aus dem persönlichen Umfeld der Getöteten stammen.«

Der Arzt befindet sich bei der Leichenschau also nicht nur medizinisch, sondern auch menschlich in einem chronischen Dilemma. Ist er der Hausarzt des Verstorbenen, verletzt er durch gründliches Vorgehen die Hinterbliebenen und verprellt seine Patientenschaft. Er wird immerhin in ein Trauerhaus gerufen – die Angehörigen stehen händeringend, fassungslos oder mit rot geweinten Augen da, und jemand liegt tot auf dem Bett oder dem Boden. Es kostet den Mediziner enorme Überwindung und oft auch die Sympathie der Trauerfamilie, wenn er in dieser Situation die Leiche vollkommen entkleidet und inspiziert. Und die Katastrophe ist vollendet, wenn er – weil ihm irgendetwas komisch vorkommt – obendrein die Polizei ruft. Das Vertrauensverhältnis zwischen dem Arzt und den Angehörigen ist dann für immer zerstört. Gerade auf dem Lande oder in dicht besiedelten Wohngebieten spricht sich dergleichen rasch herum und kann den Ruf eines Doktors vernichten.

Die niedergelassenen Ärzte stehen heute in harter Konkurrenz zueinander. Mancher kämpft ums wirtschaftliche Überleben. »Ich werde den Teufel tun und den ungeklärten Tod ankreuzen«, gestand ein Internist, der in einem Vorort Essens seine Praxis hat, einem befreundeten Rechtsmediziner. »Ich mache erst Meldung, wenn ein Messer im Rücken steckt. Wenn ich die Polizei zu einem toten Patienten rufe, verliere ich nicht nur diese Familie, sondern auch noch zehn Nachbarn dazu.«

Die Berliner Rechtsmediziner Ingo Wirth und Hansjürg Strauch schreiben zu dieser ewigen Problemlage in der Fachzeitschrift *Kriminalistik*: »Auf Grund von Unerfahrenheit, Sorglosigkeit, Rücksichtnahme auf Angehörige, ungünstigen äußeren Bedingungen und Manipulationen durch andere Personen ist bei häuslichen Leichenschauen eine große Dunkelziffer nicht natürlicher Todesfälle zu vermuten.«

Der alteingesessene Landarzt Dr. Wulf Schloßmacher aus der Nähe von Münster hat durch korrektes Verhalten am Leichenfundort bereits Patienten in die Flucht geschlagen: Vor einigen Jahren wurde er morgens in eine Wohnung gerufen, in der ein toter Mann lag. Der Tote war um die Fünfzig, seine Frau hatte den Hausarzt verständigt. Außerdem lebten noch zwei erwachsene Söhne im Haushalt. Der Doktor kannte den Verstorbenen, die ganze Familie kam zu ihm in die Sprechstunde. Er wusste, der Tote war Alkoholiker gewesen und hatte Frau und Kindern das Leben zur Hölle gemacht. Nun lag er also mit aufgeschlagener Stirn bäuchlings im Wohnzimmer. Er musste schon stundenlang tot sein.

Die Angehörigen sagten aus, der Vater sei wohl am vergangenen Abend im Rausch gefallen und habe sich den Kopf verletzt, gefunden hätten sie ihn erst heute früh. Dr. Schloßmacher wunderte sich und fragte die Familie, wie das zugehen könne, dass einer so schwer stürze und keiner nebenan etwas merke. Er hielt es nicht für ausgeschlossen, dass bei dem Sturz jemand nachgeholfen hatte, und rief die Polizei, die allerdings nur oberflächliche Ermittlungen anstellte. Der Tote wurde ohne Obduktion beigesetzt. Obwohl die Nachforschungen zu nichts geführt hatten, ließ sich kein Mitglied der betroffenen Familie jemals wieder in Schloßmachers Praxis blicken.

Der Notarzt

Auch Notärzte stecken bei der Leichenschau in der Zwickmühle – wenn auch in einer anderen als die Hausärzte. Sie fühlen sich zwar nicht den Angehörigen verpflichtet, doch da ihnen der Tote und seine Vorgeschichte gänzlich unbekannt sind, müssen sie sich häufig auf deren Angaben verlassen. In der Regel versuchen sie am Leichenfundort den Hausarzt des Verstorbenen telefonisch zu erreichen. Gelingt das nicht oder gibt es gar keinen Hausarzt, dann holen sie Auskünfte bei der Verwandtschaft ein oder durchwühlen das Arzneischränkchen in der Hoffnung, dort auf Medikamente zu stoßen, die ihnen Aufschluss darüber geben, an welcher Krankheit der Aufgefundene gestorben sein könnte. Auf Grund dieser dürren Informationen sollen sie dann im Totenschein dokumentieren, ob alles mit rechten Dingen zugegangen ist.

»Die entscheidende Weichenstellung zur Feststellung nicht natürlicher Todesfälle erfolgt somit unter höchst negativen Bedingungen und weit im Vorfeld der eigentlichen Ermittlung«, schreibt der Rechtsmediziner Janssen. »Mit diesem Leichenschau- und Meldewesen, das nicht primär von der Todesursachenklärung ausgeht, können nur solche Tötungsdelikte erfasst werden, die sich durch äußere Befunde selber darstellen oder durch Beschuldigungen und freiwillige Geständnisse von allein bekannt werden.« Ein bisschen übertrieben ausgedrückt: Nur wenn die Axt im Kopf oder der Dolch in der Brust steckt oder der Täter, von Reue geschüttelt, neben der Leiche weint, gerät der Arzt in Unruhe.

Es kommt sogar vor, dass ein Hausarzt den Verwandten den Totenschein überreicht, ohne die Leiche gesehen zu haben. Konfrontiert mit Unbekannten, tragen Notärzte ins letzte Dokument bisweilen groben Unfug ein, den die Amtsärzte in den Gesundheitsbehörden dann später lesen müssen. In der Regel aber wird nach oberflächlicher Besichtigung der sterblichen Hülle ein Tod durch Herzversagen angenommen – eine weit verbreitete Verlegenheitsdiagnose ratloser Mediziner, die sich verheerend auf die deutsche Statistik der Todesursachen auswirkt. Bernd Brinkmann und Klaus Püschel, beide Professoren für Rechtsmedizin, schätzen die Kollegen Doktoren an den Leichenfundorten nicht allzu hoch ein: »Der Arzt weiß nicht nur um das Fehlen jeglicher Plausibilitäts- und Qualitätskontrolle, sondern auch um das Desinteresse an halbwegs gewissenhafter Ausübung.« Sie kommen daher zu dem vernichtenden Schluss, dass »das gesamte System der ärztlichen Leichenschau in wesentlichen Bereichen gescheitert ist«.

Wie gering die Güte der Leichenschau ist, hat noch zu DDR-Zeiten eine einzigartige Studie nachgewiesen (Modelmog et al. 1989). Zu Forschungszwecken wurden im Bezirkskrankenhaus Görlitz ein Jahr lang (vom 1. Dezember 1986 bis zum 30. November 1987) *alle* verstorbenen Bewohner obduziert. Das Städtchen an der polnischen Grenze erreichte also vorübergehend eine Obduktionsrate von fast 100 Prozent. Die so entstandene *Görlitzer Studie* wies nach, dass die Ärzte bei 60 Prozent der Totenscheine eine völlig (40 Prozent) oder teilweise (20 Prozent) falsche Todesursache eingetragen hatten. Ein Drittel der »Herztoten« war an völlig anderen Leiden verstorben. Bei alten Leuten wurde die Todesursache Infektionskrankheit zu 100 Prozent falsch diagnostiziert. Über die Hälfte der Todesfälle durch Verletzung und Vergiftung war nicht erkannt worden. Diese alarmierenden Zahlen sind sicherlich auf die alten Bundesländer übertragbar und dürften sich auch seit der Wende nicht verbessert haben.

Der Dunkelfeldforscher Bernd Wehner fragt in seinem Buch *Die Latenz der Straftaten*: »Wenn schon Universitätskliniken mit ihren ärztlichen Kapazitäten Giftmorde übersehen und natürliche Todesursachen bescheinigen, obwohl die Opfer unter ihrer Aufsicht gestorben sind, wie oft mögen praktische Ärzte in Stadt und Land solche oder noch schwieriger erkennbare gewaltsame Todesfälle übersehen – wie oft eine natürliche Todesursache attestieren?« Und er fährt fort: »Wie viele Menschen mögen dann auf den Friedhöfen liegen als ›zu früh‹ oder ›unerwartet verstorben‹, die in Wirklichkeit auf vielfältige Art und Weise ermordet worden sein können, ohne dass eine Strafverfolgungsbehörde auch nur Notiz von dem Verbrechen genommen hat?«

Nimmt man die Zustände bei der Leichenschau zum Maßstab, herrschen in Deutschland mittelalterliche Verhältnisse. Schon 1983 wiesen deshalb die deutschen Generalstaatsanwälte und der Generalbundesanwalt »mit Besorgnis« darauf hin, »dass die Leichenschau … die sichere Feststellung nicht natürlicher Todesfälle nicht gewährleistet. Sie sind der Auffassung, dass hierdurch die Erkennung und Verfolgung von Straftaten gegen das Leben und damit ein gravierendes rechtsstaatliches Interesse gefährdet« sind. Die Spitzenstaatsanwälte plädieren daher für neue Gesetze, die nur *speziell ausgebildeten Ärzten* die Leichenschau *lege artis* gestatten. Diese amtlichen Leichenbeschauer – es gibt sie in anderen Ländern (siehe Kapitel 5, die Beispiele Österreich und Großbritannien) – wären nicht nur Experten, spezialisiert auf die Zeichen und Spuren am Verstorbenen, sie wären in ihrem Urteil auch frei von Zwängen. Doch so eindringlich das Plädoyer der Generalstaatsanwälte auch klingen mag – getan hat sich seither nichts.

Ein Fall, der sich in den Achtzigerjahren in Bayern zutrug, macht die Unzulänglichkeiten des Leichenschauwesens in Deutschland aufs Eindringlichste klar.

Tod auf dem Einödhof

Am 22. Juni 1984 beschließt die Bauersfrau Margit G., ihren Mann zu töten. Er liegt wie jeden Tag im Ehebett, aus dem sie sich schon lange zurückgezogen hat, und ist sinnlos betrunken. Er kann kaum stehen und schreit nur noch nach Bier. Die Frau stellt ihm inzwischen Bierkästen und Schnapsflaschen gleich ans Bett.

Sie versorgt den Einödhof im Oberbayrischen schon seit Jahr und Tag allein, bringt die Ernte ein, füttert das Vieh, kümmert sich um die zwei kleinen Kinder. Das Geld ist den beiden längst ausgegangen, der Hof heruntergekommen. Der Mann, der wegen der Trinkerei seinen Job bei einem Sägewerk verloren hat, versäuft sein Arbeitslosengeld und obendrein noch das bisschen, was die zwölf Milchkühe hereinwirtschaften.

An diesem Frühsommertag muss das Heu eingefahren werden. Margit G. fordert ihren Mann Josef auf, ihr dabei zu helfen. Er lallt, das werde sie schon allein schaffen, und wankt wieder ins Bett. Die junge Bäuerin muss – wie so oft – mitleidige Nachbarn bitten, sie zu unterstützen. An diesem Tag hat sie endgültig genug von ihrer Ehe. Scheidung kommt für sie nicht in Frage, sie hat die gnadenlose Vergangenheit eines misshandelten, vernachlässigten und ausgestoßenen Kindes hinter sich, ist völlig mittellos und muss für ihre beiden kleinen Söhne sorgen. Wohin sollte sie gehen? *Er* ist es, der weg muss.

Sie weiß, dass er in seiner Trunksucht sogar nachts geöffnete Bierflaschen an seinem Bett platziert, um im Halbschlaf nach ihnen greifen und weiterzechen zu können. So ist in ihr der Plan gereift, ihn auf diesem Wege mit Rohrreiniger zu vergiften. Um sieben Uhr abends schaut sie nach der Stallarbeit ins Schlafzimmer: Ihr Mann ist volltrunken, aber wach. Sie geht wieder, badet die Kinder und legt sie schlafen. Eine Stunde später schleicht sie sich erneut zu ihrem Beobachtungsposten. Der Mann schläft. Sie nimmt die offene, noch zu einem Drittel gefüllte Bierflasche vom Nachttisch, schüttet eine Portion hochgiftiges »Rohrfrei«-Pulver hinein, schüttelt die Flasche gründlich, um die Chemikalie aufzulösen, und stellt den präparierten Schlummertrunk auf den Nachttisch zurück. Hoffentlich würde er nichts merken, wenn ihn in der Nacht der Durst überkäme.

Sie legt sich auf das Küchensofa zum Schlafen nieder. Am nächsten Morgen ist die Flasche leer und ihr Mann tot. Sie stellt die Bierflasche in den Träger zurück und benachrichtigt den Notarzt. Der kommt und stellt den Tod fest, weigert sich aber, den Leichenschein auszufüllen, da er den – erst sechsunddreißig Jahre alten – Toten nicht kennt. Margit G. ruft einen Allgemeinmediziner an, der den »akuten Herztod« bescheinigt. Josef wird begraben.

Etwa vier Jahre später, am 20. Mai 1988, hat Margit G. wieder eine Leiche im Haus. Diesmal handelt es sich um den achtundsiebzigjährigen Schwiegervater. Wieder stellt der herbeigerufene Notarzt lediglich fest, dass der Exitus eingetreten sei, und ist ebenfalls nicht bereit, den Totenschein auszustellen. Wieder muss ein niedergelassener Hausarzt herbeibemüht werden. Er kann nichts Ungewöhnliches an dem alten Herrn entdecken. Sehr sorgfältig schaut er ihn wohl nicht an, denn der Tote, berichtet er später vor Gericht, sei voller Dreck und ziemlich ungewaschen gewesen. Er kreuzt die Rubrik »natürlicher Tod« an. Nichts steht nun der Bestattung des Leichnams mehr im Weg.

Schließlich kommt doch heraus, dass Margit G. ihren Schwiegervater umgebracht hat, aber das ist keineswegs dem leichenschauenden Arzt zu verdanken. Vielmehr kommt einer aufmerksamen Bankangestellten eine kürzlich getätigte Unterschrift des Toten sonderbar vor, und sie erzählt der Polizei von ihrer Beobachtung. Nun wird die Leiche des Greises beschlagnahmt und doch noch obduziert. Dabei ergibt sich, dass der Tod auf Gewalt gegen den Hals zurückzuführen ist. Der Alte ist erwürgt worden.

Margit G. gesteht schließlich den Mord an ihrem Schwiegervater. Nach dem Ableben des Ehemanns sei ihr Leben nicht besser geworden. Um über die Runden zu kommen, habe sie ständig Kredite aufnehmen müssen, da der Schwiegervater (der mit ihr auf dem Hof wohnte) mit einer Verpachtung nicht einverstanden gewesen sei. Außerdem habe er begonnen, ihr nachzustellen, und obwohl sie ihm mit Ekel begegnet sei, habe sie jede Woche den Geschlechtsverkehr mit ihm vollzogen.

Im Januar 1988 starb die Schwester des Schwiegervaters und vermachte ihm 45 000 Mark. 25 000 Mark schenkte der Alte seiner eigenen Tochter, die anderen 20 000 stellte er seiner Schwiegertochter in Aussicht, falls sie sich ihm weiterhin gefügig zeigte. Hin und wieder gelang es Margit G. nun, ihm ein paar tausend Mark abzuschwatzen, mit denen sie sofort Schulden bezahlte.

Am 12. Mai entdeckte sie ein Sparbuch des Schwiegervaters, das ein Guthaben von 15 000 Mark aufwies. Sie beschloss, es ohne sein Wissen auf das eigene Konto überschreiben zu lassen, und fälschte eben jene Unterschrift des Alten, die am 19. Mai die Bankangestellte misstrauisch werden ließ. Die Schriftzüge auf dem Formular kamen der Dame von der Bank so komisch vor, dass sie noch am selben Tag auf den Einödhof fuhr, um sich vom Schwiegervater die Rechtmäßigkeit des Vorgangs bestätigen zu lassen. Dort wurde sie jedoch von Margit G. abgefangen, die ihr vorlog, der Schwiegervater liege seit drei Tagen im Krankenhaus und sei leider nicht zu sprechen. Die Bankangestellte erwiderte, dann werde sie eben morgen zum Unterschriftenvergleich in die Klinik fahren, und machte sich auf den Rückweg.

Margit G. geriet in Panik. Sie musste unbedingt verhindern, dass sich die Bankangestellte mit ihrem Schwiegervater verständigte und den Schwindel aufdeckte. Noch am selben Abend rief sie deshalb die Frau unter ihrer Privatnummer an und erklärte, es tue ihr Leid, der Schwiegervater sei unerwartet verstorben. Nun musste sie die eigene Lüge wahr machen: Wieder schüttete sie Rohrreiniger in eine Bierflasche. Dann überlegte sie es sich anders: Vielleicht war es doch besser, alles zu beichten. Sie legte sich zum Alten ins Bett, wo sie sich stundenlang mit dem Gelingen eines Geschlechtsaktes abrackerte. Vergeblich. Unter diesen misslichen Umständen wagte sie es nun aber nicht mehr, ihm die Urkundenfälschung zu gestehen. Er würde sie vom Hof jagen, das war sicher. Also kehrte sie zum bewährten Tatplan zurück.

Es war schon Mitternacht, als sie aufstand und im Dunkeln die präparierte Flasche holte. Der Alte trank, spuckte jedoch das vergiftete Bier sofort wieder aus. Das schmecke ja scheußlich, rief er. Jetzt musste Margit G. handeln. Sie nahm die Flasche und schlug ihm damit heftig auf den Kopf. Dann kniete sie sich auf seinen Brustkorb und drückte ihm minutenlang die Kehle zu. Endlich starb er.

Dies alles gesteht Margit G. der Polizei bei der Vernehmung, danach beschuldigt sie sich obendrein, vor vier Jahren ihren Mann Josef vergiftet zu haben. Der Körper des Herrn G. wird aus dem Grab geholt. Eine Todesursache lässt sich nicht mehr feststellen. Zu Gunsten der Angeklagten wird angenommen, dass der Alkoholiker zufällig in jener Nacht, in der sie einen Mordanschlag auf ihn verübte, eines natürlichen Todes gestorben sei. 1990 wird die nun siebenunddreißigjährige Frau wegen Mordes und versuchten Mordes zu zwölf Jahren Freiheitsstrafe verurteilt.

Wer übrigens hofft, die Exhumierung eines Verwandten vereiteln zu können, indem er die Leiche im Krematorium restlos verschwinden lässt, dem wird sein Vorhaben immerhin durch die deutschen Feuerbestattungsgesetze schwer gemacht. Sie fordern, da die Verbrennung eines Toten gleichzeitig auch die Vernichtung aller Beweismittel bedeutet, eine zweite Leichenschau. Diese wird in der Regel von einem Amtsarzt, in manchen Kommunen auch von Rechtsmedizinern vorgenommen. Immer wieder halten Zweitbeschauer Leichen, denen ein natürliches Ende bescheinigt wurde, zurück und ordnen nachträglich die Obduktion an. Sogar Tötungsdelikte werden auf diese Weise manchmal entdeckt.

Folgendes Beispiel ist typisch: In Halle hielt ein Doktor der Rechtsmedizin 1994 die Leiche eines vierunddreißigjährigen Mannes zurück. Die Leichenschauärztin hatte Alkoholvergiftung als Todesursache diagnostiziert und den Toten zur Bestattung freigegeben. Anhaltspunkte für ein Fremdverschulden wollte sie nicht bemerkt haben; dass der Tote ein total zerschlagenes Gesicht und ein zugeschwollenes, blutunterlaufenes Auge hatte, schien für sie kein Anlass zur Irritation gewesen zu sein. Die nach der zweiten Leichenschau angeordnete Sektion ergab schwere Kopfverletzungen. Erst vierzehn Tage nach dem Todesfall nahm die Polizei Ermittlungen auf. Die ehemalige Freundin des Toten gestand schließlich, dass sie mit ihrem neuen Freund beim Verstorbenen gewesen und es zu einem Streit gekommen sei. Dabei habe der Verstorbene in der Tat mehrere harte Faustschläge auf Kopf und Gesicht erhalten. Das Verfahren wurde eingestellt, da die Aussage der beiden nicht widerlegt werden konnte, der Mann sei wohlauf gewesen, als sie ihn verlassen hätten.

Weil solche Fälle immer wieder vorkommen, braucht der Bestatter, um einen Leichnam kremieren zu lassen, bei ungeklärter Todesart oder nicht natürlichem Tod eine Unbedenklichkeitsbescheinigung der Polizei. Die Kripobeamten suchen deshalb im Polizeicomputer nach Hinweisen, ob der Verstorbene schon einmal auffällig geworden oder in dubiose Geschichten verwickelt war. Erst wenn der zweite Leichenbeschauer (bei natürlicher Todesart) oder die Polizei (bei ungeklärter oder nicht natürlicher Todesart) ihr Plazet gegeben hat, darf der Leichnam eingeäschert werden.

Um sich dieser Mühsal zu entziehen, machen sich Hinterbliebene und Bestatter im Raum westliches Nordrhein-Westfalen eine Gesetzeslücke zu Nutze, die inzwischen zu regelrechtem Leichentourismus geführt hat. Sie lassen die sterblichen Überreste ihrer Verwandten vom Bestatter in die Niederlande transportieren und dort verfeuern. Das ist erstens billiger, geht zweitens schneller, und drittens spart man sich die lästige Zweitbesichtigung des Toten. In den Niederlanden müssen nur Sterbeurkunde und Leichenpass vorgelegt werden, die man vom Standesamt problemlos bekommt. Eine Erklärung des *leichenschauenden Arztes*, dass er keine Bedenken gegen die Kremation hegt, reicht in Holland aus. Derselbe Doktor, der also – womöglich ohne genaueres Hinsehen – den natürlichen Tod festgestellt hat, unterschreibt auch noch die Unbedenklichkeitsbescheinigung für die Feuerbestattung. Weder Rechtsmediziner noch Kriminalisten sind involviert, und im niederländischen Venlo, kurz hinter der Grenze, wartet auch schon das hochmoderne, billige Krematorium. Die drei, vier Pfund Knochenasche, die vom Verwandten übrig bleiben, kann der Kunde gleich an Ort und Stelle anonym in die Erde senken. Gibt es eine sicherere und praktischere Methode, sich eines Mordopfers zu entledigen? Der Bestatter wird zum Helfershelfer. Auch er ist in erster Linie am reibungslosen Ablauf interessiert. Leichen aus Gladbach oder Viersen oder Krefeld werden inzwischen tausendfach in der Superverbrennungsanlage von Venlo zu Asche. Gute Nachricht für schlaue Mörder!

Die privilegierten Täter

Noch etwas kann den Blick des Leichenbeschauers beim letzten Dienst am Patienten trüben: Was, wenn er selbst als behandelnder Arzt am Tod Schuld trägt? Wenn er dem Kranken die falschen Medikamente verschrieben oder bei einer Operation danebengeschnitten hat? Es kommt nicht selten vor, dass der behandelnde und der leichenschauende Arzt identisch sind. Ein korrekt ausgefüllter Leichenschein käme beim Kunstfehler einer Selbstanzeige gleich. Die Leichenschaugesetze in Deutschland sehen es nun aber vor, dass der Täter gleich selbst den natürlichen Tod im Leichenschein ankreuzen und damit die peinliche Angelegenheit aus der Welt schaffen kann.

Niemand muss sich der Justiz freiwillig ausliefern – dieses Selbstbegünstigungsprinzip gilt auch für Ärzte. Doch ihrem Berufsstand ist quasi die gesetzliche Erlaubnis erteilt, über die Qualität der eigenen Arbeit zu befinden und eigene tödliche Fehler mit einem schlichten Kreuzchen im Schein zu begraben. Ärzte werden deshalb von Juristen gern als »privilegierte Tätergruppe« bezeichnet.

Nach einer Studie, die an 315 Krankenhäusern in Niedersachsen durchgeführt wurde (Berg/Ditt 1984), kreuzen 6 Prozent aller Klinikärzte in der Todesbescheinigung grundsätzlich (das heißt: immer!) den natürlichen Tod an. Bei nicht natürlichem Ableben – ob durch Gewalteinwirkung, Vergiftung, Suizid oder ärztlichen Eingriff – bescheinigten etwa 30 Prozent eine natürliche Todesursache. In Würzburg stießen Rechtsmediziner bei mehr als der Hälfte tödlicher Stürze auf den Befund »natürliche Todesart«. In Hamburg fanden sie 1987 bei »Krankenhaustodesfällen in Verbindung mit äußerer Einwirkung« (Unfälle, Vergiftungen und dergleichen) in 24 Prozent der Fälle den natürlichen Exitus verzeichnet. In der Fallgruppe »Tablettenvergiftung« waren es sogar 56 Prozent. Von sechsunddreißig Hamburgern, die während oder gleich im Anschluss an ärztliche Maßnahmen – also noch auf dem OP-Tisch – das Zeitliche segneten, war vierunddreißig der natürliche Tod bescheinigt worden (Püschel et al. 1987).

Die Ärzte handeln auf diese Weise fehlerhaft, weil sie entweder die Kausalkette zwischen Gewalteinwirkung und Tod nicht erkennen oder – und das kommt nicht selten vor – weil

74

sie Schaden oder Verdächtigungen von der eigenen Person oder dem Krankenhaus abwenden wollen. Um Kunstfehlerprozesse zu umgehen, manipulieren sie Krankenakten, schüchtern Mitarbeiter auf der Station ein und lassen Behandlungsunterlagen verschwinden. Dichthalten ist oberstes Gebot. Ein Arzt erzählte der Wochenzeitung DIE ZEIT (Naumann 1992) anonym von seinen Anfängerjahren im Krankenhaus: Er habe neben dem Chefchirurgen gestanden, als der »eine Operation versaute. Wir haben alle die Luft angehalten, als der da hektisch im Bauch rumwühlte. Die Frau ist gestorben, die Sache ist nie rausgekommen. Keiner hat was gesagt.« Gerade junge, noch subalterne Assistenz- und Stationsärzte können ein Lied davon singen, welchem Druck von oben sie ausgesetzt sind, wenn sie, ihrem Gewissen folgend, in der Klinik den nicht natürlichen oder ungeklärten Tod diagnostizieren.

Das Krähenprinzip (Beispiel aus Essen)

Der Chef des Rechtsmedizinischen Instituts in Essen, Professor Claus Henßge, hat mir in einem Brief beschrieben, wie ein nicht natürlicher Todesfall im Krankenhaus typischerweise unter den Tisch fällt. Es ging um einen Todesfall infolge einer durch Leberblindpunktion hervorgerufenen galligen Bauchfellentzündung (biliäre Peritonitis) im November 1996:

»Bei der zweiten Leichenschau vor der Feuerbestattung war auf der Todesbescheinigung ein natürlicher Tod deklariert. Im vertraulichen Teil war als unmittelbare Todesursache ›Peritonitis‹ angegeben. Welche Grunderkrankung der Bauchfellentzündung zu Grunde lag, war nicht angegeben. Der 83 Jahre alt gewordene Mann war in der chirurgischen Abteilung eines Krankenhauses verstorben.

Solche Anfangsinformation aus der Todesbescheinigung ist per se ungenügend, weil unter den zahlreichen Ursachen zur

Entstehung einer tödlich verlaufenden Bauchfellentzündung auch viele ›nicht natürliche‹ Ursachen denkbar sind: zum Beispiel Gewalteinwirkung gegen den Bauch mit der Folge, dass der Darm zerreißt, oder ärztliches Übersehen eines so genannten akuten Bauches (das kann der Durchbruch eines Magengeschwürs sein oder eines entzündeten Wurmfortsatzes am Blinddarm) oder der Operationsfehler bei einem chirurgischen Baucheingriff aus anderer Krankheitsursache.

Bei dieser zweiten Leichenschau jedenfalls war zu erkennen, dass der Mann eine frische chirurgische Bauchhöhlenöffnung hinter sich hatte. Zu erkennen war außerdem eine quer gestellte kleine (4 Millimeter) Hautdurchtrennung an der rechten vorderen Brustseite, dicht oberhalb des Rippenbogens.

Bei so völlig ungenügenden Angaben in der Todesbescheinigung rufe ich gewöhnlich jenen Arzt an, der sie unterschrieben hat. Hier handelte es sich um einen Chirurgen, der mir sagte, dass der Patient als Notfall eines ›akuten Bauches‹ eingeliefert und sogleich chirurgisch behandelt worden sei. Man habe bei der Operation eine schwere allgemeine gallige Bauchfellentzündung vorgefunden. Auf mein hartnäckiges Nachfragen, wo die gallige Bauchfellentzündung denn herrühre, sagte mir der Chirurg, dass der Patient zwei Tage zuvor in der inneren Abteilung eines anderen Krankenhauses einer (diagnostischen) ›Leberblindpunktion‹ (perkutane Nadelbiopsie der Leber) unterzogen worden sei. Die Punktionsstelle sei als Ausgangspunkt der Entzündung anzusehen. Auf meinen Vorhalt (›natürlicher‹ Tod), woher er gewusst haben will, dass ein erfahrener Arzt die Leberblindpunktion korrekt ausgeführt habe, dass die Leberblindpunktion überhaupt indiziert und dass eine Risikoaufklärung erfolgt war, blieb er mir (natürlich) die Antwort schuldig.

Ich hielt ihm weiterhin vor, dass er mit der Deklaration des natürlichen Todes und der ›Unterschlagung‹ des ihm durch Anamnese und OP-Befund bekannten Zusammenhangs zwischen Leberblindpunktion und der tödlichen Bauchfellentzündung in der Todesbescheinigung womöglich die Aufklärung eines ärztlichen Kunstfehlers verhindert habe. Daraufhin sagte er, er habe dem internistischen Kollegen Ärger ersparen wollen.

Hätten die Angehörigen keine Feuerbestattung, sondern Erdbestattung vorgesehen, wäre der Fall in der Dunkelziffer verschwunden, weil dann keine zweite Leichenschau erforderlich gewesen wäre. So aber habe ich den Fall der Staatsanwaltschaft gemeldet, die eine gerichtliche Obduktion angeordnet hat.

Die Obduktion hat ergeben, dass eine schwere allgemeine gallige Bauchfellentzündung mit Ausgangspunkt vom Stichkanal der Leberblindpunktion bestand und als unmittelbare Todesursache anzusehen war. Zwischen Leberblindpunktion und dem Tod des Mannes zu diesem Zeitpunkt war damit ein direkter Kausalzusammenhang hergestellt.

Durch die gerichtliche Obduktion sind alle Befunde als Grundlage einer näheren klinisch-ärztlichen und rechtlichen Beurteilung eines eventuellen ärztlichen Behandlungsfehlers erhoben und gesichert worden.

Damit das Bild der beteiligten Ärzte vollständig wird: Den Chefarzt der Inneren Klinik, der die Leberblindpunktion durchgeführt hatte, habe ich auch angerufen. Ich wollte noch nähere Informationen erfragen, bevor ich den Fall an die Staatsanwaltschaft meldete. Er war nachgerade empört und meinte, man könne doch nicht bei jeder ärztlichen Maßnahme den Staatsanwalt auf den Hals geschickt bekommen.

Über den weiteren Ablauf der Sache (ob es Gutachten gegeben hat oder der Internist straf- oder haftungsrechtlich belangt worden ist) habe ich keine Informationen. Man kann an diesem, nach meiner Erfahrung keineswegs häufigen, aber typischen Fall immerhin den ›Augenerhaltungssatz der Krähen‹ (Stichwort: Kollegialität der Chirurgen) erkennen, das gestörte Verhältnis mancher (vieler?) Ärzte zu Ermittlungsverfahren oder auch nur zu klärenden Nachfragen, insbesondere aber auch unser schlechtes System der Todesaufklärung mit Hilfe der Todesbescheinigung. Doch anstatt nach Verbesserungen zu suchen, wird diskutiert, die zweite Leichenschau vor Feuerbestattung abzuschaffen.«

Für Behandlungsfehler ist ein Arzt strafrechtlich so gut wie nie zu belangen. Grundsätzlich gilt natürlich auch für den Mediziner: *in dubio pro reo*. Der Bundesgerichtshof formulierte 1977:»Gerade wegen der Eigengesetzlichkeit und weitgehenden Undurchschaubarkeit des lebenden Organismus kann ein Fehlschlag oder Zwischenfall nicht allgemein ein Fehlverhalten oder Verschulden des Arztes indizieren.«

Darüber hinaus muss ihm *sicher* nachgewiesen werden, dass der Patient bei medizinisch korrekter Behandlung überlebt hätte, was meist unmöglich ist. Der so genannte Pflichtwidrigkeitszusammenhang macht Ärzte weitgehend unangreifbar. Er besagt: Der Tod eines Menschen muss sich eindeutig auf eine Pflichtwidrigkeit des Arztes zurückführen lassen. Wenn sich der Schaden, der sich jetzt am Patienten zeigt, auch bei regelgemäßem Verhalten des Arztes, also korrekter medizinischer Behandlung, eingestellt haben könnte, kann er dem Arzt strafrechtlich nicht zur Last gelegt werden. Der Arzt wird freigesprochen; in über 90 Prozent der Fälle wird das Verfahren bereits nach den Ermittlungen eingestellt.

Folgendes Lehrbeispiel soll das verdeutlichen: Ein junger Mann aus Bayern ist nach einem schweren Schädel-Hirn-Trauma überempfindlich gegen Alkohol: Er bekommt nach dem Genuss von Bier und Wein epileptische Anfälle. Dennoch trinkt er unverdrossen und mit Leidenschaft weiter, was dazu führt, dass er regelmäßig umfällt. Eines Tages liegt er bewusstlos auf dem Bahnsteig seiner Kleinstadt. Er wird ins örtliche Krankenhaus gebracht, wo sich eine junge Ärztin seiner annimmt. Er lallt, und sie kann riechen, dass er schwer alkoholisiert ist. Er ist zwar somnolent (krankhaft schlaftrunken), zeigt aber Reflexe. Während der Untersuchung kommt die Mutter herbeigeeilt, lamentiert und erzählt unter Tränen die Krankheitsgeschichte ihres Sohnes. Dann bittet sie die Ärztin, ihren Jungen mitnehmen zu dürfen, was diese ihr erlaubt. Am nächsten Morgen liegt der junge Mann tot in seinem Bett.

Es stellt sich heraus: Todesursache ist ein epidurales Hämatom, also ein Bluterguss zwischen der Hirnhaut und dem Schädelknochen, das irgendwann solche Ausmaße angenommen hatte, dass sich ein tödlicher Druck auf das Gehirn entwickelte. Der junge Mann musste wohl gestürzt sein und sich den Kopf schwer verletzt haben. Nun geht es gegen die Ärztin: Warum hat sie nicht geröntgt? Warum hat sie ihn nicht die ganze Nacht lang überwachen lassen? Warum hat sie ihn der Mutter mitgegeben?

Das juristische Nachspiel zeigt: Ihr Verhalten war verantwortungslos, aber strafrechtlich nicht zu belangen. Die Anklage hätte den Nachweis erbringen müssen, dass gerade dieser junge Patient nach einer Operation des epiduralen Hämatoms hundertprozentig überlebt hätte. Dies ist aber nicht möglich, da statistisch erwiesen ist, dass 4 Prozent der Patienten einen Bluterguss dieser Art trotz Kopfoperation nicht überstehen. Damit war die behandelnde Ärztin aus dem Schneider.

Eigentlich könnte die Ärzteschaft auf Grund der Gesetzeslage also ganz beruhigt sein. Umso unverständlicher scheint es, dass sie immer wieder versucht, rätselhafte Todesfälle zu vertuschen, anstatt vor der Justiz zu ihren Fehlern zu stehen. Für dieses Verhalten dürfte es mehrere Gründe geben:

- Der leichenschauende Arzt erkennt die Zusammenhänge schlicht nicht. Er übersieht das Grundleiden, das letztlich zum Tode führt.
- Der Arzt will einen Kollegen, der fehlerhaft gehandelt hat, schützen.

- Der Arzt handelt im Bewusstsein, sich optimal bemüht zu haben, und sieht seinen Fehler subjektiv nicht ein. Er leidet an der so genannten Chirurgenmentalität, also dem chronischen Gefühl, im Recht zu sein.
- Der Arzt vertuscht den Todesfall aus Ehrgeiz: Solange ein Strafverfahren gegen ihn im Schwange ist, kann er sich nicht bewerben und hat somit keine Chance, beruflich weiterzukommen. Kein Krankenhaus, kein Institut stellt einen Mediziner ein, gegen den gerade ermittelt und der womöglich demnächst wegen fahrlässiger Tötung verurteilt wird. Verbeamtete Ärzte, die unter Anklage stehen, sind von der Beförderung ausgenommen. Die Karriere des betroffenen Arztes wird also behindert, vielleicht sogar geknickt. Dazu kommt die Angst der Doktoren vor bösen Schlagzeilen in der Presse.

Zum Prestigeverlust können sich obendrein finanzielle Verluste gesellen. In Zivilverfahren muss die Beweissicherheit nicht so hoch sein wie im Strafverfahren, um einen Arzt zu Schmerzensgeld zu verurteilen. Bei grober Fahrlässigkeit, unzureichender Patientenaufklärung oder mangelhafter Dokumentation kann es zur so genannten Umkehr der Beweislast kommen. Das heißt: Nicht dem Arzt muss fehlerhaftes Handeln nachgewiesen werden, sondern dieser muss seinerseits nachweisen, dass er korrekt gehandelt hat, was seine Ausgangslage entschieden verschlechtert. Die Haftpflichtversicherung, die den Schaden am Patienten dann bezahlen muss, schraubt möglicherweise ihre Beiträge für einen Arzt, dem Pfusch nachgewiesen wurde, in unbezahlbare Höhen. Die Versicherungen von Gynäkologen oder Chirurgen, die bei ihrer Heiltätigkeit so genannte Großschäden verursachen können, müssen oft Entschädigungssummen zahlen, die die Millionengrenze überschreiten.

80

Der Blutskandal in Düsseldorf

Der Blutbeutelskandal, der sich 1994 in der Düsseldorfer Universitätsklinik zutrug, ist ein hervorragendes Beispiel, um zu zeigen, wie leicht alle Kontrollmechanismen bei Todesfällen versagen können. Er demonstriert, wie schwer eine Katastrophe, die sich im geschlossenen System Krankenhaus ereignet, an die Öffentlichkeit oder die ermittelnden Organe gelangt und wie mühsam sich polizeiliche Nachforschungen im Krankenhausmilieu gestalten.

Der Anfang des Skandals wird datiert auf den Morgen des 25. August 1994, als der siebenundfünfzigjährige Ernst S. in der Orthopädischen Klinik des Universitätskrankenhauses operiert wurde. Er hatte Metastasen im Oberarmknochen, deshalb sollte ihm ein neues Schultergelenk implantiert werden. Da er während der Operation sehr viel Blut verlor, erhielt er eine Blutkonserve. Sie trug die Nummer 16415. Kaum hatte S. das fremde Blut im Leib, sackte sein Blutdruck ab, die Herzfrequenz stieg an, er rang nach Luft. Die Operationswunde blutete heftig und unstillbar, das Blut gerann nicht mehr.

Am Nachmittag brach der Kreislauf zusammen. Anderntags blutete der Patient am gesamten Rücken, im Magen- und Rachenraum. »Pat. blutet aus allen Ecken«, stand im Pflegebericht. Dann versagten die Nieren. Trotz heftiger intensivmedizinischer Bemühungen starb Herr S. am 27. August 1994 an einer Sepsis, die in Multiorganversagen mündete. Der schriftliche Befund des Mikrobiologischen Instituts stellte im Blut des Patienten den Wasserkeim *Rahnella aquatilis* fest. Eine Meldung an die Behörden unterblieb. Dem Verstorbenen wurde ein natürlicher Tod bescheinigt, womit sichergestellt war, dass keine Anzeige erstattet werden musste und die Beerdigung ohne weitere Formalitäten stattfinden konnte.

Fünf Tage später wurde dem Patienten Dr. H. auf der Dialysestation der Uniklinik eine Blutkonserve mit der Nummer

16890 verabreicht. Bereits etwa zehn Minuten nach Beginn der Transfusion traten bei ihm Schüttelfrost, Atemnot und Lungenkrämpfe auf. Er musste erbrechen und bekam über vierzig Grad Fieber. Die zuständige Ärztin schickte die angebrochene Blutkonserve mit dem schriftlichen Vermerk, dass hier etwas nicht stimme, an die Blutbank zurück. Noch am selben Tag wurde dem Patienten Blut abgenommen, in dem Mikrobiologen den Keim *Rahnella aquatilis* fanden. Der Patient starb am 23. September an den Folgen einer Sepsis: Kreislaufschock, schwere Blutungen, insbesondere in der Luftröhre und den Bronchien. Die nahe liegende mikrobiologische Untersuchung der an die Blutbank zurückgegebenen Konserve wurde nicht veranlasst. Eine Meldung an die Behörden unterblieb. Dem Verstorbenen wurde ein natürlicher Tod bescheinigt.

Am 3. September bekam der zweiundfünfzigjährige Otto B. nach einem Eingriff in der Neurochirurgischen Klinik in Düsseldorf eine Blutkonserve transfundiert. Sie trug die Nummer 17146. Kaum war die Kanüle gelegt, bekam B. Herzrasen, Fieber und Schüttelfrost. Dem Patienten wurde Blut entnommen, in dem Mikrobiologen das Bakterium *Rahnella aquatilis* nachwiesen. Die angebrochene Konserve wurde an die Blutbank der Uniklinik zurückgeschickt, dort mittels Verträglichkeitstests, nicht aber auf Bakterien untersucht. Am 4. September starb Otto B. Alle ärztliche Mühe war vergeblich gewesen. Im Totenschein stand unter der Rubrik »natürliche Todesart« die Diagnose »Fulminanter septischer Schock mit Multiorganversagen«. Eine Meldung an die Gesundheitsbehörden oder die Staatsanwaltschaft unterblieb.

Am 22. September 1994 wurde dem vierundsiebzigjährigen Josef M., der an einer Blutkrankheit litt, in der Hämatologischen Klinik die Konserve Nummer 19106 verabreicht. Nach zwanzig Minuten wurde ihm schlecht, und er bekam Schüttelfrost. Ein Arzt entnahm der Blutkonserve eine Probe und schickte sie ins Institut für Mikrobiologie. Dort wurde der Wasserkeim *Rahnella aquatilis* nachgewiesen. Der Patient kam auf die Intensivstation. Er begann aus Hautwunden zu bluten, seine Nieren versagten. Am nächsten Tag blutete M. massiv aus allen Einstichstellen und im Nasen- und Rachenraum. Die Blutbank teilte mit, alle Tests an dem Blut der zurückgegebenen Konserve seien negativ verlaufen; allerdings war es nicht auf Bakterien untersucht worden. Am 24. September starb Herr M. an akuter Sepsis. Auch diesmal wurden die Behörden nicht eingeschaltet. Der Patient war laut offizieller Urkunde eines natürlichen Todes gestorben.

Am selben Tag wie Herr M. erhielt der neunundfünfzigjährige Karl R. nach einer Bypass-Operation an der Uniklinik Düsseldorf eine Transfusion aus einem verseuchten Blutbeutel mit der Nummer 18224. Wie seine Leidensgenossen bekam auch R. hohes Fieber, und seine Blutgerinnung versagte. Fünf Stunden lang versuchten die Ärzte die Blutungen des Patienten zum Stillstand zu bringen. Im Patientenblut fand sich der Keim *Rahnella aquatilis*. Am 24. September starb Karl R. an septischem Herz-Kreislauf-Versagen. Ihm wurde ein natürlicher Tod bescheinigt, und niemand verständigte die Behörden.

Am Morgen des 23. September 1994 kam der siebenundsechzigjährige Karl K. in die hämatologische Ambulanz der Uniklinik. Er litt an einer Bluterkrankung und bekam regelmäßig Infusionen. Kurz nachdem ihm die Schwester die Infusion mit der Nummer 18473 angelegt hatte, wurde dem Patienten schlecht, sein Blutdruck fiel ab, und er fieberte. Eine Blutprobe, die ihm entnommen wurde, zeigte eine Infektion an. Am Nachmittag verlor Herr K. das Bewusstsein. Er blutete aus Nase und Augen. Zwei Tage später kam es zu einer Hirnmassenblutung, am Abend des 25. September starb der Patient an den Folgen einer Sepsis. In seinem Blut und in der Probe aus dem Blutbeutel wurde der Erreger *Rahnella aquatilis* isoliert. Dem Patienten wurde der natürliche Tod bescheinigt. Eine Meldung an die Behörden unterblieb. Die Klinik hüllte sich in Schweigen. »Polizeileichen« sind in Krankenhäusern nicht erwünscht.

Erst am 18. Oktober 1994 betrat ein Pfarrer die Staatsanwaltschaft Düsseldorf. Er trug einen anonymen Brief bei sich. Darin zeigte jemand, der nie identifiziert worden ist, fünfzehn Todesfälle auf verschiedenen Stationen der Düsseldorfer Unikliniken an, die auf verseuchte Blutkonserven zurückzuführen seien. Die Mikrobiologen und die Ärzte, sowohl auf den Stationen als auch im Institut für Blutgerinnungswesen und Transfusionsmedizin, wüssten um die üblen Dinge, doch man vertusche sie – auch gegenüber den Angehörigen der Opfer.

Auf diesen Brief hin begannen Ermittlungen der Polizei und der Staatsanwaltschaft, die sich so aufwendig und komplex gestalteten, wie dies sonst nur bei der Bekämpfung von Wirtschaftskriminalität oder organisiertem Verbrechen der Fall ist. Zum Auftakt fielen Kriminalpolizei, Staatsanwaltschaft und Aufsichtsbehörden in einer konzertierten Aktion in die Uniklinik ein. »Die Ermittler trauten ihren Ohren nicht«, schrieb Rudolf Niederschelp, Chef der Mordkommission und Todesermittlung am Polizeipräsidium Düsseldorf, über die nun einsetzenden Nachforschungen. »Transfusionszwischenfälle durch verunreinigte Blutkonserven hatten zum Tod mehrerer Menschen geführt, und trotz dieses Wissens hatten Mediziner in den Todesbescheinigungen den natürlichen Tod attestiert. Weder Aufsichtsbehörden noch Staatsanwaltschaft oder Polizei waren verständigt worden. ›Untersuchungen‹ hatten federführend intern diejenigen betrieben, die die verseuchten Blutkonserven produziert und in den Verkehr gebracht hatten.« Und die hatten bei sich selbst naturgemäß keine Schuld entdecken können.

222 Todesfälle wurden jetzt polizeilich überprüft, Krankenakten gleich zentnerweise beschlagnahmt. Erst nach mühsa-

mer Kleinarbeit von Ermittlern und Fachleuten wurde geklärt, auf welchem Weg das Bakterium *Rahnella aquatilis* in die Blutkonserven geraten war: Mitarbeiter der Blutbank hatten bereits verplombte Blutbeutel entgegen jeder hygienischen Vorschrift geöffnet und dann nach Entnahme von Blutproben für neue Teströhrchen wieder verplombt. Weiterhin stellte sich heraus, dass dies in aller Stille schon jahrelang gang und gäbe gewesen war und eine Menge Angestellter – bis hinein in die Führungsspitze des Instituts für Blutgerinnungswesen und Transfusionsmedizin – von der »Schweinerei« gewusst hatten, ohne dagegen vorzugehen oder Anzeige zu erstatten.

Wie viele Düsseldorfer Patienten dem unverantwortlichen Treiben in der Blutbank wirklich zum Opfer gefallen sind, wird wohl nie geklärt werden – die Betroffenen gingen ja samt und sonders mit ärztlichem Kreuzchen als natürlicher Tod unter die Erde. Es wäre auch nicht angeraten gewesen, sie zu exhumieren, da es sinnlos ist, in einem verwesenden Körper auf Bakteriensuche zu gehen. Doch das Ausmaß der Fahrlässigkeit lässt auf weitere Opfer schließen: Allein in den vier Monaten des Überprüfungszeitraums seien, so der Chefermittler Niederschelp, über 1600 verplombte Blutbeutel verbotenermaßen geöffnet worden, etliche zwei Mal, zehn Blutkonserven sogar mehr als fünf Mal! Das entspreche einem Durchschnitt von neunzehn Delikten pro Tag. Gewissermaßen als Nebenprodukt der Ermittlungen kam außerdem heraus, dass die Blutbank Konserven, die auf Grund eines technischen Defekts ungekühlt geblieben und zur Vernichtung an sie zurückgegeben worden waren, wieder in Umlauf gebracht hatte.

Die Blutbank der Uniklinik Düsseldorf wurde auf diese Enthüllungen hin vorübergehend geschlossen. Der langjährige Leiter der Blutbank, Professor Herbert B., wurde im Dezember 1998 wegen fahrlässiger Tötung und fahrlässiger Körperverletzung zu einer Geldstrafe verurteilt. Das Verfahren gegen seine mitangeklagte Stellvertreterin war bei Druckbeginn dieses Buches noch nicht abgeschlossen. Die verschwiegene Ärzteschaft kam ungeschoren davon.

Mord im Krankenhaus

Welch planvolle Mechanismen im System Krankenhaus am Werke sind, die eine Aufdeckung nicht nur von fahrlässigen, sondern auch von gezielten Tötungen verhindern, hat der klinische Psychologe Herbert Maisch in seinem exzellenten Buch *Patiententötungen* beschrieben. Maisch, der sich als Wissenschaftler und Sachverständiger in vielen Strafprozessen einen Namen gemacht hat, weiß, wovon er spricht. Er begutachtete Krankenschwestern und Pfleger, die sich der Ermordung von Patienten schuldig gemacht hatten und deren Treiben zum Teil über Jahre niemandem aufgefallen war (oder auffallen wollte). Er recherchierte detailgetreu die Umstände, unter denen die Tötungen stattgefunden hatten. In der Einleitung zu seinem Buch schreibt er: »Tatsächlich erschienen diese Tötungen so unwahrscheinlich, dass sie lange Zeit unentdeckt blieben. Und das, obgleich es zum Teil erdrückende Verdachtsmomente gab. Doch wenn ein solcher Verdacht aufkam – häufig auch, bevor er aufkeimen konnte –, wurde er in gemeinschaftlichen Verleugnungsritualen zwischen Täterinnen und Tätern und ihren ›unbeteiligten‹ Kollegen ›gründlich‹ aus der Welt geschafft ... Verdachtsmomente und Indizien prallten ab an einer schier unüberwindlichen Abwehrmauer von Verleugnung, Rationalisierung, Ironisierung und Verdrängung.« Viele der Tötungen kamen erst durch die freiwilligen Geständnisse des mörderischen Pflegepersonals heraus.

Ein Beispiel aus Maischs Buch: Im März 1986 wird eine neunundzwanzigjährige Intensivschwester in Wuppertal festgenommen. Drei Jahre später findet der Prozess statt. Die Staatsanwaltschaft wirft ihr vor, siebzehn Patienten zwischen neunundsechzig und zweiundachtzig Jahren durch tödliche Injektionen aus blutdrucksenkenden Medikamenten und Kaliumchlorid beseitigt zu haben. Im September 1989 verurteilt das Wuppertaler Schwurgericht die Angeklagte wegen vollendeter Tötung in sieben Fällen und eines Tötungsversuches zu elf Jahren Freiheitsstrafe. Es zeigt sich: Ihr Motiv war keineswegs nur reines Mitleid mit den Schwerkranken gewesen; ebenso handelte sie aus Hass gegen einen Arzt der chirurgischen Abteilung, dessen Patienten dann ihre bevorzugten Opfer wurden.

Der Modus Operandi der Schwester war perfekt gewesen. Kaliumchloridinjektionen führen zu einem so genannten elektrischen Herztod. Die Ursache des plötzlichen Herz-Kreislauf-Versagens bleibt dem Stationsarzt unklar (so etwas kann bei älteren Leuten auf der Intensivstation gelegentlich vorkommen), und auch der Pathologe kann nichts Beunruhigendes finden, da der Kaliumwert in einer Leiche durch den Zellzerfall immer dramatisch ansteigt.

Die Schwester war zudem auf ihrer Station sehr angesehen gewesen, was die Aufdeckung zusätzlich erschwerte. Es war wohl aufgefallen, dass sich die Todesfälle bei ihrer Anwesenheit gehäuft hatten (spätere Ermittlungen ergaben, dass im Tatjahr sogar drei Viertel aller Todesfälle in ihre Dienstzeiten gefallen waren), was ihr den Spitznamen »Todesengel« eingetragen hatte – aber zu weiteren Nachforschungen war es nicht gekommen. Bis zwei junge, noch nicht betriebsblinde Pfleger Verdacht schöpften, die Schwester belauerten, Mülleimer nach weggeworfenen Medikamentenpackungen durchwühlten und ihre Beobachtungen endlich den Vorgesetzten meldeten.

Doch anstatt den Verdacht ernst zu nehmen, unterzog die zuständige Chefärztin die beiden aufmerksamen Pfleger einem strengen Verhör und unterstellte ihnen, sie wollten eine ehrgeizige Kollegin anschwärzen, weil sie es auf deren Posten abgesehen oder bei ihr als Männer keine Chance hätten. Später mussten sich die beiden von der Klinikleitung der Phantastereien beschuldigen und sich die Frage gefallen lassen, ob sie in psychiatrischer Behandlung gewesen seien oder an Verfolgungswahn litten. Die Schwester durfte noch wochenlang weiterhin ihren tödlichen Dienst verrichten. Auch als die Kriminalpolizei den Fall endlich aufgeklärt hatte, ist niemand aus der Krankenhaushierarchie zu den beiden Männern gekommen, um sich zu bedanken oder zu entschuldigen.

Maisch schreibt dazu: »Die beiden Krankenpfleger mussten die bittere Erfahrung machen, dass es riskant ist, einen so ›ungeheuerlichen‹ Verdacht den Verantwortlichen einer Station oder Klinik zu melden, mag dieser Verdacht noch so begründet und durch Sachbeweise gestützt sein ... Die vor Aufdeckung der tödlichen Ereignisse bestehende Furcht der Chefärztin und der Klinikleitung vor einem Skandal in der Öffentlichkeit wurde zur fast unüberwindlichen Barriere, den Verdacht ernst zu nehmen, ihn umgehend zu prüfen und die Wahrheit zu akzeptieren.«

Es sind immer wieder dieselben Phänomene, die die Aufdeckung von Patiententötungen verhindern:

- In der Regel werden die Patienten absolut unauffällig beseitigt (Medikamentenüberdosis, Luftinjektionen, »Ertränken« durch Einfüllen von Leitungswasser in einen Beatmungstubus), so dass auch einem geschulten Auge bei der Leichenschau nichts auffällt.
- Das Pflegepersonal hat den Nimbus des Aufopferungsvollen und Guten. Mord auf der Station liegt für die meisten Schwestern und Ärzte jenseits ihrer Vorstellungskraft.
- Keimt dann doch ein Verdacht, lässt die Angst vor einem Skandal oder dem persönlichen Ruin das Klinikpersonal schweigen und zusammenrücken.
- Stets ist es der pure Zufall, der die Entdeckung von Serien-

tötungen möglich macht. Meistens sind es junge, noch nicht vom System Krankenhaus korrumpierte Schwesternschülerinnen oder Anfänger, die misstrauisch werden.

Nach den Ergebnissen von Dunkelfeldstudien, die 1993 und 1994 an australischem und 1996 an amerikanischem Pflegepersonal durchgeführt wurden, ist die latente Tötung auf der Station keine Seltenheit. Maisch berichtet über anonyme postalische Befragungen von Schwestern und Pflegern, die auf Stationen arbeiten, in denen Moribunde oder Schwerkranke versorgt werden. Dabei gaben 20 Prozent der Pflegekräfte an, *mindestens einmal* in ihrer beruflichen Laufbahn aktive, verbotene Sterbehilfe geleistet zu haben, mit oder ohne Zustimmung des Kranken. Maisch schreibt: »Ein Blick auf die Befunde zur Häufigkeit, mit der die Schwestern zur tödlichen Spritze griffen, zerstört jede selbstberuhigende Vorstellung vom Ausmaß, in dem sie allein, eigenmächtig oder zusammen mit Ärzten tätig waren.«

Von den 943 Schwestern, die 1993 in der australischen Befragung Auskunft gaben, haben insgesamt 201 Schwestern allein oder zusammen mit dem Arzt 349 Patienten zum Tod verholfen. Weitere achtunddreißig Pflegekräfte haben in mindestens achtzig Fällen lebensverlängernde Maßnahmen eingestellt, also den Respirator abgeschaltet oder keine Antibiotika mehr verabreicht.

Von den 827 Intensivschwestern, die sich 1996 anonym an der amerikanischen Umfrage beteiligten, hatten bereits 164 verbotenerweise Sterbehilfe geleistet. Allein 10 Prozent der Befragten hatten zwischen einer und drei Tötungen begangen, und 1 Prozent hatte jeweils über zwanzig Mal unerkannt getötet.

Wie die Spitze des Eisbergs, meint Herbert Maisch, ragten die bekannt gewordenen Patiententötungen aus dem Dunkelfeld. »Eine realistische Kriminalpolitik lässt sich ohne Kenntnis von Dunkelfeld und Dunkelziffer kaum betreiben«, schreibt er in *Patiententötungen*. »Sie ist für Maßnahmen der inneren Sicherheit eines Landes, somit für die Sicherheit eines jeden Bürgers ebenso von Bedeutung wie für spezielle Präventivmaßnahmen in den verschiedenen Deliktbereichen. Orientierte man sich bei den Patiententötungen lediglich an der niedrigen Verurteiltenstatistik von Pflegekräften, so könnte man die Auffassung vertreten, dieses spezifische Tötungsdelikt spiele kriminalpolitisch keine Rolle.«

Die Witwe

Ein Fall aus Kempen, der zeigt, wie leicht Ärzte sich täuschen lassen

Am 26. April 1983 klingelt bei der Kriminalpolizei in Kempen, einer Kleinstadt zwischen Krefeld und der holländischen Grenze, das Telefon. Der Anrufer ist ein örtlicher Rechtsanwalt, der ein dringendes Anliegen hat. Vor ihm, sagt er, sitze eine Dame, die ihm soeben von einer Straftat berichtet habe. Es solle doch bitte jemand von der Kripo vorbeischauen.

Der herbeigeeilte Kriminalhauptmeister trifft eine Frau Ende vierzig an, die den Anwalt aufgesucht hat, um eine Scheidung in die Wege zu leiten. Ihr Ehemann sei gewalttätig und unberechenbar, sagt sie, genau wie seine Mutter. Sie fürchte inzwischen um ihr Leben, denn ihr Mann habe ihr im Suff angedroht, sollte sie ihn verlassen, würde es ihr ergehen wie den Männern seiner Mutter. Ihre Schwiegermutter Maria V., so die Frau weiter, habe nämlich mehrere Männer gehabt, die alle jäh verstorben seien. Offiziell an Herzinfarkt, das stimme aber nicht. Der letzte Schwiegervater sei vor einem halben Jahr dahingeschieden. Auch bei ihm habe der Hausarzt den Herztod festgestellt. Sie hingegen vermute, dass die Schwiegermutter diesen Mann – und auch die anderen – vergiftet habe, denn das habe sie ihr, der Schwiegertochter, selbst angedeutet.

Beunruhigt von solcherlei Vorwürfen, erkundigen sich die Kriminalbeamten beim Hausarzt des zuletzt verstorbenen Bernhard V. nach dessen Gesundheitszustand vor dem Ableben. Der Arzt erklärt, der Patient, der wegen Bluthochdruck und Asthma in Behandlung gewesen sei, habe am 29. November 1982 tot in der Wohnung gelegen. Er, der Arzt, habe keine Zeichen von Fremdverschulden oder Hinweise auf einen Unglücksfall entdecken können und daher den natürlichen Tod durch Herzversagen bescheinigt.

Auch der Vorgänger des Herrn V., Marias Lebensgefährte Heinrich Ückerseifer, sei sein Patient gewesen. Als er ihn am 30. März 1980 tot im Sessel sitzend vorgefunden habe, seien ihm ebenfalls nicht die leisesten Zweifel am natürlichen Tod gekommen, sagt er.

Auch der Ehemann davor, Herr Peter Eulenpesch, wurde von diesem bewährten Hausarzt medizinisch betreut. Er habe oft über Herz- und Magenbeschwerden geklagt, meint der Arzt. Außerdem habe ihm eine alte Kriegsverletzung Kopfschmerzen bereitet. Einen Tag vor dem Tod des Patienten im Jahr 1976 habe er ihn zu Hause besucht und ins Kempener Hospital zum Heiligen Geist eingewiesen. Im Krankenhaus sei Eulenpesch dann gestorben. Den Tod hätten diesmal allerdings die Klinikärzte bescheinigt.

Aus den Unterlagen im Hospital geht nun hervor, dass Eulenpesch mit massiven Herzbeschwerden eingeliefert worden war. Er sei gründlich untersucht worden und habe keinerlei Symptome gezeigt, die auf Vergiftung hingewiesen hätten, sagen die Ärzte. Er sei am 21. März 1976 verstorben. Todesursache: Herzversagen.

Erst drei Monate später, im Juli 1983, werden die Leichen der drei Männer exhumiert, mit denen Maria V. in den letzten Jahren gelebt hat. Einer hat sieben Jahre, einer drei Jahre und einer ein Dreivierteljahr im Erdgrab gewartet. Die toxikologischen Befunde der Rechtsmediziner legen nun Zeugnis ab von dem, was Frau V. zwischenzeitlich gestanden hat: Die Männer waren sämtlich mit dem Pflanzenschutzmittel E 605 vergiftet worden. Maria V. gibt außerdem im Polizeiverhör zu, 1963 auch ihren Vater und 1970 eine Tante durch Gift ins Jenseits befördert zu haben. Doch diese Morde sind bei der Exhumierung auch dieser beiden Leichen chemisch nicht mehr nachzuweisen. Der Zersetzungsprozess der Körper ist zu weit fortgeschritten.

Am 20. September 1984 wird die sechsfache Mutter und achtfache Großmutter Maria V., achtundsechzig Jahre alt, vom Schwurgericht Krefeld wegen dreifachen Mordes und zweifachen Mordversuchs zu dreimal lebenslänglich plus fünfzehn Jahren Haft verurteilt.

Maria V. hat in zwanzig Jahren fünf Menschen ums Leben gebracht, ohne auch nur den geringsten Verdacht aufkommen zu lassen. Sie war eine der ungerührtesten Giftmischerinnen in der deutschen Kriminalgeschichte. Und es ist bezeichnend, dass weder polizeiliche Ermittler noch versierte Klinikärzte die Mordserie aufdeckten, sondern dass die sonst so kühle und gerissene Täterin die Entlarvung selbst herbeiführte, indem sie einer abtrünnigen Schwiegertochter gegenüber nicht die gebotene Vorsicht walten ließ.

Ihren letzten Mann Bernhard vergiftet Maria V. aus Habgier und um zu verhindern, dass er ihr auf die Schliche kommt. Er soll einfach nicht mehr die Möglichkeit haben, zur Bank zu gehen. Denn dann hätte er gemerkt, dass er betrogen worden ist. Seine Frau Maria hat seine Unterschrift gefälscht, um sich einen Kredit über achttausend Mark zu verschaffen. Sie, die ihren vielen Kindern ständig Geld zusteckt, ist total verschuldet und will nun nicht mehr auf die dreißigtausend Mark warten, die sie in ferner Zeit – Gott weiß, wann – von V. erben würde.

Also muss ihr Bernhard sterben. Am 29. November 1982 ist es so weit. Die kleine Blechflasche mit dem Gift hat Maria etwa vierzehn Tage vor dem Anschlag in einer Drogerie gekauft. Es ist ihr fünfter Mord, und sie weiß inzwischen, welche Mengen sie nehmen muss und in welcher Speise sie das Gift unbemerkt unterbringen kann. Weil E 605 eine kräftige blaue

Warnfarbe hat und außerdem streng schmeckt und riecht, verabreicht sie die Todesdosis als Nachspeise in einem dunkelblauen Waldbeerenkompott, das sie stark zuckert und über den Pudding kippt.

Sie bereitet – wie gewöhnlich, wenn sie tötet – zwei Portionen vor. Eine davon ist mit Gift präpariert, die ist für den Mann bestimmt. Sie isst mit ihrem Bernhard zu Mittag, dann die Nachspeise. V. verzehrt arglos den Blaubeerpudding, ein absonderlicher Geschmack fällt ihm nicht auf, so wie auch seinen Vorgängern nie etwas aufgefallen ist. Kurz nach dem Mittagessen bekommt er starke Kopfschmerzen. Er legt sich auf das Küchensofa. Maria V. spült inzwischen ab, die Desserttellerchen reinigt sie mit besonderer Akribie. Das Giftfläschchen wirft sie gleich in die große Mülltonne.

Nach einigen Minuten stöhnt der Mann laut und beginnt stark zu schwitzen. Er kann nichts mehr sagen. Maria V. setzt sich ins Wohnzimmer und wartet. Nach fünfzehn Minuten schaut sie nach ihm, aber er lebt immer noch. Also wartet sie noch ein Weilchen. Als sie sicher ist, dass der Mann die ewige Ruhe gefunden hat, wischt sie ihm den Schweiß ab, macht ihn ein bisschen zurecht und ruft den Doktor. Eine Stunde später trifft der Hausarzt ein. Er sieht sich den Toten an und konstatiert, er sei schon lange nicht mehr in Behandlung gewesen. Für ihn besteht kein Zweifel am natürlichen Ende des Bernhard V. Der Mann war schließlich sechsundachtzig Jahre alt.

Ebenso problemlos hatte sich zweieinhalb Jahre zuvor Marias Lebensgefährte Heinrich Ückerseifer, der von 1978 bis zu seinem jähen Tod im Frühling 1980 bei ihr wohnte, beseitigen lassen. Etwa acht Tage vor der Tat kauft seine Freundin das Pflanzenschutzmittel E 605. Sie träufelt ihm zwanzig bis fünfundzwanzig Tropfen in seinen Waldbeerenpudding und stellt das Schälchen neben den Teller. Nach dem Essen setzt der ältere Herr sich in den Sessel, um den Mittagsschlaf zu halten. Maria V. fährt in die Stadt zum Einkaufen.

Als sie zurückkommt, steht eine ihrer Schwiegertöchter vor der Tür und zeigt sich verwundert, dass auf ihr Klingeln keiner öffnet. Gemeinsam gehen die Frauen in die Wohnung. Alles ist überstanden.Ückerseifer sitzt im Sessel und ist offenkundig tot. Spuren von einem Todeskampf sind nicht zu sehen, er wirkt, als wäre er sanft entschlafen. Maria V. rührt nichts an, schickt die Schwiegertochter mit den Worten »Das ist nichts für dich« aus dem Zimmer und ruft den Hausarzt: Ihr Heinrich sitze reglos im Sessel. Es scheine ihr, er sei tot. Der bekannte Hausarzt eilt herbei und bestätigt Maria V.s Diagnose: *Exitus letalis*. Wird wohl ein Herzinfarkt gewesen sein, auchÜckerseifer war nicht mehr der Jüngste, Jahrgang 1904. Zu diesem Zeitpunkt fünfundsiebzig Jahre alt.

1978 hatte Maria V. ihn auf eine Zeitungsannonce hin kennen gelernt. Er ist weltgewandt, gebildet und charmant. Man geht zusammen essen und findet sich sympathisch, und es dauert nicht lange, da beschließen die beiden zusammenzuleben. DaÜckerseifer verheiratet ist, kommt eine Ehe nicht in Frage. Später wird sie ihn hassen und über den Entfremdungsprozess sagen: »Da unsere Verbindung von meiner Seite aus ja nicht gefühlsmäßig zu Stande gekommen war, sondern ich lediglich einen männlichen Begleiter suchte, wandte ich mich innerlich von ihm ab.«

Warum Maria V. ihren Lebensgefährten letztlich umgebracht hat, wird nicht ganz klar. Sie gibt im Polizeiverhör an, sie habe einen regelrechten Hass auf ihn bekommen, weil er bei allen möglichen Damen den Kavalier gespielt und sie dadurch bloßgestellt habe. (Es klingt irritierend, wenn gerade sie sagt: »Ich hatte andere Wertvorstellungen von der Verbindung zweier Menschen.«) Außerdem habe sie ihre Enkelinnen schützen müssen, die vonÜckerseifer betatscht und sexuell belästigt worden seien. (Die Enkelinnen streiten solche Vorkommnisse gegenüber den Beamten ab.) Überdies habe sie in seinen Unterlagen ein Gerichtsschreiben gefunden, demzufolge er wegen unsittlicher Berührung von zwei Jungen verurteilt worden sei. Da habe sich ihr Argwohn ins Unerträgliche gesteigert.

Die wahre Motivlage ist wahrscheinlich sowieso auf einem ganz anderen Gebiet zu suchen. Maria V. hatte mit ihrem Lebensgefährten immer wieder Streit ums Geld. Sie bekam von ihm monatlich vier- bis fünfhundert Mark als Beitrag zur Haushaltskasse, doch da sie immer wieder ihren Kindern und Enkelkindern kleinere oder auch größere Summen schenkte, war sie in chronischer Geldnot. Sie verlangte pausenlos finanzielle Nachbesserungen von Ückerseifer, was diesen allmählich erboste. Außerdem schätzte er Marias Kinder nicht in dem Maße, wie sie es erwartet hatte. Sie sagt in der Vernehmung: »Da sich nun das Problem stellte, entweder Ückerseifer oder meine Kinder, war für mich die Entscheidung nicht schwer, sie fiel gegen Ückerseifer. Und da nun mal diese Entscheidung gefallen war, war sein Ende vorgezeichnet.« Aus Erfahrung – schließlich war dies nicht ihr erster Mord – wusste sie sehr genau, was man einem gesunden älteren Herrn ins Essen tun muss, um ihn schnell sterben zu lassen. So war die Beseitigung des Herrn Ückerseifer für sie eher eine Routineangelegenheit.

Der Mord an Peter Eulenpesch im Jahr 1976 hatte seiner Ehefrau Maria sehr viel stärkere Nerven abverlangt. Ihn vergiftete sie nicht wegen Geld, der Grund war schlicht der Wunsch Marias gewesen, endlich ihre Ruhe vor ihm zu haben. Richtig schlimm sei es geworden, als alle Kinder nach und nach das Haus verlassen hätten. Da der Mann Granatsplitter im Kopf gehabt habe – eine alte Kriegsverletzung –, habe er regelmäßig an erheblichen Beschwerden gelitten. Im Laufe der Zeit sei er dann richtig unerträglich geworden. Er habe Streit mit ihr gesucht, an den Möbeln gerückt, einen Putzfimmel entwickelt und kleinste Flusen vom Boden aufgeklaubt, um sie zur Toilette zu tragen. »In den letzten Jahren regte mein Mann mich ständig auf. Er sang und palaverte den ganzen Tag herum oder ging mir durch andere Dinge auf den Geist«, erörtert Maria V. das Tatmotiv.

Auch als sie Eulenpesch 1961 heiratete – sie hatte ihn ebenfalls durch eine Zeitungsannonce kennen gelernt –, tat sie es nicht aus Liebe: »Ich wollte versorgt sein.« Als sie diese Ehe zehn Jahre später nicht mehr erträgt, entschließt sie sich gleich zum Mord. Eine Scheidung ist ausgeschlossen, sie wäre »zu umständlich« gewesen, außerdem hätte sie dann »als unversorgte Frau« dagestanden. Sie hat zwar zu diesem Zeitpunkt schon ihren Vater und ihre Tante auf dem Gewissen, doch die waren alt und bettlägerig gewesen und hatten darum keine große Portion des Insektizids gebraucht, um abzutreten. Eulenpesch stellt in dieser Hinsicht eine ganz andere Herausforderung dar. Er ist zwar kriegsverletzt, aber äußerst zäh. Es entbrennt ein stummer Kampf auf Leben und Tod. Mindestens fünf Mal muss Maria ihm Gift untermischen. In dieser Zeit steigert sie die Dosierung von zehn auf zwanzig Tropfen pro Nachtisch. Nach jedem misslungenen Anschlag ruft Maria den Hausarzt, um sich nicht verdächtig zu machen. Immer wieder wird ihr Mann ins Krankenhaus eingeliefert, doch niemanden beschleicht der Argwohn.

Spätestens am 12. Januar 1972 bekommt Eulenpesch zum ersten Mal Gift. Er wird mit Schmerzen in der Lendengegend und im Oberbauch ins Krankenhaus Kempen eingewiesen. Nach zehn Tagen hat er sich erholt und wird beschwerdefrei entlassen.

Am 4. Mai ist Eulenpesch wieder da – mit Oberbauchkoliken unklarer Herkunft und Herzschwäche. Diesmal braucht er zweiundzwanzig Tage, bis er wieder auf den Beinen steht.

Der nächste Anschlag erfolgt Anfang Juli. Wieder lautet die Diagnose der Notaufnahme »unklare Oberbauchkoliken«.

Am 18. April 1973 muss der Notarzt Eulenpesch erneut ins Krankenhaus Kempen bringen. Maria hat ihm gerade Gift gegeben. Dem Mann wurde schlecht. Er legte sich drei, vier Stunden ins Bett, starb aber nicht. Maria blieb nichts anderes übrig, als erneut ihren guten Hausarzt zu verständigen, der einen Rettungswagen rief. Bei der Einlieferung hat Eulenpesch heftige Schmerzen im Oberbauch und wirkt völlig desorientiert und verwirrt. Diesmal wird »Verdacht auf Intoxikation« im Krankenblatt vermerkt. Diesmal wird Maria von einem Arzt angesprochen: »Haben Sie Ihrem Mann Gift gegeben? Wenn ja, sagen Sie es, damit wir ihn entsprechend behandeln können.« Maria tut empört und streitet die Vorwürfe heftig ab. Der Arzt lässt sich einschüchtern und gibt sich zufrieden. Jetzt muss der Patient sechs Wochen das Bett hüten und wird auf Angina pectoris behandelt. Maria versteckt das Gift in einem Einmachglas im Keller. Sie wird es bald wieder brauchen.

Am 17. August 1973 misslingt der nächste Mordversuch. Eulenpesch ist inzwischen völlig ausgezehrt. Wieder lässt Maria ihren Mann einige Stunden liegen, bis sie merkt, dass er nicht stirbt. Dann ruft sie ihren Hausarzt, der den Kranken wieder in die Kempener Klinik bringen lässt. Eulenpesch wird mit anfallartigen Kopfschmerzen eingeliefert. Er hält sich den Kopf mit beiden Händen. Einen Verdacht auf Gift äußert diesmal keiner. Im Gegenteil: Dem aufnehmenden Arzt scheint sein Verhalten »übertrieben«.

Maria weiß jetzt, dass die Dosis für die robuste Natur ihres Mannes immer noch zu gering ist. Aber sie hat auch Angst, zu viel zu nehmen, denn sie befürchtet, ihr Mann würde schon beim Essen umfallen oder die Ärzte könnten bei einem jähen Tod in engem zeitlichem Zusammenhang mit einer Mahlzeit misstrauisch werden. Sie versucht bei allen Tötungsdelikten die Kontrolle über den Sterbeprozess zu behalten. Nie überlässt sie den Todeszeitpunkt dem Zufall, sie will vermeiden, dass ihr Mann möglicherweise in ihrer Abwesenheit zusammenbricht und andere den Braten riechen.

Wie viele Giftanschläge der nach wie vor ahnungslose Peter

Eulenpesch genau über sich ergehen ließ, ist nicht mehr exakt rekonstruierbar, doch der 21. März 1976 ist sein Todestag. Tags zuvor gibt es wieder Waldbeeren als Henkersmahlzeit. Nach dem Essen klagt Eulenpesch über entsetzliche Kopfschmerzen und legt sich hin. Seine Frau wartet ein bisschen und ruft dann wie immer den Hausarzt. Dieser tritt eine halbe Stunde später ans Krankenlager, Eulenpesch ist nicht mehr ansprechbar, lebt aber noch. Der Arzt vermutet Herzschwäche und ruft wie immer den Krankenwagen, der den Patienten und seine Frau ins Kempener Hospital fährt. Er kommt gegen sechzehn Uhr dort an, ist stark verwirrt und zittert. Es wird eine Minderdurchblutung des Gehirns durch Herzleistungsschwäche vermutet und entsprechend behandelt. Der Vergiftete stirbt am folgenden Morgen um vier Uhr, ohne das Bewusstsein wiedererlangt zu haben. Er ist siebenundsechzig Jahre alt. Seine Ehefrau sitzt am Bett, weniger aus Anteilnahme, als um im Blick zu behalten, ob jemand Verdacht schöpft. Jetzt hat sie ihre Ruhe. Im Totenschein wird dem Ermordeten »akutes Herz-Kreislauf-Versagen« attestiert.

Sieben Jahre und zwei Leichen später wird Maria V. am 25. Juli 1983 um zwölf Uhr mittags festgenommen. Das geschieht in der Wohnung eines älteren Herrn, bei dem Frau V. (auf eine Annonce hin) seit drei Wochen Gesellschafterin ist. Er ist fünfundachtzig und etwas wacklig auf den Beinen. Die beiden haben bereits einen gemeinsamen Urlaub in der Eifel geplant. Als Polizeibeamte den Verdacht äußern, die wieder völlig überschuldete Maria V. habe sich hier gerade ein neues Opfer erkoren, weist sie diese Unterstellung vehement zurück: »Er wäre mit Sicherheit nicht durch meine Hand gestorben.«

3 Die Ermittler

Wie Polizei und Staatsanwaltschaft
die Entdeckung von Tötungsdelikten verhindern

Gleich zu Beginn dieses Kapitels sollen zwei wahre Kriminal-
geschichten erzählt werden, die Armin Mätzler, ehemaliger
Leiter der Todesermittlung in Köln und Düsseldorf, ohne
Orts- und Zeitangabe in seinem Buch *Todesermittlungen* dokumentiert hat. Beide gingen schlecht aus für den Täter – das
heißt, die Tötungen wurden von der Polizei entdeckt und aufgeklärt –, doch demonstrieren sie, wie haarscharf für die staatlichen Todesermittler oft der Grat zwischen dem natürlichen
Tod und dem Tötungsdelikt verläuft, wie viel Sorgfalt und
Aufmerksamkeit ein Kommissar an einem Leichenfundort
walten lassen muss und welche Rolle die Geistesgegenwart einer einzelnen Person bei »Leichensachen« spielt.

Fall 1
Ort des Geschehens ist eine luxuriöse Eigentumsmaisonette in
bester Wohnlage. Hier residiert die gehobene Gesellschaft der
Stadt. An einem Mittwochabend klingelt die Hausfrau Mar-
gret H. bei einem Nachbarn und bittet um Hilfe, ihrem Mann
gehe es schlecht. Sie habe sich schon eine halbe Stunde um
ihn bemüht, sagt sie. Unverzüglich folgen die Nachbarn der
Frau in ihre Wohnung, wo sie Herrn H., komplett angezogen
auf dem Ehebett liegend, vorfinden. Er hat offenbar aus der
Nase geblutet, denn auf dem Kopfkissen sind ein paar Blut-
flecken. Nun bemühen sich mehrere Personen um Herrn H.

Seine Frau beteuert, sie habe schon versucht, den Hausarzt und andere ihr bekannte Ärzte telefonisch zu erreichen – leider vergeblich. Der Nachbar ruft die Notarztzentrale an.

Kurz darauf kommt der Notarzt, Dr. S. Er kann an Günter H. keine Lebenszeichen feststellen, beginnt aber sicherheitshalber mit einer Herzmassage. Er spritzt ein Herzmittel und fordert einen Rettungswagen an, der wenig später zur Stelle ist. Herr H. wird auf den Fußboden gelegt und beatmet. Nach etwa zehn Minuten trifft noch ein weiterer Notarzt, Dr. R., mit seinem Team ein. Auch Dr. R. sucht vergeblich nach einem Lebenszeichen. Ein EKG-Gerät wird dem Leblosen angelegt, es zeigt die Nulllinie. Die Ärzte sehen am Verstorbenen keinerlei Verletzungen, die auf die Ursache eines plötzlichen Todes hindeuten könnten. Die Ehefrau erzählt von Herzbeschwerden ihres Mannes. Obwohl der Tote erst vierzig Jahre alt ist, schickt sich Dr. S. an, ihm einen natürlichen Tod durch Herzversagen zu bescheinigen. Der zweite Arzt spricht sich dagegen aus. Also einigen sie sich auf »Todesursache nicht geklärt«.

Jetzt muss die Polizei eingeschaltet werden. Die herbeigerufenen Beamten von der Kriminalwache (eine Notfallbesetzung) haben in Sachen Todesermittlung wenig Erfahrung. Sie beschreiben den Fundort und besichtigen die Leiche. Außer winzigen Punktblutungen im Gesicht, am Hals und in den Bindehäuten der Augen fällt ihnen an dem Toten nichts auf.

Die Ehefrau wird befragt. Sie erzählt, ihr Mann sei seit Jahren Trinker gewesen. In den letzten drei Wochen habe er keinen Alkohol mehr angerührt, jedoch stark unter dem Entzug gelitten. Es sei ihm schlecht gegangen, trotzdem habe er keinen Arzt aufgesucht. Heute sei er kurz nach neunzehn Uhr heimgekommen und nach einem Telefonat urplötzlich auf der Treppe zusammengebrochen. Sie habe ihn aufs Bett geschleppt. Dann sei ihm Blut aus der Nase gelaufen. Sie habe vergeblich versucht, Mediziner aus dem Bekanntenkreis zu erreichen, und dann schließlich die Nachbarn alarmiert. Die Beamten der Kriminalwache können nichts Beunruhigendes feststellen und schreiben deshalb in den Tatortfundbericht: »Auf Grund der ersten kriminalpolizeilichen Ermittlungen kann davon ausgegangen werden, dass der vierzig Jahre alt gewordene Günter H. eines natürlichen Todes verstorben ist.« Allein wegen der winzigen Blutpunkte im Gesicht ordnet die zuständige Polizeidienststelle am nächsten Tag sicherheitshalber doch noch eine Obduktion an. Eine weise Entscheidung: Sie bringt ein Tötungsdelikt ans Licht.

Im Gutachten schreiben die Rechtsmediziner: »Die Gesamtheit der Befunde spricht für mechanische, das heißt gewaltsame äußere Erstickung durch Strangulation.« Der Tote war schwer alkoholisiert.

Die Witwe erscheint tiefschwarz gekleidet zur Vernehmung. Die Beamten eröffnen ihr, dass sie im Verdacht stehe, ihren Mann umgebracht zu haben. Zunächst empört über dieses Ansinnen, legt sie schließlich ein Geständnis ab: Sie habe ihren Mann am Vorabend im Schlafzimmer mit dem Gürtel ihres Bademantels erdrosselt. Er sei wieder einmal betrunken gewesen, gibt sie als Motiv an. Da der Mann zur Tatzeit einen Rollkragenpullover getragen hatte, waren keine Würgemale und keine Strangfurche an seinem Hals zu erkennen gewesen. Es hätte nicht viel gefehlt, und Günter H. wäre in der Dunkelziffer unerkannt Getöteter verschwunden.

Fall 2

Nicht der Arzt, sondern ein Beerdigungsunternehmer ruft diesmal die Kriminalpolizei zu einem Sterbefall. Der Grund ist zufällig: Der leichenschauende Arzt hatte auf einem alten, längst nicht mehr gültigen Formular dem Verstorbenen zwar den »natürlichen« Tod dokumentiert, aber verwirrenderweise dazugeschrieben, es liege ein Unglücksfall vor. In der Wohnung treffen die Beamten an diesem Samstagabend auf die einundsiebzig Jahre alte Wohnungsinhaberin und zwei Angestellte jenes Beerdigungsinstituts, das von der Frau mit der Beisetzung ihres Ehemanns beauftragt worden ist.

Der Tote, ein achtzig Jahre alter Rentner, liegt im Wohnzimmer auf dem Fußboden. Die Frau erzählt, ihr Mann sei seit Jahren »total verkalkt« gewesen. Ständig sei er gestürzt und aus dem Bett gefallen. Seit Tagen habe er nun schon auf dem Fußboden geschlafen, eben an jener Stelle, wo sie ihn heute zur Mittagszeit tot aufgefunden habe. Die Beamten untersuchen die Leiche und stellen keineswegs den natürlichen Tod fest, sondern Zeichen massiver Gewalteinwirkung. Sie beschlagnahmen den toten Körper und beantragen bei der Staatsanwaltschaft eine Obduktion.

Bei der Autopsie finden die Rechtsmediziner eine Menge alter und frischer Hautunterblutungen, vor allem auf der Vorderseite des Verstorbenen. Es sind klare Zeichen grober Gewalt jüngeren und älteren Datums. Im Gutachten heißt es ferner: »Darüber hinaus bestanden ganz massive Blutungen in der Halsmuskulatur und in der Brustmuskulatur. Es lagen beiderseits Serienrippenbrüche vor mit Blutungen in beiden Brusthöhlen. Das Zungenbein schien abnorm beweglich, und zwar links. Die Mundschleimhaut und der Zungengrund sowie die Schleimhaut der Speiseröhre weisen Unterblutungen auf. Darüber hinaus bestand auch im Bauchbereich, in der Gekrösewurzel und im linken großen Beckenmuskel, je eine flächenhafte Unterblutung. Alle diese vorgenannten Verletzungen sind Folgen mehrfacher schwerer Gewalteinwirkungen auf den Körper dieses Mannes, die sich nicht durch einfaches Hinstürzen oder Anstoßen im bewusstseinsgetrübten Zustand erklären lassen, sondern vielmehr dafür sprechen, dass mehrfach auf diesen Mann getreten wurde, auch ein Beknien kann in Frage kommen beziehungsweise ein ›Sich-auf-den-Mann-Stellen‹.« Die Verletzungen seien so erheblich, dass sie zu starkem Blutverlust ins Gewebe geführt hätten. Der Tod sei die Folge von Gewalt.

Nun wird die Ehefrau des Getöteten vernommen. Nach einer Weile gibt sie Folgendes zu: Sie sei am Freitagmorgen von einem plätschernden Geräusch aufgewacht und habe mit Entsetzen gesehen, wie ihr Ehemann auf den Teppich vor dem Bett uriniert habe. An diesem Teppich aber hänge sie sehr, er sei ein Erbstück. Voller Wut habe sie auf den Mann eingedroschen, habe ihn kräftig am Hals gepackt und schließlich, als er schon zu Boden geglitten sei, mehrfach auf ihn eingetreten. Sie habe ihn liegen lassen und jedes Mal, wenn sie frisches Wasser zum Reinigen des Teppichs holen gegangen sei, auf ihn getreten. Schließlich habe er sich nicht mehr geregt. Als er vierundzwanzig Stunden später immer noch ganz still an derselben Stelle gelegen habe, sei sie unruhig geworden, habe ihn angezogen und den nächsten Angehörigen Bescheid gesagt. Diese hätten dann schließlich den Arzt gerufen. Die Ehefrau wird verhaftet.

Nun wird auch jener Arzt befragt, der den natürlichen Tod bescheinigt hat. Er gibt zu, einige Zeichen von Gewalt durchaus bemerkt zu haben. Auf die Frage, wie er unter diesen Umständen den »natürlichen Tod« feststellen konnte, antwortet er: »Wer kommt schon drauf, dass ein so alter Mann erschlagen wird?«

Wo der Arzt beinahe regelmäßig versagt, muss sich eigentlich der Polizist angesprochen fühlen, seine ganze Kompetenz unter Beweis zu stellen. Denn es gehört für einen Kriminalkommissar zu den größten Herausforderungen, einen dubiosen Todesfall richtig zu beurteilen. »*Die Probleme liegen nicht dort, wo es darum geht, einen Mord zu bearbeiten, sondern dort, wo es darum geht, ihn zu erkennen.*« So lautet die Lektion, die der Kriminalist Armin Mätzler seinen Polizeischülern jahrzehntelang hinter die Ohren geschrieben hat. Diese Regel kann man, gewissermaßen als Selbstermahnung, manchmal in großen Lettern über den Schreibtischen in deutschen Mordkommissionen hängen sehen.

Wird die Polizei zu einem Leichenfundort gerufen, rückt im Regelfall erst einmal ein Streifenwagen mit zwei Schutzpolizisten an. Sie sichern den Ort des Geschehens, das heißt, sie sperren das Waldstück, den Straßenabschnitt oder die Wohnung ab, wo die Leiche entdeckt wurde, sodass niemand mehr etwas verändern kann. Dann kommt die Kriminalpolizei, oft – aber nicht immer – zu zweit. Die Beamten inspizieren nun den Ort und den Toten.

Zuerst nehmen sie die Rahmenbedingungen auf: Wer hat die Polizei gerufen? Wer hat sie eingelassen? Wie riecht es? Ist der Briefkasten voll? Steht das Fenster offen? Ist die Wohnung zerwühlt? Ist die Tür verschlossen oder aufgebrochen? Gibt es einen Abschiedsbrief? Welche Medikamente stehen herum? Dann der Tote: Wie liegt er da? Ist das normal? Ist er verletzt? Wie alt ist er? Wie lange ist er schon tot? Was sagen die Nachbarn und Verwandten? Gibt es Ungereimtheiten? (Es kommt beispielsweise vor, dass Nachbarn kürzlich die Toilettenspülung gehört haben wollen, obwohl der Tod schon vor drei Wochen eingetreten ist.) Gibt es Spuren? (Ist die Wohnung/der Tote durchsucht worden?) Ist es doch ein natürlicher Tod? Ist es ein Suizid? Könnte es ein Unfall sein? Gibt es einen Mordverdacht?

Jeder Leichenfundort sieht anders aus. Es gibt ungeklärte Todesfälle, die an die Substanz gehen. Traumatisch kann es werden, wenn die Leiche lange Zeit gelegen hat, was in den Großstädten, wo viele allein Lebende wohnen, nicht selten der Fall ist. Da wandern die Maden unter der Haut. Manche Leichen sind geplatzt oder laufen aus. Bei manchen führt die Fäulnis dazu, dass sie sich bewegen und Geräusche von sich geben. Der Gestank lässt den Atem stocken.

Andererseits stoßen die Beamten auch auf Leichenfundorte, die völlig undramatisch wirken. Da liegt ein toter älterer

Herr friedlich in seinem Bett, neben ihm die Herztabletten und die Pflegeakte, und er sieht aus, als wäre er sanft entschlafen. Die Gattin sitzt daneben und weint und erzählt von langer, schwerer Krankheit.

In beiden Fällen darf sich ein umsichtiger Kriminalkommissar vom ersten Eindruck nicht täuschen lassen. Weder die »Ekelleiche« noch der »sanfte Tod« dürfen ihn in die Irre führen. Er muss mit Nüchternheit und kühlem Kopf vorgehen. Für solche Fälle hat er auf der Polizeihochschule Verdachtschöpfungsstrategien und das kriminalistische Denken gelernt: Er muss die alltäglichen Lebensprozesse der Menschen im Kopf haben und die Spurenrelevanz dieser Prozesse. Das heißt: Alles, was der Mensch tut, ob er Kaffee trinkt, Geschlechtsverkehr hat oder einen Brief schreibt und aufgibt, hinterlässt typische Spuren. Der Todesermittler muss nun in der Lage sein, die vorhandenen Spurenbilder mit seiner Spurenerwartung zu vergleichen. Wenn etwas nicht übereinstimmt (zum Beispiel: Auf dem Wasserglas neben dem Bett des Toten sind keine Fingerabdrücke; die Frau ist höchstens vierundzwanzig Stunden tot, aber alle Blumen in ihrer Wohnung sind vertrocknet; die Füße des Erhängten baumeln *über* dem darunter stehenden Hocker), dann muss er seinen Zweifeln nachgehen.

Holger Roll, Dozent an der Fachhochschule der Polizei in Güstrow, hat die Faktoren analysiert, die dem Kriminalbeamten am Fundort das kriminalistische Denken verschlagen und die Wahrnehmung verzerren können.

Schlechtes Wetter oder fehlende Beleuchtung sind *äußere Faktoren*, die ihn bei der Arbeit behindern, ebenso herumschnüffelnde Boulevardreporter oder Schutzpolizisten (vielleicht auch Zeugen oder Verwandte des Toten), die ihre Vermutungen zum Geschehensablauf unaufgefordert zum Besten geben und den Kripobeamten dadurch zu beeinflussen suchen. Besonders dramatisch werden jedoch die Ermittlungsfehler, so Roll, wenn die Wahrnehmung des Polizisten von *inneren* Faktoren blockiert wird, wenn er sich von Vorurteilen leiten lässt und die »Leichensache« vorschnell als Routinefall abtut. Er neigt dann leicht dazu, jene kleinen Spuren, die auf Gewalt hinweisen, zu übersehen oder falsch zu interpretieren. (Rechtsmediziner machen am Tatort nicht selten die Erfahrung, dass gerade die Eitelkeit ein nicht zu unterschätzendes Movens darstellt. Ermittler, die möglichst rasch zum Resultat kommen, gelten gemeinhin als clever und professionell. Es gebe, sagen die Ärzte, Kommissare, die behaupteten, sie könnten es einer Leiche auf den ersten Blick ansehen, ob sie ermordet worden sei. Bedächtige Ermittler, die sich Zeit ließen und gründlich vorgingen, würden von ihren Kollegen oft nicht für voll genommen.)

Problematisch ist auch die vorgefasste Meinung am Leichenfundort. Einen Erhängten (im Polizeijargon: »Hängemann«) halten viele Todesermittler reflexhaft für einen Selbstmörder, ein Fallschirmabsturz wird ohne Hinsehen als Unfall eingestuft, und klebt irgendwo ein Auto am Baum, kommt kaum ein Zweifel daran auf, dass der Fahrer am Steuer eingeschlafen ist.

Roll schreibt: »Die Wahrnehmung wird dadurch verfälscht, dass bestimmte Lücken im Wahrnehmungsbild ausgefüllt werden. Das Schließen der Lücken erfolgt auf Grund von Erfahrungen, die bei ähnlichen Situationen erlangt wurden. Dabei wird nicht berücksichtigt, dass spezifische Erscheinungen auch anders entstanden sein könnten.« Es komme zu Verfälschungen, weil der Beamte lieber auf »typische Ermittlungssituationen« zurückgreife, anstatt den vorliegenden Sachverhalt genau zu analysieren. Aufmerksamkeit und Konzentration eines »Kriminalers« hingen aber gerade von seiner inneren Einstellung zum Geschehen ab. »Hat das Ereignis für den ermittelnden Beamten keine Bedeutung«, schreibt Roll, »so wird die Wahrnehmung durch die fehlende Konzentration eingeschränkt.« Auf diese Weise würden wichtige Umstände nicht erkannt.

Wenn der Beamte den Einsatz nicht ernst nimmt, sich darüber vielleicht sogar ärgert, wird er blind für die Wahrheit. Das Besondere und Schwierige am »kriminalistisch relevanten Ereignis«, so Roll, sei doch erstens, dass *jedes für sich einmalig* sei, und zweitens, dass es *immer in der Vergangenheit* liege, der Ermittler also ausschließlich auf Spuren oder Aussagen von Zeugen angewiesen sei, um das Vorgefallene zu rekonstruieren.

Deshalb können menschliche Defizite wie Müdigkeit, Desinteresse, Vorurteile gegen das soziale Milieu des Toten, Überheblichkeit oder Prestigedenken gerade bei der ersten Inspektion eines Tatorts fatale Fehler nach sich ziehen und dazu führen, dass Tötungsdelikte, zu denen die Polizei bereits Zugriff hatte, doch noch ins Dunkelfeld rutschen. Gerade am Anfang einer kriminalistischen Untersuchung muss alles (!) denkbar sein. Selbst kühne Hypothesen zu einem nicht natürlichen Tod müssen zugelassen werden. Erkenntnisse, die in dieser Phase übersehen, vergessen oder nicht berücksichtigt werden, sind unwiederbringlich verloren.

Kriminalbeamte erzählen von solchen (menschlich verständlichen) Defiziten mancher Kollegen am Leichenfundort, allerdings nur anonym: Verwesende Leichen würden eben – entgegen den Vorschriften – oft nicht umgedreht, oft nicht einmal oberflächlich untersucht. Auch rissen viele wegen des Gestanks gleich die Fenster auf, obwohl das verboten sei. Wenn eine Leiche morgens um vier entdeckt würde, hätten die herbeigerufenen Beamten bereits zehn Stunden Dienst hinter sich und oft weder Zeit noch Lust noch die Konzentration, sich mit den Resten eines Menschen auseinander zu setzen. Der Ausgang einer Ermittlung hänge dann in der Regel davon ab, welches Interesse der einzelne Polizist jetzt noch aufbringe.

Der folgende Fall zeigt, wie rasch ein raffiniertes Tötungsdelikt ins Dunkelfeld gerät, weil die Kriminalisten sich vom ersten Anschein blenden lassen.

Die tote Perserin

In der Nacht vom 18. auf den 19. Juni 1988, kurz vor halb drei, ruft der sechsunddreißigjährige Arzt Dr. Kabul N. die Polizei und den Rettungsdienst. Seine junge Frau habe in der gemeinsamen Wohnung (in einer ostfriesischen Kleinstadt) Selbstmord begangen. Die Kripobeamten finden Frau N., mit einem Nachthemd bekleidet, auf dem Fußboden des Schlafzimmers zwischen dem Ehebett und der gegenüberliegenden Wand vor. Um ihre Handgelenke sind die abisolierten Drähte eines Verlängerungskabels geschlungen und durch Verdrehen fixiert. Die Hände sind zu Fäusten geballt und liegen auf den Brüsten auf. Der Stecker des Kabels ist herausgezogen und liegt unter einer Steckdose in Kopfnähe der Leiche.

Der Ehemann macht auf die Kriminalbeamten und Rettungssanitäter einen angegriffenen und aufgelösten Eindruck. Er erzählt, er habe abends gegen zehn die Wohnung verlassen, um einen Kollegen zu besuchen. Als er gegangen sei, habe seine Frau in Nachthemd und Morgenmantel vor dem Fernseher gesessen. Sie habe völlig normal gewirkt und »eine Selbsttötung mit keinem Wort oder keiner Geste anklingen lassen«. Bei seiner Rückkehr habe er die Frau so, wie sie nun dort liege, auf dem Fußboden entdeckt, habe den Stecker aus der Dose gezogen und sie untersucht. Sie sei bereits tot gewesen. Seine Frau, fährt er fort, habe schon mehrere Selbstmordversuche unternommen, sie sei wegen Depressionen in psychiatrischer Behandlung gewesen. Ihre Asylanträge seien immer wieder abgelehnt worden, das habe ihr den Lebensmut geraubt.

Die Leiche der Perserin wird von Ärzten und Polizeibeamten beschaut. Sie hat sehr ausgeprägte Verkohlungen (Strommarken) an den beiden Handgelenken, an den Innenseiten der Finger und an den Brüsten, wo die Hände auflagen. Sonst fällt den Kriminalisten nichts Ungewöhnliches auf. Der polizeiliche Abschlussbericht stellt nur noch fest, dass es sich

»nach objektiver und subjektiver Einschätzung zweifelsfrei um einen Suizid durch Stromeinwirkung handelt«. Der Fall ist abgeschlossen. Die Staatsanwaltschaft gibt die Tote frei, und der Ehemann beauftragt ein Bestattungsunternehmen, die Leiche ins Heimatland seiner Frau, den Iran, zu überführen.

Zwei Tage später erscheint eine Freundin der Verstorbenen bei der Kriminalpolizei. Sie zweifle an der Selbstmordtheorie, sagt sie. Die Ehe der Frau N. sei sehr schlecht gewesen, der Mann habe sie geschlagen. Er habe auch schon die Scheidung eingeleitet, sei aber aus finanziellen Gründen davor zurückgeschreckt. In letzter Zeit allerdings seien die beiden auffallend harmonisch miteinander umgegangen. An ihrem Todestag sei Frau N. sogar in Hochstimmung gewesen, da sie gerade erfahren habe, dass ihr Asylantrag endlich bewilligt worden sei.

Obwohl die Ermittler weiterhin von einem Suizid überzeugt sind, wird nun eine Obduktion angeordnet, damit es in der Kleinstadt kein Gerede gebe. Schon bei der äußeren Besichtigung fällt den Obduzenten neben den offenkundigen Strommarken eine knapp erbsengroße, bläulich-rote Schwellung über der Lendenwirbelsäule auf. Eine genauere Betrachtung ergibt, dass es sich um einen Stichkanal zwischen zwei Wirbeln handelt. Sonst fehlt der Leiche nichts, Frau N. war kerngesund. Wegen des rätselhaften Einstichs beantragen die Obduzenten eine giftchemische Analyse.

Die feingeweblichen Untersuchungen zeigen, dass der Einstich ungefähr zum Todeszeitpunkt vorgenommen worden sein muss. Der Ehemann vermutet, seine Frau habe sich – ohne sein Wissen – wegen eines Rückenleidens in Behandlung befunden und werde die Spritze wohl von einem Orthopäden bekommen haben. Die Kripo befragt alle Fachärzte im Umkreis, keiner kennt Frau N. Jetzt wird der Ehemann unter Mordverdacht festgenommen. Er bestreitet alle Vorwürfe.

Die Ermittler rekonstruieren den Fall. Nachträglich wird

klar, wie unstimmig die gesamte Auffindesituation der Toten gewesen ist und wie sehr es den Kriminalisten beim ersten Einsatz an Spürsinn gemangelt hat. Denn: Es wäre zwar möglich gewesen, dass sich Frau N. die abisolierten Kabelenden selbst um die Handgelenke schlang, aber wie sollte sie aus eigener Kraft wieder in die geordnete Rückenlage (mit den geballten Fäusten über der Brust) zurückgelangt sein, nachdem sie den Stecker in die Dose gesteckt hatte? Vom Netzstrom durchflossen, hätte sie die koordinierten Bewegungen, die dazu notwendig gewesen wären, wohl kaum ausführen können. Ein aufmerksamer Todesermittler hätte das auf den ersten Blick erkennen müssen.

Die Ergebnisse der chemisch-toxikologischen Untersuchung der Leiche beweisen, dass Frau N. getötet wurde. Ihr war eine Überdosis Anästhetikum in den Rücken injiziert worden, was zu Herz- und Atemlähmung geführt hatte. Daran war sie gestorben.

Der Ehemann, der übrigens Facharzt für Anästhesie ist, gibt nun zu, seiner Frau die tödliche Betäubung gespritzt und die Tote anschließend an den Stromkreis angeschlossen zu haben, um einen Selbstmord vorzutäuschen. Allerdings behauptet er, er habe dies auf Wunsch seiner lebensmüden Frau getan. Die Staatsanwaltschaft klagt Kabul N. wegen Mordes an. Das Schwurgericht verurteilt den Arzt am 17. Mai 1989 wegen Totschlags zu einer Freiheitsstrafe von neun Jahren.

(Der Fall wurde vom Institut für Rechtsmedizin der Medizinischen Hochschule Hannover dokumentiert.)

Die uninteressierte Polizei

Die deutschen Rechtsmediziner halten übersehene oder falsch gedeutete Tötungsdelikte inzwischen keineswegs mehr für Ausnahmefälle. Jeder von ihnen kann Fälle wie den vorstehenden reihenweise erzählen. Sie erkennen ein regelrechtes System im Versagen der polizeilichen Todesermittlung, werfen also nicht nur den Ärzten Inkompetenz im Umgang mit Leichen vor, sondern auch vielen Kriminalbeamten. Als Signal für diesen Missstand mag gelten, dass sich immer wieder Haus- und Notärzte bei den Rechtsmedizinischen Instituten über die Polizei beklagen. Unverhohlene Ignoranz am Ereignisort ist noch die mildeste Beschwerde. Viele Doktoren fühlen sich außerdem von den Beamten, die sie eigentlich zum Fundort gerufen haben, um Klarheit in die »Leichensache« zu bringen, unter massiven Druck gesetzt: Sie sollen wider besseres Wissen und gegen ihr Gewissen den »natürlichen Tod« feststellen. Schon 1988 baten die Gesundheitsminister der Länder ihre für Justiz und Inneres zuständigen Kollegen, darauf hinzuwirken, dass die Beamten der Polizei auf die ärztliche Leichenschau *keinen Einfluss* nähmen.

Professor Bernd Brinkmann, Direktor der Rechtsmedizin Münster, hat in den Jahren 1998/99 im Zuge einer Untersuchung 1100 westfälischen Ärzten und Notärzten einen anonymen Fragebogen zugeschickt. Die nach dem Zufallsprinzip ausgewählten Mediziner sollten unter anderem angeben, ob die Polizei schon einmal versucht habe, das Ergebnis der Leichenschau zu beeinflussen oder auf den Leichenbeschauer Druck auszuüben. 323 von ihnen schickten den Bogen ausgefüllt zurück. Knapp die Hälfte der Einsender gab an, sie seien am Leichenfundort schon von Beamten bedrängt worden, »natürlicher Tod« anzukreuzen, um der Polizei Ermittlungsaufwand zu ersparen.

Folgendes typische Polizeiverhalten wurde von den befragten Ärzten in Stichworten geschildert:

Assistenzarzt aus einer Großstadt: Die Kripobeamten sind oft aggressiv und unfreundlich, wenn dem Begehren nach »natürlichem Tod« nicht Folge geleistet wird.

Ein Chirurg: Bei einem im Wohnheim tot aufgefundenen Asylanten äußerte die Polizei die Auffassung, die Todes-

112

ursache sei in diesem Fall nicht so wichtig und auch nicht von rechtlicher Bedeutung. Bei dem Tod einer Achtzigjährigen rief am nächsten Tag ein übergeordneter Polizeibeamter an und schimpfte: Wegen des Arztes seien nun ein großer Verwaltungsaufwand und zusätzliche Kosten entstanden.

Ein Internist aus Bad Lippspringe: Bei einem tödlichen Motorradunfall sollte die Todesart »nicht natürlich« in »natürlich« umgewandelt werden, um eine Meldung an die Staatsanwaltschaft zu umgehen.

Ein Anästhesist aus Hattingen: Typische Polizeiäußerung am Leichenfundort: Das sieht doch jeder, dass es sich hier um einen natürlichen Tod handelt.

Ein Assistenzarzt aus Bielefeld: Nächtlicher Telefonterror durch die Polizei, um doch noch die Bescheinigung »natürlicher Tod« zu erzwingen.

Ein Anästhesiologe aus Lemgo: Beim Versuch, sich der Verhaftung zu entziehen, stürzte eine Person tödlich ab. Der Polizeibeamte wünschte die Eintragung »Suizid« im Totenschein.

Ein Chirurg aus einer Kleinstadt: Typische Polizeiäußerung: Wir haben keine Zeit, den Fundort zu sichern. Das sieht doch eher wie ein natürlicher Tod aus.

Ein Internist aus einer Großstadt: Der Kripoeinsatz bringt jedes Mal Ärger mit sich. Highlight der Frechheiten: Wo haben Sie eigentlich studiert? Sind Sie überhaupt Arzt?

Ein Allgemeinmediziner: Die Polizei sucht krampfhaft nach Anhaltspunkten für den natürlichen Tod.

Ein Chirurg aus einer Großstadt: Typische Kripoäußerung: Sie sind ja wohl noch neu in dem Metier; vielleicht erklären wir Ihnen einfach, wie wir das mit Ihren Kollegen handhaben.

Ein Internist aus Bochum: Die Kripo behauptet, die Angehörigen würden durch Ermittlungen von Polizeibeamten in ihrer Trauer gestört.

Ein Anästhesiologe aus Bochum: Die Polizeibeamten ließen

sich nach der Todesartklassifikation »ungeklärt« einen neuen
Totenschein vom Hausarzt ausstellen.

Ein Chirurg aus Dortmund: Polizeiäußerung: Wieso können Sie nicht entscheiden, ob hier ein natürlicher oder nicht
natürlicher Tod vorliegt? Sie sind doch Arzt!

Ein Allgemeinmediziner aus Höxter: Polizeiäußerung: Ein
ungeklärter Tod bei zu vermutendem Alkoholabusus ist ja
wohl übertrieben.

Widersetzen sich die Ärzte der polizeilichen Aufforderung,
Urkundenfälschung zu begehen, schlägt ihnen oft blanke Aggression bis hin zur Strafandrohung entgegen. Wie Furien
seien Beamte in die Luft gegangen, heißt es, und hätten darüber geklagt, dass dadurch überflüssige Ermittlungsarbeit
auf sie zukomme. Es ist kein Problem, Ärzte zu finden, die
über einer Leiche schon in heftigen Streit mit dem Kriminalbeamten geraten sind. Man braucht nur ins nächste Krankenhaus hineinzugehen. Ich habe vier Doktoren aus verschiedenen Regionen Deutschlands gebeten, derartige Erfahrungen
am Leichenfundort aufzuschreiben.

Der Tod der bösen Alten
Bericht einer niedergelassenen Ärztin aus Erlangen, Bayern

An einem Dezembertag des Jahres 1992 wurde ich gegen 20 Uhr
als im kassenärztlichen Notfalldienst tätige Ärztin zu Frau Z.
in die Innenstadt Erlangens gerufen, Verdacht auf Exitus letalis. Als ich am genannten Ort eintraf, wurde mir von einer
Frau mittleren Alters die Tür geöffnet. Ich wurde ohne Hast
hereingebeten und durch eine verwinkelte Altbauwohnung
im ersten Stock geführt. Die Frau stellte sich als die Tochter
der Patientin vor, sie lebe mit dieser zusammen in der Wohnung, die Mutter sei vor etwa acht Wochen an der Hüfte operiert worden und sei seit drei bis vier Wochen wieder zu

Hause. Auf meine drängende und verwunderte Frage, wo denn nun die Mutter sei und was passiert sei, wurde mir geantwortet, sie, die Tochter, glaube, die Mutter sei tot und ich könne sie ja mal anschauen. In diesem Zusammenhang äußerte sie sich abfällig über ihre Mutter und sagte sinngemäß: Endlich ist die böse Alte tot. Mich begann zu diesem Zeitpunkt das Verhalten der Tochter zu erstaunen, sie wirkte überhaupt nicht aufgeregt, verstört oder bekümmert.

Als ich das angewiesene Zimmer betrat, fiel mir als Erstes ein in der Mitte des Raumes stehendes Krankenbett mit Bettgiebel auf, auf dem eine kleine Gestalt leblos lag. Ich trat näher und erblickte eine selbst im Tod noch vital wirkende Frau mit kaum ergrautem Haar zwischen siebzig und achtzig Jahren, die keinerlei Lebenszeichen von sich gab. Bei der Untersuchung ergaben sich beiderseits lichtstarre, entrundete Pupillen, fehlende Atem- und Herzaktion, beginnende Leichenstarre und am Rücken und der Beugeseite der unteren und Streckseite der oberen Extremitäten nicht wegdrückbare Totenflecke. Es konnte nur der Exitus festgestellt werden, der schon vor geraumer Zeit eingetreten sein musste. Äußere Verletzungen waren nicht zu erkennen.

Ich verließ das Krankenzimmer und traf in der Küche wieder auf die Tochter, die sich am Küchentisch niedergelassen hatte. Ich setzte mich dazu, um weitere Informationen über vorbestehende Krankheiten, eventuelle Aufschlüsse über die Todesursache und last not least die Personalien wegen der Ausstellung des Leichenscheins zu erfragen. Die Mutter sei eigentlich immer ziemlich gesund gewesen, sie habe an schwerwiegenden Krankheiten in letzter Zeit lediglich die Hüftoperation (mit Hüftgelenksersatz) hinter sich, sie habe bis vor drei bis vier Wochen Heparin (gegen Thrombosen) gespritzt bekommen. Seit sie wieder zu Hause sei, sei täglich die Krankengymnastin gekommen, und die Mutter sei auch schon wieder ganz mobil gewesen.

Auch an diesem Tag sei die Krankengymnastin da gewesen – so um die Mittagszeit herum – und habe mit der Mutter geübt. Nach dem Essen habe die Mutter dann im Zimmer nach ihrer Tochter zu schreien angefangen und habe mehrere Stunden lang weiter geschrien und geschimpft. Gegen 17 Uhr habe sie dann plötzlich aufgehört. Als sie, die Tochter, dann gegen 19.30 Uhr nach der Mutter gesehen habe, habe diese leblos auf dem Bett gelegen, woraufhin sie die Rettungsleitstelle verständigt habe. Auch jetzt wirkte die Tochter in keinster Weise überrascht, verstört, bestürzt oder bekümmert, wie es bei solch einem plötzlichen Todesfall zu erwarten gewesen wäre. Die Frage, warum sie denn nicht nach der schimpfenden beziehungsweise schreienden Mutter gesehen habe, beantwortete sie nur mit einem Achselzucken.

Der Verdacht auf eine letal verlaufene Lungenembolie bei der Frau Z. lag nach dem Einsatz der Hüftprothese relativ nahe. Das könnte dann ein nicht natürlicher Tod gewesen sein. Deshalb, und weil andere Vorerkrankungen nicht vorlagen, besonders aber weil mich das eigentümliche Verhalten der Tochter ziemlich beunruhigte, kreuzte ich im Leichenschein »Todesursache ungeklärt« an.

Am folgenden Montag wurde ich früh von einem Herrn der Kripo Erlangen angerufen. Ich wurde in barschem Ton gefragt, ob ich denn einen begründeten Verdacht auf eine gewaltsame beziehungsweise nicht natürliche Todesursache der Frau Z. hätte. Meiner etwas eingeschüchterten Antwort (wer telefoniert schon gern mit der Kriminalpolizei und dazu noch am Montag in aller Herrgottsfrüh), dass ich keinen direkten Hinweis oder Beweis dafür hätte, dass aber die Todesursache unklar und unnachvollziehbar sei, wurde eindringlich entgegengehalten, ob ich denn wisse, welche Lawine ich mit so einem Leichenschein lostreten würde:

a) eine polizeiliche Untersuchung,
b) eine Sektion und
c) nicht zuletzt die psychische Belastung der Angehörigen.

Ich wies auf das befremdende Verhalten der Tochter hin (»Kein Beweis«, schmetterte der Herr mir entgegen), auf die unklare Todesursache (»Die Frau war doch schon alt«, war das Gegenargument) und auf die unklaren Todesumstände (»Nicht objektivierbar«, bügelte er mich ab). Anschließend wurde ich streng befragt, ob ich denn bereit sei, den Leichenschein neu auszustellen und eine *natürliche Todesursache* zu bescheinigen. Meinen erneuten Einwänden wurde durch die Frage begegnet, ob ich es denn wirklich auch vor mir selbst verantworten könne, die Tochter der Toten quasi des Mordes anzuklagen, denn darauf liefe es praktisch hinaus, wenn ich bei meiner »Todesursache ungeklärt« bliebe. Und da es doch keinerlei Hinweise auf ein gewaltsames Geschehen gebe, sei das doch wohl nicht gerechtfertigt.

Ich muss dazu erklären, dass ich, als das alles über mich hereinbrach, noch relativ unerfahren war mit diesen Aspekten ärztlichen Handelns, und ich gab letztlich nach. Ich erklärte mich bereit, einen neuen Leichenschein auszustellen, welcher dann von dem Kripobeamten höchstpersönlich abgeholt wurde.

Der muss noch viel lernen
Protokoll vom Einsatz eines Notarztwagens in einer norddeutschen Großstadt, leicht gekürzt

Um 20.12 Uhr geht in einer Rettungsleitstelle folgender Notruf ein: »Person spuckt Blut, ist nicht mehr ansprechbar.« … Um 20.18 Uhr öffnet Frau L. mit den Worten: »Ich glaube, mein Mann ist tot.«

Der Ehemann, Herr L., liegt bäuchlings in einer größeren (Menge ca. 0,5 bis 1,0 Liter) geronnenen Blutlache. Das Waschbecken, vor welchem der Mann liegt, ist ebenfalls mit einer größeren Blutmenge behaftet beziehungsweise gefüllt (ca. 0,5 Liter). Die Untersuchung des Mannes durch den Notarzt bestätigt die Annahme der Ehefrau. Nach Drehen des Mannes in Rückenlage sind im Gesichts-Hals-Bereich sowie am Bauch Livores (Totenflecke) sichtbar, die sich noch wegdrücken lassen. Eine äußere Verletzung lässt sich nicht feststellen. Die Herkunft der Blutung (zum Beispiel gastro-intestinal oder bronchial) lässt sich durch den äußeren Aspekt nicht erkennen. Anhand der bereits ausgeprägten Todeszeichen ist der Exitus letalis ca. vor dreißig Minuten eingetreten …

Auf die Frage nach Vorerkrankungen ihres Mannes nennt Frau L.: Herzrhythmusstörungen, Herzkranzgefäßerkrankung, chronische Bronchitis sowie erhöhter Blutzuckerspiegel … Auf Befragung zum Verhalten des Ehemannes vor seinem Ableben gibt die Ehefrau relatives Wohlbefinden an, die Eheleute wollten … für zwei Wochen in Urlaub fahren, der Mann habe auch noch viele Pläne gehabt.

Die Befragung der Ehefrau wird beendet. Es gelingt nicht, den zuletzt behandelnden Arzt beziehungsweise den Hausarzt zwecks weiterer Befragung telefonisch zu erreichen. Auf Grund des unerwartet plötzlichen Todeseintritts, der massiven Blutung unbekannter Quelle sowie der zeitlichen Diskrepanz zwischen Notruf und mutmaßlichem Todeszeitpunkt wird vom Notarzt im vertraulichen Teil der Todesbescheinigung angekreuzt: »Nicht geklärt, ob natürlicher oder nicht natürlicher Tod«.

Von einem der Rettungssanitäter wird die Kripo telefonisch benachrichtigt … Nach ca. fünfzehn Minuten fast zeitgleiches Eintreffen der Kripo (Hauptkommissar W. und ein namentlich nicht bekannter Kollege) und der Tochter, Frau B., mit Ehemann und Töchtern.

Die im Hausflur befindliche NAW[Notarztwagen]-Besatzung hört, wie sich auf der Außentreppe Herr W. und der Schwiegersohn des Verstorbenen, Herr B., lautstark über das

ihrer Meinung nach »unsinnige« Vorgehen des Notarztes er-
eifern.

Es stellt sich heraus, dass Herr B. als Staatsanwalt tätig ist.
Ungeachtet der Tatsache, dass er als Privatperson zum NAW-
Einsatzort gekommen ist, beschimpft er den Notarzt in amts-
anmaßendem Ton und droht diesem indirekt Repressalien an:
»Das ist doch Unsinn, hier einen nicht natürlichen Tod anzunehmen, der Mann war doch achtzig Jahre alt, der Fall ist doch
sonnenklar, Sie haben ja keine Ahnung. Na ja, man trifft sich
ja immer zwei Mal, ich werde mir das merken. Hoffentlich
sind Sie immer so genau!«

Herr B. ist außerordentlich erregt und fällt dem Notarzt unentwegt ins Wort, als dieser in ruhigem und sachlichem Ton
die Situation erklären will. Schließlich fällt auch Herr W. von
der Kripo dem Notarzt ins Wort und fragt (sinngemäß): »Was
soll das denn alles? Sie müssen doch wissen, dass hier nur ein
natürlicher Tod in Frage kommt!«

Währenddessen hat Frau B. einen Schwächeanfall erlitten,
schwankt und wird von ihren Töchtern gestützt. Herr B. sagt
daraufhin in provozierendem Tonfall zum Notarzt: »Helfen
Sie mal meiner Frau, vielleicht können Sie das wenigstens!«

Frau B. wird selbstverständlich vom Notarzt betreut, auf
dem Sofa in Schocklage gebracht und bekommt mit ihrem
Einverständnis ein kreislaufstärkendes Medikament (Akri-
nor.R 1/2 Amp. i.v.) injiziert ...

Als jetzt die NAW-Besatzung den Einsatzort verlässt, hört
sie ein Gespräch zwischen Herrn B. und Herrn W., wobei der
Satz fällt: »Es gibt Ärzte mit und ohne Rückgrat«, und: »Der
junge Mann muss noch viel lernen!« Eine sachliche Unterhal-
tung ist mit den beiden Herren nicht zu führen. Anschließend
Abrücken des NAW zurück zur Einsatzzentrale.

Allein und hinters Licht geführt
Erfahrungen eines Notarztes, der als Internist am Krankenhaus einer niedersächsischen Kleinstadt arbeitet

Die geschilderten Ereignisse liegen zum Teil schon einige Jahre zurück. Doch was sich als Erkenntnis herauskristallisiert hat in meinen Einsatzjahren als Notarzt, ist jene banale Wahrheit, die schon mein allererster Chefarzt uns als jungen Medizinern mit auf den Weg gegeben hat: »Als Notarzt müssen Sie eines wissen: Sie stehen oft allein, und andere wollen Sie hinters Licht führen.«

Die beiden Landkreise, in denen ich jetzt seit insgesamt sechs Jahren Notarztwagen fahre, sind in ihrer Struktur sehr unterschiedlich. Der eine Kreis liegt im ehemaligen Zonenrandgebiet, ein für Westdeutschland extrem dünn besiedeltes Gebiet mit ca. fünfzigtausend Einwohnern auf ungefähr zwölftausend Quadratkilometern. Der andere liegt in unmittelbarer Nachbarschaft zu einer norddeutschen Großstadt und beschäftigt wegen seiner hohen Bevölkerungsdichte gleich mehrere Notarztwagen. In beiden Kreisen jedoch macht man dieselben Erfahrungen, wenn man als Arzt den nicht natürlichen Tod feststellt.

Meine Irritationen im Umgang mit der Polizei begannen gleich in den ersten Wochen meiner Tätigkeit als Notarzt. Wir (ein Rettungswagen und das Notarzteinsatzfahrzeug) waren in den frühen Morgenstunden zu einem alten Herrn gerufen worden. Die Meldung lautete: Person nach Treppensturz nicht ansprechbar. Bei unserer Ankunft fanden wir einen ca. achtzigjährigen toten Mann vor. Er bot schon die Zeichen des sicheren Todes. Er lag in einem kühlen Kellerraum (bei 0 Grad Außentemperatur) und war gewiss deutlich länger tot, als wir zur Anfahrt gebraucht hatten. Die Angehörigen hatten ihn angeblich kurz vor unserer Benachrichtigung noch auf der Treppe gehört, als er dann aber nicht wieder heraufgekommen sei, hätten sie nach ihm geschaut. Wegen der Diskrepanz zwischen dieser Vorgeschichte und dem von mir vermuteten Todeszeitpunkt sowie unklaren Verletzungen am Vorder- und Hinterhaupt konnte ich auf keinen Fall den »natürlichen Tod« bescheinigen, sondern schaltete die Polizei ein.

Den Beamten der eintreffenden Schutzpolizei teilte ich meinen Verdacht mit, wies auf die Notwendigkeit einer Obduktion hin und hinterließ einen entsprechend ausgefüllten Totenschein für die Kripo. In der unmittelbaren Folgezeit hörte ich nichts mehr von diesem Fall. Nach einem zweiwöchigen Urlaub wurde ich dann in der Klinik von der Kriminalpolizei angerufen: Was ich mir eigentlich vorstellen würde? Wenn jeder der *Herren Doktoren* so einen Blödsinn verzapfte – die Kripo käme ja gar nicht mehr zu ihrer eigentlichen Arbeit. Man fordere mich hiermit auf, eine »Korrektur« des Totenscheins vorzunehmen oder zumindest zu erklären, ich hätte mich geirrt. Dies lehnte ich ab.

Am Folgetag rief mich mein oben erwähnter Chef zu sich und erkundigte sich nach dem Fall, über den ich mich mit ihm gar nicht unterhalten hatte. Die Kriminalpolizei hatte sich an ihn gewandt und versucht, über meinen Vorgesetzten Druck auf mich auszuüben. Doch er bestärkte mich in meiner Haltung. Was mir bis dahin gar nicht bewusst war: Es waren mehr als drei Wochen vergangen, und die Obduktion hatte immer noch nicht stattgefunden, weil die Polizei mich immer noch umzustimmen hoffte. Dementsprechend war auch die Bestattung des Toten verzögert worden. Wie ich später erfuhr, fand die Obduktion des alten Mannes dann doch noch statt. Danach galt sein *gewaltsamer Tod durch Fremdeinwirkung* als erwiesen. Die nun einsetzende polizeiliche Untersuchung führte zur Verhaftung der mit im Hause wohnenden Angehörigen.

In einem anderen Fall wurde ich als Notarzt von der Polizei zu einer Leiche gerufen, die in einem Wasserkanal (Fleet) trieb. Als der Notarztwagen eintraf, waren die Bergungsarbeiten schon in vollem Gange. Da das Fleet teilweise vereist und der Tote mit seiner Kleidung an die Eismassen angefroren war, gelang es nicht, die Leiche mit Haken herauszuziehen. Das Eis wurde aufgehackt. Mehrere Feuerwehrleute zogen den Leichnam mit Spieren und Haken aus dem Wasser. Erwartungsgemäß war der Körper steif wie ein Brett. Wegen umstehender Passanten – darunter auch Schulkinder – wollte ich den Toten zur Leichenschau in das Rettungsfahrzeug tragen lassen. An dieser Stelle schaltete sich ein Beamter der Kripo ein: Es sei durchaus nicht notwendig, so viel Aufhebens um den ihm bekannten Toten zu machen. Ich solle meinen Schein ruhig ausfüllen, eine unnatürliche Todesursache sei nicht anzunehmen (!). Die paradoxe Begründung lautete, der Tote sei depressiv gewesen und werde bestimmt schon seit längerer Zeit vermisst. Meine Entgegnung, ich würde es vorziehen, den Toten ordnungsgemäß zu untersuchen, obwohl hier alles zu passen scheine, wurde als Wichtigtuerei abgetan. Ich wurde gefragt, ob ich nichts Dringenderes zu tun hätte bei dieser Eiseskälte. Verärgert bestand ich darauf, den Toten zu untersuchen. Der Beamte reagierte cholerisch und schrie mich, den fünfzehn Jahre Jüngeren an, was mir einfalle. Ich entgegnete darauf, dass er sich nun den Amtsarzt für die Totenschau, oder besser: Nichtschau, besorgen könne, da ich unter solchen Bedingungen nicht weiter bereit sei, die Untersuchung vorzunehmen. An diesem Punkt wurden wir durch eine Anfrage aus der Rettungsleitstelle unterbrochen. Diese benötigte uns bei einem schweren Verkehrsunfall. Wir brachen unverzüglich auf, denn ein Notarzt muss Leichenschauen abbrechen, wenn er zum Einsatz an Verletzten gerufen wird.

Ich ärgerte mich derart über das Verhalten des Kripobeamten, dass ich mich bei seiner Dienststelle über sein Auftreten beschwerte. Die Reaktion seines Vorgesetzten war

Folgende: Er erteilte mir den Rat, ich solle solche Sachen nicht überbewerten und ruhig einem erfahrenen Beamten glauben.

Es hatte sich nichts gebessert, als ich im Sommer darauf (ich meine, es war 1996) einen weiteren Fall im Zuständigkeitsbereich desselben Kriminalkommissariats bearbeitete. In den frühen Abendstunden war ein Notruf eingegangen, der eine nicht ansprechbare Person in einem Haus meldete. Von der Leitstelle wurde neben dem Rettungswagen auch der Notarztwagen zum Einsatzort geschickt. Die erwachsenen Kinder des nicht ansprechbaren Hausbewohners erwarteten uns vor dem Gebäude. Man habe den Vater schon länger nicht gesehen, da man selbst verreist gewesen sei. Auch die Nachbarn hätten von dem Mann schon seit mehreren Tagen nichts mehr wahrgenommen. Die Kinder öffneten die Tür, und beim unverzüglichen Eintritt befiel mich die Gewissheit, hier keinen akuten Notfall vorzufinden, sondern einen Toten. In der stickig-warmen, abgestandenen Luft lag der fast schmerzhaft süßlich-beißende Geruch einer Leiche.

Während des Studiums, im gerichtsmedizinischen Kurs, hatte ich die Erfahrung schon einmal machen müssen, dass ein Geruch eine Wand sein kann, die undurchdringlich scheint. So war es jetzt auch hier – nur dass es obendrein noch heiß war, jede Bewegung den Schweiß aus den Poren trieb und ich, anders als im Studium, nun hinein musste in den Raum, um den Toten zu untersuchen.

In der Küche lag die Leiche eines etwa sechzig Jahre alten Mannes. Der Körper lag vor dem integrierten Spülbecken der Einbauküche, die Arme weit vom Leib abgespreizt, die Beine um die eigene Achse verdreht. Der Hinterkopf war wie eine weiche Frucht zerplatzt, wenige Zentimeter im Umkreis fanden sich Blut und gelblich weiße Brocken darin. Mir fiel eine Blutspur an einer Eckkante der Küchenarbeitsfläche auf, direkt oberhalb der Leiche. Ich sah genauer hin und fand dort

Haare im Blut klebend. Das Gesicht des Toten war blau grün gefärbt, aufgedunsen, die menschlichen Züge ließen sich nicht mehr erahnen. Die Zunge quoll ihm übergroß aus dem Mund. Ein weiteres Indiz für den fortgeschrittenen Verwesungsprozess war der prall gespannte Leib.

Die beiden Schutzpolizisten, die mit uns eingetreten waren, hatten sich nach einem kurzen Blick wieder verabschiedet. Ich konnte gerade noch fragen, ob die Kripo informiert werde. Dem war so. Der nun eintreffende Beamte war mir aus dem oben beschriebenen Eiseinsatz bekannt. Nach einer zurückhaltenden Begrüßung bat ich ihn, einzutreten und den Fundort zu inspizieren. Seinen ersten, mir verständlichen Impuls, das Fenster zu öffnen, unterbrach ich mit dem Hinweis, wir hätten uns das auch verkniffen, um nicht mögliche Spuren zu vernichten. Nach einer Minute stand für den Kripomann fest: natürlicher Tod. Er verließ unverzüglich das Haus, nachdem er den Toten aus der Distanz kurz betrachtet hatte. Meine Erkenntnisse zu diesem Fall wollte er nicht wissen. Als ich ihm mitteilte, leider keinen natürlichen Tod attestieren zu können, gab es wieder Geschrei. Er lasse sich von mir nicht diktieren, wann er die Spurensicherung einzusetzen habe ... und so weiter. Die Auseinandersetzung gipfelte darin, dass er mich aufforderte, ich solle gefälligst den natürlichen Tod bescheinigen, da der Gerichtsmediziner auch nichts anderes würde feststellen können. Sachargumente hierfür konnte mein Gegenüber allerdings nicht aufbieten. Es blieb also beim Kreuzchen in der Rubrik »ungeklärte Todesart«. Meines Wissens wurde das Haus des Toten trotzdem nicht weiter untersucht; ob meiner Empfehlung, eine Obduktion durchzuführen, nachgegeben wurde, habe ich nie erfahren.

Es erstaunt mich heute auch nicht mehr, dass es im letzten Todesfall, den ich hier schildern möchte, keinerlei Untersuchungen und Konsequenzen gab.

Wir wurden alarmiert, weil eine alte Dame ein akutes

Kreislaufproblem habe. Der Notarztwagen fuhr zu einer Trauergesellschaft. In einem Restaurant saßen die Damen und Herren versammelt an einer hufeisenförmigen Tafel. Am Ende des Tisches fanden wir unsere Patientin. Es handelte sich um eine neunundachtzig Jahre alte Frau, die vornüber gesunken an der Tafel saß – das Gesicht in einem tiefen Suppenteller, der randvoll mit Suppe gefüllt war. Die alte Frau habe sich über den Todesfall ihrer besten Freundin zu sehr aufgeregt, sagte man uns. Während wir dies hörten, hoben wir den Kopf der Dame aus der Suppe, entfernten Speisereste aus Mund-, Nasen- und Rachenraum, legten die Bewusstlose auf den Fußboden und leiteten ein EKG ab. Es zeigte ein Herzkammerflimmern an, so dass ein elektrischer Stromstoß gegeben werden musste. Das Herz sprang wieder an, doch der Kreislauf baute sich nicht mehr auf. Obwohl von uns sofort eine Herzdruckmassage und eine künstliche Beatmung vorgenommen wurde, verliefen die Bemühungen letztlich frustran. Die Frau starb uns unter den Händen.

Wir hatten innerstädtisch sechs Minuten gebraucht, um zum Einsatzort zu gelangen. Nach Angaben von Trauergästen war die Frau sofort nach ihrem Kollaps in die Suppe gefallen, das heißt, sie hatte sich etwa acht bis zehn Minuten in dieser Position befunden. Das war wahrscheinlich die Todesursache gewesen, und die war sicher nicht natürlich. Ich vermerkte die besonderen Umstände dieser Reanimation, insbesondere, dass niemand es für nötig erachtet hatte, den Kopf der Frau aus dem Suppenteller zu bergen oder anderweitig Erste Hilfe zu leisten. Im Gegenteil: Alle hatten ruhig am Tisch gesessen und ihre Suppe gelöffelt – während die alte Dame in ihrem Teller ertrank.

Ich stellte den »nicht natürlichen« Tod fest und zog die Kripo hinzu. Ich schilderte die Situation und fragte ganz konkret nach dem Umstand der unterlassenen Hilfeleistung. Der Beamte äußerte sich zur Sache nicht, nahm alles zu Protokoll. Bei einer späteren Nachfrage sagte man mir, dass auf jede weitere Untersuchung verzichtet worden sei. Die Verstorbene hatte dann doch noch nachträglich – ganz unbürokratisch – den natürlichen Tod bescheinigt bekommen, und die Trauergäste waren von jeder Verantwortung für ihren Tod freigesprochen worden. Nicht mit Worten, sondern – viel gewichtiger – durch das Vorgehen.

Meines Erachtens liegt es in Zeiten ständiger Kürzungen bei Polizei, Staatsanwaltschaft und Gerichtsmedizin nahe, dass in steigendem Umfang der nicht natürliche Tod als solcher nicht mehr erkannt wird. Das ist ein Fazit aus der mir geläufigen Praxis. Man erkennt nur, was man sieht. Je jünger man im Arztberuf ist, umso größer ist die Angst, Fehler zu machen und verdächtige Sachverhalte zu übersehen. Je unsicherer man wirkt, desto ungehemmter und frecher die Einflussnahme durch die Polizei. Und ich fürchte auch: desto erfolgreicher. An dieser Stelle will ich allen Kollegen, denen es ähnlich geht, den Satz meines allerersten Chefarztes ans Herz legen: »Sie werden oft allein stehen, und andere wollen Sie hinters Licht führen.«

Klüngel in der Kleinstadt
Erlebnisse eines Chirurgen aus einem Krankenhaus in einer nordrhein-westfälischen Kleinstadt, der Notarzteinsätze fährt

Ich könnte über eine ganze Reihe merkwürdiger und letztlich ungeklärter Todesfälle in meiner Notarztkarriere berichten. Doch zwei Tote sind mir besonders eindrücklich im Gedächtnis geblieben. Sie haben sich vor nicht allzu langer Zeit ereignet und sagen viel aus über unser System der Todesermittlung. Ich hoffe, durch die Niederschrift meiner Erlebnisse den Sachverhalt an die Öffentlichkeit und vielleicht auch an den Gesetzgeber zu bringen.

Erster Fall: der Tod eines Mannes, Jahrgang 1962.

Es ist Mitte Mai 1998, ein sommerlich warmer Tag. Am Nachmittag ertönt zum zweiten Mal der Notarztwagenfunk. Der Fahrer bringt uns in ca. fünf Minuten zur Notrufadresse in ein nahe gelegenes Wohngebiet. Im Garten des Einfamilienhauses kommt mir eine Mitarbeiterin unseres Krankenhauses, die mir gut bekannt ist, tränenüberströmt entgegen. Sie schluchzt: »Mein Mann, mein Mann.« Aus der unheilvollen Ruhe am Einsatzort und dem verhaltenen Schritt der vor uns eingetroffenen Rettungsassistenten spüre ich, noch bevor ich das Haus betrete, dass darin ein Toter ist. Und wirklich: Im Badezimmer liegt ein völlig entkleideter Mann, Mitte dreißig, von kräftiger Statur, mit dem Gesicht zum Boden. Seine rechte Schulter blockiert die nach innen öffnende Tür. Das übrige Badezimmer erscheint völlig unauffällig. Mit Hilfe der Rettungskräfte lässt sich der Tote umdrehen. Die Körpertemperatur ist kühl, die Leichenstarre schon teilweise eingetreten. Gesicht und Oberkörper zeigen die typisch livide Farbe der noch wegdrückbaren Totenflecke. Neben einer frischen Prellmarke im Stirnbereich fällt eine ältere Schürf- oder Risswunde an der rechten Augenbraue auf. Im Übrigen ist der Körper des Toten unverletzt. Die in der Zwischenzeit eingetroffene Besatzung eines Streifenwagens stellt die Personalien fest: Der Tote ist ein Berufskollege von mir, zu Lebzeiten ebenfalls Notarzt in der Kleinstadt. Er lebte allein in dem Einfamilienhaus – in Trennung von seiner Frau. Die Mutter hatte ihn im Badezimmer gefunden. Sie hatte mehrfach vergeblich versucht, ihn telefonisch zu erreichen, und war dann ins Haus gekommen, um nachzusehen.

Die Polizeibeamten bitten mich, den Totenschein auszustellen. Doch die Umstände dieses Todes bleiben mir auch nach dem Gespräch mit der vor Entsetzen gelähmten Mutter mehr als unklar. Ich lasse mich daher allenfalls dazu bewegen, den damals neu eingeführten vorläufigen Totenschein auszustellen. Ich teile den Polizisten meine Unsicherheit mit und auch, dass ich Nachforschungen der Kripo für nötig halte. Der Tote ist immerhin erst sechsunddreißig.

Ausgerechnet jetzt fragt die Leitstelle über Funk nach, ob ich für einen weiteren Notarzteinsatz abkömmlich sei. Die Zeit reicht gerade noch für ein paar Worte mit der Ehefrau, der ich aber auch nur sagen kann, dass mir völlig unklar ist, auf welche Art und durch welche Ursache ihr Mann ums Leben kam. Nur eine innere Untersuchung der Leiche könne hier Klarheit schaffen. Dann muss ich weg.

Später erfahre ich, dass der Hausarzt gerufen worden war und er trotz der unklaren Umstände mutig (oder fahrlässig?) genug war, einen natürlichen Tod zu bescheinigen. Damit bestand für die Polizei kein Anlass, weitere Nachforschungen anzustellen, welche Vorkommnisse einem kerngesunden, sehr sportlichen jungen Mann das Leben gekostet haben könnten. Ich habe mich dann mit einigen Kollegen unterhalten, die den Verstorbenen gut kannten. Er hatte große Probleme in seiner Ehe und seinem Beruf gehabt und soll mit dem Trinken angefangen haben. Außerdem soll er einige Tage vor seinem Tod vom Fahrrad gefallen sein und sich an der Augenbraue verletzt haben.

Mir ist heute noch mulmig beim Gedanken an diesen Fall. Folgende Fragen sind nach wie vor offen: Wie erklärt sich die Handlungsweise des Hausarztes? War es Rücksicht auf die Ehefrau? Wollte er keinen Wirbel um den möglicherweise gewaltsamen Tod eines befreundeten Kollegen machen? Hatte er Angst, einen Behandlungsfehler im Zusammenhang mit dem Fahrradsturz gemacht zu haben?

Ich habe selber aus Rücksicht auf die mir gut bekannte Ehefrau und Mitarbeiterin im Krankenhaus nicht weiter nachgehakt. Und darum weiß ich bis heute nicht, ob hier eine Straftat verdeckt oder ein Suizid nicht aufgeklärt wurde. Oder ob ein natürlicher Tod zu Recht bescheinigt worden ist.

Zweiter Fall: der Tod des K.-H. Sch., geboren 1920.

Es ist Heiligabend 1997, 16 Uhr. Es ist der zweite Einsatz an diesem Tag. Nach kurzer Fahrt treffen wir in einer Wohnsiedlung ein. Man wartet auf uns vor einem kleinen Haus. Im Wohnzimmer liegt ein etwa siebzigjähriger, ausgezehrter Mann in einem Pflegebett. Aus seinem Mund rinnt Blut. Ich stelle Atemstillstand und Pulslosigkeit fest. Das eilig abgeleitete EKG zeigt keine Herzaktion. Beim Anheben des offensichtlich schon länger bettlägerigen Herrn zeigen sich neben einem Druckgeschwür (Dekubitus) am Steiß beginnende Totenflecke. Die Körpertemperatur ist reduziert. Eine Wiederbelebung wäre sinnlos.

Die Ehefrau berichtet, ihr Mann habe sehr viel Blut erbrochen und habe danach aufgehört zu atmen. Er leide an einem Tumor der Lunge oder Speiseröhre, genau wisse sie das leider auch nicht. Er sei nach einem Krankenhausaufenthalt vor Weihnachten entlassen worden. Der telefonisch befragte Dienst habende Kollege der nahen Lungenklinik kennt weder den Patienten, noch hat er über die Feiertage sofort Zugang zu den Akten. Am Heiligen Abend die Hausärztin zu erreichen stellt sich – wie erwartet – als unmöglich heraus. Es gibt also außer der Aussage der Ehefrau keine verlässliche Information über die Erkrankung des Verstorbenen.

Ich stelle den Totenschein aus. Ich nehme hierin die Aussage der Ehefrau als Grundlage einer vermuteten Todesursache, nämlich des Erstickens an erbrochenem Blut. Als Ursache hierfür kann eine Tumorblutung angenommen werden. Wie beim Ausstellen eines jeden Totenscheins kann ich mich hierbei nur auf Annahmen und Vermutungen stützen. Weil mir aber alle verlässlichen Informationen fehlen und weil mir der Tote völlig unbekannt ist, müssen Todesursache und Todesart letztlich als *unklar* gelten. Das dokumentiere ich auch durch das Kreuz an der entsprechenden Stelle im siebenseitigen Totenschein. Da mir im vorliegenden Fall der Verdacht eines gewaltsamen Todes eher unwahrscheinlich erscheint, versäume ich es, die Kripo einzuschalten. Trotzdem verlasse ich den Einsatzort mit sehr gemischten und wenig weihnachtlichen Gefühlen.

Am nächsten Morgen endet mein Dienst, und ich freue mich auf ein paar freie Tage über Silvester, die ich mit Freunden in einem nahe gelegenen Ferienhaus verbringen will. Ich habe keine Ahnung, welcher Ärger auf mich wartet. Am Morgen des 30. Dezember 1997 erhalte ich einen Anruf einer Krankenschwester meiner Station, ich solle schnellstens das zuständige Bestattungsunternehmen anrufen, es ginge um den Totenschein. Ich rufe dort an, und man fordert mich auf, den am 24. Dezember ausgestellten Totenschein zu ändern. Wegen der Feiertage sei erst jetzt aufgefallen, dass bei der Todesart »unklar, ob natürlich oder nicht natürlich« angekreuzt sei. Laut Bestatter handle es sich jedoch zweifelsfrei um einen natürlichen Tod. Die Bestattung sei bereits für den folgenden Werktag angesetzt und könne nun – wegen mir – nicht stattfinden.

Noch halb im Schlaf, willige ich ein. Dann kommen mir Bedenken, und nach einem Gespräch mit meiner Frau rufe ich erneut das Bestattungsunternehmen an und teile der Dame am anderen Ende mit, dass ich nicht bereit sei, ein von mir nach bestem Wissen und Gewissen ausgestelltes Dokument zu ändern, zumal ein Durchschlag schon beim Standesamt eingetroffen sei. Ich werde mit dem Chef verbunden. Der wird bald pampig und droht mir, mich mit vollem Namen in der »Bild«-Zeitung anzuprangern, sollte ich ihn und die arme Witwe durch »mangelnde Kooperation« daran hindern, die Bestattung am geplanten Termin durchzuführen. Ferner müsse ich alle dabei entstehenden Kosten tragen.

Derart eingeschüchtert, rufe ich beim Standesamt an und frage, ob eine Änderung des Totenscheins noch möglich sei. Die Dame vom Amt teilt mir mit, dass dies prinzipiell nur durch Ausstellen eines neuen Totenscheins erfolgen könne. Ein Durchschlag sei jedoch schon an die Kripo gegangen. Der zuständige Kripobeamte, Herr R., erklärt mir, dass ich mich doch sicherlich beim Ausstellen des Totenscheins »mit dem einen Kreuzchen vertan« habe. Er müsse sonst nämlich eine Akte über den Fall anlegen. Dies wird noch mit der Bemerkung untermalt, es gäbe dabei keine Probleme, er kenne die Standesbeamtin und sei ein Freund des Bestatters. Ich bin erschüttert, welches Rechtsverständnis sich dahinter verbirgt.

Wenig später erhalte ich schon wieder einen Anruf. Diesmal ist es die Sekretärin meines Chefs, der zur Zeit im Urlaub weilt: Falls ich den Schein nicht änderte, sagt sie, hätte ich mit Ärger von Seiten des Chefarztes zu rechnen. Sie selbst kenne den Bestatter auch sehr gut, er habe sie daher gebeten, mich doch zur Vernunft zu bringen. Jetzt, da ich erkenne, dass man mich mit aller Gewalt in den Filz und den Klüngel hineinzwingen will, werde ich bockig. Ich berate mich telefonisch mit einem mir bekannten Rechtsanwalt. Von ihm erfahre ich, dass ich bisher korrekt gehandelt habe, wenn man von dem Fehler absieht, die Kripo am Leichenfundort nicht sofort eingeschaltet zu haben. Es bestehe keine Veranlassung, den Schein zu ändern, sagt er, andernfalls beginge ich Urkundenfälschung. Ich solle die Sache ruhen lassen.

In der Zwischenzeit hat die Chefsekretärin den Leitenden Oberarzt auf mich angesetzt. Er bestätigt die mögliche Gefahr einer Auseinandersetzung mit dem Chefarzt. Ich berate mich deshalb mit einem befreundeten Kollegen aus meiner Abteilung, der mir ehrlich wohlwollend rät, die Änderung vorzunehmen, um noch mehr Wirbel zu vermeiden. Nun wirklich massiv bedrängt und voll Sehnsucht nach dem stillen Ferienhaus, suche ich nochmals Hilfe beim Anwalt. Der rät mir, wenn überhaupt, lediglich eine Anlage zum Totenschein anzufertigen, aus der hervorgeht, dass neuere Informationen nach menschlichem Ermessen einen natürlichen Tod wahrscheinlich machen. Im Übrigen solle ich den Bestatter bei seinem Berufsverband anzeigen.

Am Nachmittag lässt sich die Hausärztin nun erreichen. Sie bestätigt die Diagnose »Fortgeschrittener Lungentumor mit Einbruch in die Speiseröhre«. Daraufhin erstelle ich eine erklärende Anlage in siebenfacher Ausfertigung und bringe sie zu dem etwa fünfundzwanzig Kilometer entfernten Bestattungsunternehmen. Ein Freund, den ich als Zeuge mitnehme, und ich müssen uns dabei die salbungsvollen Worte des Bestatters anhören. Er spricht von Trauerarbeit, Kooperation und Sterbeökologie. In Wirklichkeit meint er Filz zwischen Bestattungsunternehmen, Kripo, Standesamt und Krankenhaus.

PS: Ich habe auf eine Anzeige des Bestatters verzichtet. Nach meiner Rückkehr bestätigte mein Chef mein Verhalten als korrekt. Beruhigend zu wissen!

»Niemals den zweifelnden Arzt zu bewegen suchen, den Tod als natürlich zu bescheinigen«, formulierte Armin Mätzler in seinen »Kriminalistischen Grundsätzen für den Ersten Angriff in Todesermittlungsfällen«. »Der Arzt wird – stößt er bei der Polizei auf Desinteresse – in anderen Zweifelsfällen nicht mehr die Polizei rufen!« Weiterhin fordert Mätzler: »Die Ermittlungen nicht unter der Fragestellung führen: Was spricht für das Vorliegen eines natürlichen Todes? (Es finden sich – so gefragt – immer Kriterien, die das Nichtvorliegen eines Fremdverschuldens scheinbar bestätigen.) Immer fragen: Was spricht für Fremdverschulden? Nicht von der offenbar harmlosen Gesamtsituation täuschen lassen!« Und sein zentrales Credo lautet: »*Misstrauisch sein! – und im Zweifel stets eine Obduktion der Leiche beantragen.*«

Ungeklärte Todesfälle sind bei Kriminalbeamten höchst unbeliebt, denn sie ziehen einen Rattenschwanz von Ermittlungen nach sich. Sie sind für jeden Polizisten ein ärgerliches, zähes und zeitraubendes Geschäft, bei dem oft genug null und nichts herauskommt. Nicht immer nur, weil nichts dahinter steckt: Was sich in Kliniken oder im Dunstkreis einer Familie abspielt, kann die Polizei kaum in Erfahrung bringen. Da hat sie »keine Nase dran«, wie es in der Branche heißt. Wenn das traute Heim oder eine ganze Gemeinde zusammenhält und schweigt, wenn die soziale Kontrolle versagt, weil der Tote komplett vereinsamt oder in die Anonymität untergetaucht war, wenn mentale Aufdeckungsbarrieren bestehen und Personen selbst Mordgeständnisse nicht an die Polizei melden, weil nicht sein kann, was nicht sein darf, dann hat der Ermittler einen wenig beneidenswerten Stand.

Der Kriminalbeamte muss nicht nur am Ereignisort jedes Detail registrieren und die Leiche abtransportieren lassen, er muss anschließend Zeugen befragen, ins soziale Umfeld des Toten hineinleuchten, dessen Krankengeschichte abklopfen, nach Motiven für eine Straftat forschen, die gesammelten Erkenntnisse in einer Akte zusammenfassen und diese dann an die Staatsanwaltschaft schicken.

Um die Mühsal abzukürzen, halten sich Ermittler deshalb gern an die Faustregel: Sind die Fenster am Leichenfundort geschlossen, ist die Tür von innen verriegelt, ist der Verblichene nicht mehr jung und zudem auf den ersten Blick keine Gewalteinwirkung erkennbar, lässt man die Sache auf sich beruhen. Auch aus Kostengründen. Denn einem einzigen unklaren Todesfall auch nur oberflächlich nachzugehen nimmt – im Durchschnitt – einen Kripobeamten bis zu vier Stunden lang in Anspruch.

Um die Vielzahl ins Harmlose mündender Recherchen von den Mordkommissionen fern zu halten, haben einige Großstädte wie Hamburg, Berlin oder München spezielle Dienststellen eingerichtet, die sich *ausschließlich mit dem ungeklärten Tod* befassen. Im München beispielsweise nimmt das Kommissariat 112 diese Filterfunktion wahr. Von den zwanzigtausend

Menschen, die jährlich in der Stadt sterben, wird bei etwa 2200 vom Arzt ein ungeklärter oder nicht natürlicher Tod bescheinigt und die Polizei gerufen. Die Quote der so genannten Polizeileichen beträgt also 11 Prozent.

Auf solche Todesbescheinigungen hin oder wenn sich im Umfeld einer – auf den ersten Blick – natürlich verstorbenen Person ein Mordverdacht regt, treten die sechzehn Kriminalbeamten des K 112 auf den Plan. Sie sind erfahrene Kommissare mit dem Auge für Ungereimtheiten am Leichenfundort und der Nase fürs Verbrechen. Sie gehen den geringsten Hinweisen von Zeugen nach und veranlassen in 40 Prozent der Fälle eine Autopsie. Auch deshalb ist die Obduktionsrate am Rechtsmedizinischen Institut München mit fast zweitausend Sektionen im Jahr außergewöhnlich hoch.

Problematischer wird es in den Städten abends, nachts und an den Wochenenden, wenn die Kriminaldauerdienste außerhalb der Hauptgeschäftszeiten am Werk sind. Diese Notmannschaften sind aus Allround-Kriminalbeamten der verschiedensten Dezernate (Rauschgift, Sitte, Betrug etc.) zusammengewürfelt, die oft über zu wenig Kenntnis und Erfahrung verfügen, um eine Leichensachbearbeitung kompetent durchzuführen. Doch Mörder und Selbstmörder nehmen auf die Dienstpläne leider keine Rücksicht. So kommt es, dass ausgerechnet in den Krisenzeiten, wenn die tödlichen Konflikte hinter der Wohnungstür ausbrechen und die Depressiven sich gehäuft zum letzten Schritt entschließen, überdurchschnittlich viele Todesermittler zweiter Klasse anrücken und die Weichen stellenden Entscheidungen treffen müssen, für die tagsüber die Ermittlungsgruppe Tötungsdelikte zuständig ist.

Ganz besonders fehlerträchtig geht es auf dem Land zu, das gilt für alle deutschen Bundesländer. Gerade an Wochenenden ist die Polizei in ländlichen Gebieten stark ausgedünnt. Einige Kripo-Dienststellen (wie Regensburg oder Buxtehude) haben einen so weitflächigen Einsatzbereich abzudecken, dass sie bei einem ominösen Leichenfund stundenlange Anfahrtszeiten benötigen. Am Wochenende, klagen Notärzte, seien die »Kriminaler« auf dem Land deshalb besonders schwer in Gang zu bringen. Mediziner nennen dieses Phänomen »viskos« – so lautet der Fachausdruck für zähflüssig. Und sie kommen zum beklemmenden Schluss: »Zwischen Freitagabend und Sonntagabend darf gemordet werden, was das Zeug hält.« Ein Scherz – doch mit einem wahren Kern.

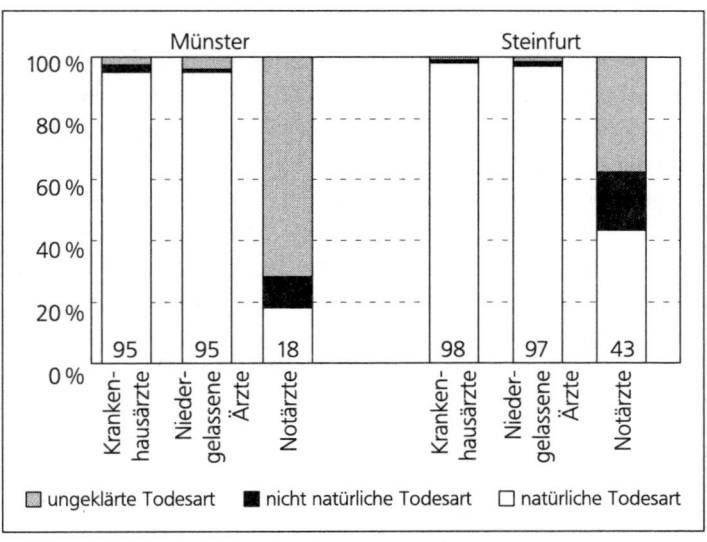

Todesartklassifikation – Münster und Steinfurt im Vergleich: Notärzte im ländlichen Raum Steinfurt im Münsterland kreuzen in 43 Prozent der Todesfälle den natürlichen Tod an, obwohl ihnen der Tote in der Regel völlig unbekannt ist. Ihre Kollegen in der Stadt Münster wählen nur in 18 Prozent der Fälle diese Klassifikation. Die Zahlen zeigen, in wie viel höherem Maße Notärzte auf dem Land dem Druck durch die Polizei ausgesetzt sind.

Was die »Leichensache« außerhalb der Städte überdies erschwert, ist die Tatsache, dass in den ländlichen Kommissariaten Todesermittlungsspezialisten die Ausnahme sind. Hier bearbeitet ein Wald-und-Wiesen-Kriminalist alle Delikte, vom Fahrraddiebstahl bis zum Mord. Dementsprechend dilettantisch laufen viele dieser Ermittlungen ab.

Dr. Wulf Schloßmacher, Internist mit einer großen Praxis in einem kleinen Ort in Nordrhein-Westfalen, hat bei der Polizei ein erschütterndes Desinteresse an Leichensachen diagnostiziert. Beim Tod einer seiner älteren Patientinnen trat es wieder einmal besonders ungeschminkt zu Tage. Völlig überraschend wurde er am 6. November 1997 von der Kriminalpolizei der nächsten Wache angerufen und gebeten, die Leichenschau an der um die Mittagszeit tot Aufgefundenen vorzunehmen. Als Schloßmacher am Abend in die Leichenhalle kam, lag die Siebenundsechzigjährige bereits starr in ihrem Sarg. Überdies war die Beleuchtung so trüb, dass eine korrekte Leichenschau unmöglich war. Schloßmacher konnte aber erkennen, dass die Tote Blutkrusten in Mund und Nase hatte, was ihn sehr beunruhigte. Der Arzt kannte die Patientin seit vielen Jahren. Sie hatte ein paar Altersleiden gehabt, war aber medikamentös hervorragend eingestellt und völlig beschwerdefrei gewesen. Für einen plötzlichen Tod hatte es überhaupt keine Anzeichen gegeben. Da Schloßmacher wusste, wie leicht jemand ohne äußere Verletzungen beseitigt werden kann, kreuzte er im Leichenschein »Todesursache ungeklärt« an und empfahl dringend eine Obduktion

Einige Tage später erfuhr Schloßmacher, dass der Leichnam seiner Patientin unverzüglich von der Staatsanwaltschaft freigegeben und bereits ins Grab gesenkt worden war. Eine Sektion hatte nicht stattgefunden, obwohl unabhängig von den Befürchtungen des Arztes auch noch eine Freundin der Toten zur Polizei gegangen war und einen Mordverdacht geäußert hatte. Schloßmacher beschwerte sich beim zuständigen Staatsanwalt. Die Kriminalpolizei sei der Sache nachgegangen, hieß es im Antwortbrief der Staatsanwaltschaft, es habe

aber »kein Anlass« bestanden, »die Freigabe der Leiche aufzu-
heben und die Obduktion oder Exhumierung zu veranlassen«. Es hätten sich »keine konkreten Anhaltspunkte« für eine
strafbare Handlung ergeben.

Doktor Schloßmacher schrieb zurück: »Als Arzt, der seit
über zwanzig Jahren in einer kleinen, überschaubaren Gemeinde lebt, hat man häufig Wahrnehmungen, die über das
hinausgehen, was sich der Kriminalpolizei auf den ersten Blick
hin darstellt.« So einen ungewöhnlichen Vorgang habe er noch
nie erlebt. Er sei bestürzt und erbittert über die Gleichgültigkeit
von Staatsanwaltschaft und Polizei: Ermittler, die sich so ver-
hielten, hätten offenkundig kein Interesse an der Aufdeckung
rätselhafter Todesumstände. Zweifel an der Ernsthaftigkeit von
Strafverfolgungsbehörden waren Schloßmacher bereits früher
gekommen. Schon mehrfach hatte ihn bei einer Leichenschau
die Ahnung beschlichen, der Tote müsse »geschickt erledigt«
worden sein. Schon mehrfach war sein Verdacht folgenlos geblieben. Keine Nachforschungen, keine Obduktion.

Der Staatsanwalt und sein Gewissen

Wann der Staatsanwalt tätig werden und ein Ermittlungsverfahren einleiten muss, ist gesetzlich im Paragraphen 159 der
Strafprozessordnung (StPO) geregelt: dann nämlich, wenn
»Anhaltspunkte« für einen nicht natürlichen Tod bestehen.
Diese Definition lässt dem Staatsanwalt enormen Spielraum,
er entscheidet de facto selbst, wann er einen Fall für aufklä-
rungsbedürftig hält und wann nicht.

Denn was ist ein »Anhaltspunkt«? Welcher Befund begründet die Pflicht zur weiteren Aufklärung? Die Schlinge
um den Hals? Die Kugel im Kopf? Die aufgebrochene und
durchwühlte Wohnung? Nicht nur. Auch das Kreuz des Lei-
chenschauers bei »Todesart ungeklärt« ist bereits ein solcher
Anhaltspunkt, möchte man meinen. Selbst wenn der Arzt

vielleicht aus Ahnungslosigkeit und Überforderung handelte. Viele Dinge lassen sich dann schnell klären, manchmal
durch polizeiliche Vorrecherchen – am sichersten durch eine
Obduktion.

Und hier liegt ein Dissens zwischen Rechtsmedizin und
Staatsanwaltschaft vor, ein Dissens mit langer Tradition. In
der Rechtsmedizin laufen reichlich Fälle ein, die äußerlich
keine klassischen Anhaltspunkte, also Spuren von Gewalt, erkennen lassen. Dieses »Erkennen« oder »Nichterkennen« von
Anhaltspunkten ist natürlich immer *relativ* und hat viel mit
Erkennenkönnen und Erkennenwollen zu tun. Es gibt folgende Erscheinungsbilder bei Getöteten:

1. Auch bei gründlicher äußerer Leichenuntersuchung durch
   einen Rechtsmediziner ist nichts zu sehen.
2. Es ist ein bisschen zu sehen, ein paar Hämatome oder Ähnliches, aber sie werden vom Arzt fehlerhafterweise als banal
   eingeschätzt.
3. Es sind deutliche Hinweise zu sehen, die aber aus Unkennt-
   nis nicht richtig gedeutet werden, was bei Erstickungsblutungen in den Augen oder bei Strommarken häufig der Fall
   ist.
4. Es sind massive Spuren von Gewalt vorhanden, sie werden
   aber mangels Entkleidung der Leiche schlicht nicht wahrgenommen.

Die Staatsanwälte sind sich dieser Problematik des Anhalts-
punktes sehr wohl bewusst. Dennoch verschanzen sie sich
häufig hinter einer unerträglich *altmodischen* Auslegung der
Paragraphen (»Es ist doch von Fremdverschulden nichts zu
sehen«), die von den modernen Methoden, latente Gewalt
nachzuweisen, längst überholt worden ist. Der Paragraph 159
setzt – im Gegensatz zu den Paragraphen 160 oder 152 der
Strafprozessordnung – ein Fremdverschulden nicht voraus. Ja,

der Anhaltspunkt für den nicht natürlichen Tod muss nicht einmal *zureichend* sein, wie es dann im Paragraphen 152 für das Ermittlungsverfahren selbst gefordert ist. Der Paragraph 159 regelt sozusagen die Vorermittlung. *Er manifestiert den selbstverständlichen Anspruch eines jeden Menschen auf einen natürlichen Tod.* Um diesen Paragraphen geltend zu machen, genügen vage Vermutungen, beunruhigende Rückschlüsse. Das jugendliche Alter eines Toten, ein dubioses Gefühl, das den Arzt am Leichenfundort befällt: Das sind die Anhaltspunkte, auf die sich der Paragraph 159 stützt.

Hundertfünfzig so genannte Ablebensverfahren gehen im Monat beispielsweise über den Schreibtisch eines Staatsanwalts für Kapitaldelikte in München, etwa sieben pro Arbeitstag. Es sind sechs bis zehn Seiten starke Akten, die von der Polizei oft innerhalb von vierundzwanzig Stunden angefertigt wurden. Darin werden der Todesfall und der Erkenntnisstand der Kripo dargestellt. Nun muss der Staatsanwalt nach bestem Wissen und Gewissen entscheiden, ob beispielsweise eine Sektion angeordnet wird oder ob man es bei den polizeilichen Vorermittlungen belassen kann. Und genau in dieser Grauzone des Entweder-oder toben die Scharmützel zwischen Staatsanwaltschaft und Rechtsmedizin.

Wie weit sich der Paragraph 159 der Strafprozessordnung dehnen lässt, ist leicht an den immensen Schwankungen der Obduktionsfrequenz zu erkennen: Die Sektionsfreudigkeit der deutschen Staatsanwaltschaften, *die doch alle dem gleichen Erforschungsauftrag des Paragraphen 159 StPO unterliegen,* ist von Stadt zu Stadt, von Landkreis zu Landkreis in hohem Maße unterschiedlich ausgeprägt.

In der Rechtsmedizin Düsseldorf zum Beispiel wurden 1999 ziemlich genau fünfhundert Obduktionen gerichtlich angeordnet. In der Rechtsmedizin Köln waren es (trotz des weit größeren Zuständigkeitsbereichs der Staatsanwaltschaft) gerade hundertzwanzig. In Düsseldorf wird jeder Säuglingstod, jede Brandleiche, jeder Arbeitsunfall, jeder Drogentod seziert. In Köln nicht einmal jedes tote Baby.

Wolfgang Spann, ehemals Direktor des Rechtsmedizinischen Instituts München, hat zusammen mit seiner Doktorandin Karoline Maidl die Sektionsgepflogenheiten der deutschen Staatsanwaltschaften für die Jahre 1980, 1981 und 1982 untersucht. Die beiden Mediziner stellten »beachtliche Unterschiede« fest (die unverändert gültig sind): Im Raum München wurde in fast 5 Prozent aller Todesfälle eine gerichtliche Sektion angeordnet, in Berlin (damals nur West) waren es immerhin gute 3 Prozent. In Gießen dagegen wurde gerade ein halbes Prozent der Verstorbenen gerichtlich seziert, in Stuttgart nur 0,3 Prozent.

Bezogen auf einhundert »Polizeileichen«, entscheidet sich der Staatsanwalt in München demnach in jedem zweiten, der in Stuttgart nur in jedem dreißigsten Fall für eine Obduktion. Der Stuttgarter Staatsanwalt sortiert also – nach Aktenlage oder am Telefon – neunundzwanzig Fälle aus, bevor er sich zu einer Sektion entschließt. Nimmt man einmal an, dass von einhundert Polizeileichen nicht alle gleichermaßen verdächtig wirken, sondern dass es hochverdächtige und weniger verdächtige gibt, dann widerspricht die Quote von drei zu hundert jeder Wahrscheinlichkeit, damit alle Tötungen ausgefiltert zu haben.

Auch bei einer multizentrischen Studie der Rechtsmediziner zur Obduktionshäufigkeit beim Plötzlichen Kindstod in den Jahren 1985 bis 1989 traten solche Diskrepanzen zu Tage (Kleemann et al. 1997). Während in den Stadtstaaten Hamburg und Berlin alle der ärztlich diagnostizierten Säuglingstodesfälle seziert wurden, waren es im Saarland nur knapp 30 und in Rheinland-Pfalz sogar nur 20 Prozent.

Insgesamt stellten die Verfasser fest, dass deutschlandweit nur etwa jeder zweite Säugling, der eines Tages tot im Bettchen lag, auf Geheiß des Staatsanwalts in die Gerichtsmedizin

Bundesland	ICD 798.0*	Obduktionen	
	Anzahl	Anzahl	Prozent
Berlin (West)	118	178	150,8
Hamburg	109	110	100,9
Niedersachsen	487	379	77,8
Bremen	59	45	76,3
Schleswig-Holstein	175	117	66,9
Baden-Württemberg	516	308	59,7
Bayern	767	401	52,3
Nordrhein-Westfalen	1987	972	48,9
Hessen	313	139	44,4
Saarland	85	25	29,4
Rheinland-Pfalz	363	73	20,1
Nach Angaben des Statistischen Bundesamtes in Wiesbaden			

Obduktionsfrequenz bei Plötzlichem Kindstod (SIDS): unter der ICD-Ziffer 798.0 (Symptome des plötzlichen Todes im Kindesalter) zwischen dem 7. und 365. Lebenstag erfasste und durch eine Obduktion bestätigte plötzliche Kindstodfälle in der Bundesrepublik Deutschland nach Bundesländern für den Zeitraum 1985 bis 1989. Die über 100 Prozent liegenden Zahlen bei Berlin und Hamburg ergeben sich aus der Tatsache, dass in den entsprechenden Instituten mehr Fälle zur Untersuchung kamen, als in der offiziellen Statistik angegeben waren.

gebracht worden war, obwohl unter Todesermittlern sehr wohl bekannt ist, dass Ärzte häufig für Plötzlichen Kindstod halten, was in Wirklichkeit Mord an einem Baby ist.

Der Paragraph 159 StPO bietet also weiten Raum für Ermessen und Gewissen. Kommt ein Staatsanwalt seinen Pflichten nicht nach, hat er nicht viel zu befürchten. Der Bürger kann sich zwar beim Leitenden Oberstaatsanwalt, ja sogar beim Generalstaatsanwalt über die mangelhafte Arbeitsmoral eines staatlichen Ermittlers beklagen, doch sollte er sich da-

141

von nicht allzu viel versprechen. Jeder Staatsanwalt hat das Recht, sich zu irren oder eine Sache falsch einzuschätzen – darauf wird es im Zweifelsfall hinauslaufen. Verfahren gegen faule oder nachlässige Staatsanwälte kommen so gut wie nie vor. Die einzige manchmal tatsächlich funktionierende Beschwerdestelle für den frustrierten Bürger ist die Presse oder das Fernsehen.

Kopf ohne Hände

Überzeugende Erklärungen dafür, warum der eine Staatsanwalt gewisse Hinweise für nicht zureichend hält und der nächste, fünfzig Kilometer weiter, dagegen sehr wohl, bekommt man bei Recherchen in den Staatsanwaltschaften *nicht*. Doch hat die Vorgehensweise sicher mit alten Traditionen in den Justizbehörden zu tun – es gibt Staatsanwaltschaften, die von jeher Obduktionen ablehnten – und noch viel mehr mit Geld (siehe Kapitel 4). Sie hängt aber auch vom Pflichtbewusstsein jedes einzelnen ermittelnden Kripobeamten ab, denn je nach der Tendenz, die dieser in den Formulierungen seines Todesberichts durchklingen lässt, wird sich der Staatsanwalt verhalten. Die Richtigkeit seiner Entscheidung gründet sich also auf die Qualität der Vorarbeit, die der Kriminalist geleistet hat, und damit letztlich auf dessen Engagement.

Das bedeutet: Drängt der Polizist in einer Todesermittlung auf die Obduktion oder äußert er seinen persönlichen Verdacht auf Fremdverschulden, wird sich der Staatsanwalt den Argumenten nicht verschließen und der Sache auf den Grund gehen. Wiegelt der Kommissar hingegen ab und verharmlost den Fall, wird auch der Staatsanwalt – zumal der unerfahrene – nach Lektüre der Akte den Verstorbenen ruhigen Gewissens zur Bestattung freigeben, auch ohne die Todesursache zu kennen.

Kurzum, der Staatsanwalt, gesetzlich verantwortlich und Herr des Verfahrens, ist in der Ermittlungsrealität völlig abhängig von seinem Hilfsorgan Polizei und damit von der Wahrnehmung des Todesermittlers vor Ort. Was der nicht sieht oder sehen will, wird der Staatsanwalt nie erfahren, denn er hat keinen eigenen Apparat zur Durchführung von Ermittlungen. Deshalb wird die Staatsanwaltschaft von Fachleuten »Kopf ohne Hände« genannt. Sie bekommt eine Leiche als Papiervorgang auf den Schreibtisch – in Flächenländern informiert sie die Kripo meist nur telefonisch! – und muss nun allein auf Grund der Aktenlage oder der mündlich übermittelten Angaben über das weitere Vorgehen entscheiden. So kommt es, dass sie mancherorts nur noch als Aktenwälzmaschine fungiert.

Als *Definitionsmacht der Polizei* bezeichnen Kriminologen diesen Einfluss, und sie haben immer wieder erforscht, wie leicht es Kripobeamten gelingt, über ihre Durchgangszuständigkeit in Kriminalfällen hinauszuwachsen und die Staatsanwaltschaft regelrecht zu manipulieren. Die Kriminologen Blankenburg, Sessar und Steffen fanden Ende der Siebzigerjahre heraus, dass Staatsanwälte nur in den seltensten Fällen persönlich ermitteln und die polizeilichen Recherchen auch nur sehr schüchtern dirigieren. Selbst bei vollendetem Mord, so stellten die Wissenschaftler fest, hatten in 44 Prozent der Fälle keinerlei staatsanwaltschaftliche Nachforschungen stattgefunden.

Die Kriminologen Jürgen Stock und Arthur Kreuzer befinden in ihrem 1996 erschienenen Buch über polizeiliche Rechtsanwendung, dass von einer staatsanwaltschaftlichen Leitung des Verfahrens keine Rede sein könne: »Der Staatsanwalt stellt sich vielmehr als Instanz dar, welche polizeilich ›durchermittelte‹ Vorgänge bürokratisch nacharbeitet, rechtlich prüft und dann entscheidet. Die dem Gesetzgeber vorschwebende Idealvorstellung eines Staatsanwalts, der kriminalistisch wie rechtlich ausgerichtete, individualisierte Strafverfolgung betreibt, erweist sich angesichts zu bewältigender Massenkriminalität als unrealistisch.«

Kriminalisten wissen: Mit der richtigen Formulierung erwirken sie für fast jede Leiche die Freigabe. »Herr Staatsanwalt, wir haben wieder einen Hängemann«, heißt es dann, was klar Suizid durch Erhängen suggerieren soll. Oder das Ergebnis der Ermittlung wird vom Polizisten gleich mündlich vorweggenommen: »Wir haben hier gerade einen Badewannensuizid.« Und wer sich bei der Polizei in den Augen der Kollegen übereifrig gibt und allerlei Verdachtsmomente aufspürt, muss mit Gegenwind rechnen. Solche »Streber« sind in der Regel nicht allzu beliebt in ihrem Dezernat, und sollten sie einmal zu Unrecht einen Verdachtsfall melden, bekommen sie von der Staatsanwaltschaft einen Dämpfer verpasst. Nach drei, vier Zurechtweisungen ist so ein »Überengagierter« von seinem Enthusiasmus geheilt.

Der ehemalige Leitende Oberstaatsanwalt von Wuppertal, Friedhelm Gabriel, hat in der eigenen Behörde erlebt, dass manche Kripobeamte – wenn sie sich von einer »Leichensache« überfordert oder belästigt fühlen – wirksame Methoden entwickeln, um sie abzuwimmeln und Arbeit zu vermeiden. Ihnen werde mit der Zeit klar: Je schlüssiger sie einen Vorgang, in der Akte oder am Telefon, formulierten, desto beruhigter zeige sich der Staatsanwalt, für den die Schilderung bestimmt sei. Also nähmen Polizisten endlose Telefonate ins soziale Umfeld des Toten vor – nur um die Bestätigung zu erzwingen, dass wieder einmal ein natürliches Ableben oder ein Suizid vorliege. Die Ermittlungen würden in manchen Kommissariaten »tendenziell auf die Festlegung *natürlich verstorben* geführt«, schreibt Gabriel in einem rechtsmedizinischen Fachblatt (Huckenbeck/Gabriel 1999). »Die Akteninhalte bestehen dabei aus einer Fülle von Gesprächsvermerken, vor allem mit behandelnden oder ehemals behandelnden Ärzten.

Es sind durchaus Einwirkungen in die für wahrscheinlich gehaltene Richtung erkennbar. Nach unseren Erfahrungen nehmen diese Ermittlungen mindestens ebenso viel Arbeitskapazität in Anspruch wie eine Leichenöffnung, ohne indessen den gleichen Sicherheitsstandard zu erreichen. Bedauerlicherweise sind solche Ermittlungen geeignet, den Staatsanwalt zur Erteilung der Beerdigungserlaubnis zu veranlassen, weil die in sich schlüssigen Aktenvorgänge selten Anlass geben, der polizeilichen Anregung nicht zu folgen.« Der subjektive Sachbeweis gilt also letztlich mehr als der objektive.

Oberstaatsanwalt Gabriel hat in seiner beruflichen Laufbahn selbst einige Fälle erlebt, in denen durch das Betreiben der Polizei Tötungsdelikte unter den Teppich gekehrt wurden. Einer soll hier wiedergegeben werden.

Die Forschung nach der Todesursache eines alten Mannes beginnt erst, nachdem seine Frau ein Geständnis abgelegt hat. Sie hatte sich weit entfernt von zu Hause, auf einer Wache in Süddeutschland, selbst gestellt und Folgendes zu Protokoll gegeben: Sie habe ihren schwer krebskranken Ehemann getötet. Doch »der anwesende Notarzt sowie die Polizeibeamten sagten mir, nachdem sie den Leichnam meines Mannes gesehen hatten, dass dieser eines natürlichen Todes verstorben sei«.

Nun kramt die Polizei die alten Ermittlungsakten heraus. Aus ihnen geht hervor, dass der Notarzt wegen festgestellter Blutanhaftungen im Gesicht und an den Händen des Toten sehr wohl Skrupel hatte, den natürlichen Tod zu bescheinigen. Die Kriminalbeamten schafften deshalb den Hausarzt herbei, der ihnen dann den Gefallen tat und den natürlichen Tod mit seiner Unterschrift bestätigte. Die Blutanhaftungen hielt er für krankheitsbedingt.

Jetzt wird der Leichnam des alten Mannes seziert. Im Obduktionsprotokoll heißt es: »Die ausgedehnten Hautvertrocknungen im Bereich von Mund, Nase, am Kinn, die Mundschleimhautverletzungen und die Verlagerung der Oberkieferprothese rachenwärts sind mit einem gewaltsamen Verschluss von Mund und Nase vereinbar. Die Hautblutungen an den Armen und die Hautabschürfungen hier lassen sich mit einem Festhalten erklären.«

Die beschuldigte Ehefrau hat gestanden, den sich heftig wehrenden Kranken mit einem Waschlappen erstickt zu haben. Bei einer korrekten Leichenschau hätten die Defekte am Leichnam nicht verborgen bleiben können. Blutunterlaufungen und Schleimhautrisse im Mundbereich – typische Zeichen einer Knebelung – hätten nicht fehlgedeutet werden dürfen. Doch anstatt auf das Zaudern des Notarztes hin ein Todesermittlungsverfahren einzuleiten, riefen die Beamten lieber den Hausarzt zu Hilfe, dessen Leichenschau im Sinne der Ermittler fast die Aufklärung des Tötungsdelikts verhindert hätte.

Für etliche engagierte Staatsanwälte ist die Obduktion das wirksamste Instrument der Wahrheitsfindung. Eine Autopsie erspart aufwendige Nachforschungen und vertreibt das mulmige Gefühl, das bei manchen Ermittlungsverfahren auch nach der Einstellung hartnäckig zurückbleibt. Oft kann die Akte nach der Sektion geschlossen werden, und wenn nicht, ist der mit naturwissenschaftlicher Strenge erbrachte Beweis der sicherste und beste vor Gericht. Der ehemalige Leitende Oberstaatsanwalt Gabriel schreibt:»Bei einer so bedeutsamen Frage, wie das grundgesetzlich am höchsten eingeschätzte Rechtsgut, nämlich das *Leben*, beendet worden ist, muss der Grundsatz gelten: im Zweifel für die Aufklärung!«

Doch je weiter ein Leichenfundort vom nächsten Rechtsmedizinischen Institut entfernt liegt, desto eher wird auf eine Autopsie verzichtet und das mulmige Gefühl in Kauf genommen. Die Obduktionsquote sinkt im reziproken Verhältnis zur räumlichen Distanz. Es kostet die Ermittler immer beträchtliche Überwindung, eine Leiche etwa von Nördlingen oder Passau nach München zur Autopsie schaffen zu lassen. Das ist eine alte Erfahrung in der Todesermittlung und auch bei Rechtsmedizinern. Im Institut Münster zum Beispiel stellte man 1995 fest, dass die Sektionsrate der »Polizeileichen« in der Stadt Münster selbst bei 10 Prozent liegt, im Kreis Steinfurt dagegen – der Anfahrtsweg beträgt etwa dreißig Kilometer – nur noch bei 2 Prozent. Eine Untersuchung im Jahr 1998 förderte das gleiche Phänomen zu Tage: Im zwei Autostunden entfernten Detmold, dessen Leichen in die Zuständigkeit der Rechtsmedizin Münster fallen, war die Obduktionsrate nur noch knapp halb so hoch wie in der Stadt Münster selbst.

Dieser Missstand hat mehrere Ursachen. Zum einen besteht zwischen den Rechtsmedizinern und den an der Peripherie ihres Zuständigkeitsbereichs arbeitenden Polizisten keine persönliche Verbindung mehr, so dass die Kripoleute sich scheuen, in Zweifelsfällen das Institut einzuschalten. Ein anderer Grund ist das Geld: Die Beamten wollen die Kosten für den Leichentransport (bis zu fünfhundert Mark) vermeiden. Obendrein ist eine Obduktion auch zeitintensiv, denn die zuständigen Kriminalisten und/oder Staatsanwälte *sollten* ihr beiwohnen, was bedeutet, dass der Beamte eine Dienstreise in die nächste Großstadt antreten muss, zwei Stunden im Sektionssaal der Rechtsmedizin verbringt und wieder nach Hause fährt. In der Regel kostet ihn das einen ganzen Arbeitstag. Dazu gesellt sich der Ekel: Niemand geht gern zur Obduktion. Sie bietet keinen schönen Anblick und riecht nicht gut. Aus diesem Konglomerat banaler Faktoren setzt sich das Motiv zusammen, das Kriminalkommissare dazu bewegt, lieber stundenlang am Telefon zu sitzen und im persönlichen Umfeld des Toten zu stochern, als für eine Leichenöffnung zu plädieren – obwohl diese ihrer Ermittlung die bestmögliche Klärung brächte.

Wird die staatliche Ermittlungsmaschinerie dann tatsächlich einmal angeworfen, arbeitet sie in der Regel präzise, mit hohem Aufwand und großem Erfolg. Aber wann kommt es schon dazu? Hundertköpfige Sonderkommissionen ermitteln wochenlang in spektakulären Mordfällen. Für die Ergreifung des Mörders der elfjährigen Christina Nytsch aus dem Raum Cloppenburg mussten 1998 neunzehntausend Männer zum Speicheltest antreten. Sechshunderttausend Mark ließ sich der Staat allein die DNA-Analyse der Spuckeproben kosten. Wenn der Druck in der Öffentlichkeit groß genug ist, gibt es keine Diskussion, spielen Millionen keine Rolle – und das ist gut so. Doch dieselben Staatsanwälte, die bei herausragenden Mordfällen ein gigantisches Massenscreening veranstalten, lassen andere Leichen, denen weniger öffentliches Interesse zuteil wird, unter den Tisch fallen. Hier drängt sich die Frage nach der Verhältnismäßigkeit auf.

In diesem Kapitel sind Motivations- und Informationslücken im System der staatlichen Todesermittlung zu Tage getreten, und die Beamten in den Kommissariaten und Staatsanwaltschaften sehen sich mit ernsten Vorwürfen konfrontiert. Nur diese Seite zu zeigen wäre nicht gerecht: Es sind keineswegs immer Desinteresse und Bequemlichkeit, die Kripobeamte von der Ermittlung abhalten. Die Polizei ist in vielen Regionen überanstrengt, die langen Überstundenlisten der Kriminalisten zeugen davon. In fast allen Bundesländern muss sie Stellen einsparen. Das ist keine neue Erkenntnis. Die Polizei ist mit einem Haufen Probleme allein gelassen und oft der Büttel für alles, was in Deutschland sozial nicht funktioniert. Manchmal ist der Kriminaloberkommissar aus dem Morddezernat wahrhaftig der einzige Mensch, der sich für die mumifizierte Greisin noch zuständig fühlt, der Einzige, der dem Schicksal eines tot in der Elbe schwimmenden Penners noch nachgeht. Solche Beamte gibt es nach wie vor in Deutschland.

Gerade die Arbeit in der Todesermittlung ist ein knochenharter und düsterer Dienst, und es ist umso anerkennenswerter, wie viele Kripobeamte ihn dennoch mit Akribie und Leidenschaft verrichten. Die schrecklichen Bilder aus dem Alltag drängen sich in ihre Träume, sie haben schreckliche Gerüche in der Nase und entsetzliche Geräusche im Ohr und gehen ihrer Arbeit dennoch unverdrossen nach, im steten Bemühen, nicht abzustumpfen. Viele haben ihren Beruf aus dem Bedürfnis heraus ergriffen, für Gerechtigkeit zu sorgen und anderen zu helfen. Die Recherchen für dieses Buch wären ohne die Unterstützung kritischer und von den Unzulänglichkeiten des Systems überzeugter Kriminalisten und Staatsanwälte nicht möglich gewesen. Es gibt nach wie vor gut funktionierende Todesermittlungen – vor allem in Großstädten. Und es gibt bei der deutschen Kriminalpolizei sehr wohl ein ausgeprägtes Bewusstsein dafür, dass – besonders beim ersten Zugriff auf den Leichenfundort – vieles im Argen liegt.

Die Demütigung der Kripo
Ansichten von Kriminaldirektor Rolf Jaeger, Chef der Polizeiabteilung Siegen und Vorstandsmitglied im Bund Deutscher Kriminalbeamter zur Lage der Todesermittlung in Deutschland

Ich sehe schwarz für die deutsche Kriminalpolizei. Sie ist in den letzten Jahren politisch in die Defensive geraten und verliert dadurch dramatisch an Qualität. Bald wird das auch der Bürger zu spüren bekommen.

Durch die Neuorganisation der Polizei wurden in den meisten Bundesländern Kriminalpolizei und Schutzpolizei angeglichen, was zu Entprofessionalisierung und Demotivierung unserer Kollegen führt. Den klassischen Kommissar der Todesermittlung wird es bald nicht mehr geben, er ist vom Aussterben bedroht. Früher wurde er speziell für seine Funktionen in der Kripo praktisch und theoretisch ausgebildet. Er hatte den trainierten Blick für die Ungereimtheiten am Tatort, heute wird er zum Universaldilettanten gemacht.

Das hat zwei Gründe.

Erstens: Fast alle Polizisten (außer den Berlinern) werden seit einigen Jahren gemeinsam und inhaltsgleich ausgebildet. Das heißt: Im Stundenplan dominieren jetzt die Ziele und Studieninhalte der zahlenmäßig weit überlegenen Schutzpolizei (zum Beispiel Verhalten bei Großkundgebungen oder Geiselnahmen, Einsatzlehre, Verkehrslehre oder Verkehrsrecht). Spezielle Aufgaben der zahlenmäßig kleinen Kriminalpolizei dagegen fallen unter den Tisch. Für das Thema »Bearbeitung von Tötungsdelikten« sind in einem dreijährigen Studium an der Polizeifachhochschule in Nordrhein-Westfalen gerade sechs Stunden geblieben, plus vierzehn Stunden Gerichtsmedizin.

Die Folgen machen sich jetzt schon im Alltag bemerkbar. Der junge Kripobeamte kennt viele der verdachtsbegründenden Momente nicht mehr, er unterliegt Wahrnehmungsfehlern am Tatort und läuft Gefahr, Mosaike zum falschen Bild zu bauen. In seinem Bericht wagt er Zweifel womöglich nicht zu formulieren, weil er unangenehme Nachfragen fürchtet. Aus seinen ausbildungsbedingten Defiziten heraus müsste er unentwegt die Kollegen fragen: Was bedeutet es, wenn eine Leiche kirschrote Lippen hat? Woran merke ich, dass eine Leiche nach dem Todeseintritt umgelagert wurde? Doch er wird aus Scham wahrscheinlich lieber nicht fragen und stattdessen einen problematischen Bericht mit vielen nicht formulierten offenen Fragen abgeben, die sich dann auch der Staatsanwalt nicht stellt. Der Staatsanwalt wird dann eben keine Obduktion anordnen, sondern den Toten zur Beerdigung freigeben.

Der Tatort sieht oft nach natürlichem Tod aus. Die Haustür ist von innen abgeschlossen, ein Fenster gekippt. Da liegt ein älterer Mensch. Allein schon, wenn der Schlüssel von innen steckt, wird gern vorschnell der natürliche Tod vermutet. Und je weniger gut ausgebildet so ein fragwürdiger »Universalermittler« jetzt ist, desto größer ist die Gefahr, dass er Argumente suchen wird, die für die einfache Wahrheit sprechen, anstatt mit offenen, kompetenten, Verdacht schöpfenden Augen durch die Wohnung zu gehen. Er weiß: Wenn er jetzt sagt, da könnte ein Tötungsdelikt passiert sein, läuft eine gigantische Maschinerie an. Das macht ihm Angst, deswegen wird er es vielleicht nicht sagen. Je unprofessioneller und unerfahrener er ist, je unsicherer in seiner Entscheidung, desto größer ist seine Furcht, sich wegen eines falschen Verdachts vor der Mordkommission lächerlich zu machen.

Was junge Todesermittler heute lernen, erfahren sie nur noch von älteren Kollegen im Einsatz. Nicht durch gezielte Ausbildung, sondern quasi zufällig aus Mythen und Mordgeschichten – persönlichen Erfahrungen, die mündlich von Generation zu Generation weitergegeben werden. Die Ausbildung eines Kriminalbeamten ist in Deutschland Glückssache geworden. Das System funktioniert noch mit Ach und Krach, weil es immer noch viele engagierte Kriminaler gibt, die sich auf eigene Kosten und eigene Faust fachlich fortgebildet haben. Aber es werden Fehler gemacht – je schlechter die Ausbildung, umso mehr. Beamte, die ausschließlich schutzpolizeiliche Erfahrung haben, müssen in Bereitschaftsdiensten heute Todesermittlungen führen, obwohl sie für einen Wechsel zur Kripo kriminalistisch nicht ausgebildet wurden. Sie »lernen« dies, indem sie die Sachbearbeiter ein paar Mal zu Leichenfundorten begleiten! Wegen solcher Missstände brachte der Bund der Deutschen Kriminalbeamten (BDK) das kleine Büchlein »Pockettips Todesermittlungen« heraus, das jeder an Leichenfundorten eingesetzte unerfahrenere Kollege als »Hilfe zur Selbsthilfe« aufschlagen kann.

Auch die Täter muss man durchschauen können. Man muss wissen, bei welcher Verhaltensweise man argwöhnisch werden sollte. Ist er nervös? Ist er ganz ruhig? Widerspricht er sich bei Fangfragen? Dazu muss man natürlich Fangfragen stellen können. Das ist eine Kunst. Der gute Kriminalist fragt aus dem Täter genau das heraus, was der *nicht* sagen will. Die Auseinandersetzung mit dem Tatverdächtigen, dieses »Spiel« mit Gut und Böse ist es, was unseren Beruf so spannend macht. Aber der Ermittler muss sich auf psychologische Gesprächsführung einlassen können. Dazu gehören ein gutes Erinnerungsvermögen, Merkfähigkeit, Kombinationsgabe, logisches Denkvermögen, gute Nerven, Intelligenz und eine Menge Ahnung von Vernehmungspsychologie. Ein bisschen Schlitzohrigkeit braucht man auch, denn der Kommissar muss immer wissen, welche Trümpfe er noch hat; den letzten sollte er so spät wie möglich ausspielen. Das alles wird der zukünftige Kriminalist nicht mehr lernen.

Es ist klar, die Kripo braucht nicht nur Beamte, die für den (unbestritten wichtigen) Dienst auf dem Streifenwagen ausgebildet sind. Wir brauchen auch Mitarbeiter mit anderem Profil. Gerade in der Todesermittlung ist so ziemlich das Intelligenteste und Routinierteste gefragt, was der Arbeitsmarkt zu bieten hat. Der Mörder weiß, dass ihn lebenslange Freiheitsstrafe erwartet. Er hat nichts zu verlieren. Er kämpft mit allen Mitteln. Deshalb muss der Todesermittler ein Meister im kriminalistischen Denken sein. Doch leider interessieren sich helle, engagierte Köpfe immer weniger für die Kripo, denn die Ausbildung ist – bei gestiegenen Anforderungen – miserabel, die Selbstbestimmung wird zusammengestutzt, und die Aufstiegschancen stehen schlecht. Der Weg zur Kripo führt heute fast nur noch über mehrjährige uniformierte Tätigkeit im Streifendienst und ist von vielen Zufälligkeiten abhängig. Welcher ehrgeizige und kluge junge Mensch, der Kriminalbeamter werden will, nimmt das in Kauf? Hier werden gute Leute regelrecht in die Flucht geschlagen.

Zweitens: Wer Karriere machen möchte, muss neuerdings

die so genannte Verwendungsbreite nachweisen. Das heißt, zukünftige Führungskräfte und Beamte, die hohe Beförderungsämter anstreben, sollten in möglichst vielen Dezernaten Dienst getan haben. Wer weiterkommen will, sollte nach drei bis fünf Jahren wechseln, oft sogar zwischen Schutz- und Kriminalpolizei. Es gibt Dienststellen, da ist der erfahrenste Kripo-Sachbearbeiter gerade drei Jahre da. Das ist nicht nur für Mordkommissionen eine Katastrophe. Viel versprechende Kollegen gehen nach kurzer Zeit wieder – Qualität aber hängt gerade in der Todesermittlung entscheidend von der Erfahrung ab. Um die Fallen eines Tatorts zu erkennen, muss man viele Jahre auf diesem Gebiet gearbeitet haben. Komplizierte Dezernate wie das für Wirtschaftskriminalität, für Organisierte Kriminalität oder eben für Tötungsdelikte brauchen hoch spezialisierte Leute. Doch in unserer Polizei kommt jetzt nur noch weiter, wer den Wechsel anstrebt. Das ist eine fatale und anachronistische Entwicklung. Die Welt wird immer komplizierter und spezialisierter. Wir dagegen machen es uns einfach und bilden Generalisten aus. Kein Wirtschaftsunternehmen könnte sich erlauben, was sich der Staat mit seiner Polizei erlaubt. Und mit dieser Polizei ist auch kein »Staat« mehr zu machen.

Es wäre ein Leichtes, die Fehlerquote bei der Todesermittlung zu minimieren, indem man unsere jungen Kollegen ordentlich schult und den Beruf des Kriminalisten auch langfristig attraktiv macht, doch das ist politisch nicht gewollt. Todesermittlungen verursachen nur Kosten, besonders die langwierigen. Tote interessieren keinen Politiker, sie haben keine Lobby. Die Innenminister freuen sich über die fünfundneunzigprozentige Aufklärungsrate bei Tötungsdelikten. Das genügt ihnen. Wie groß das Dunkelfeld ist, scheint egal. Viele Mordfälle und andere Tötungsdelikte werden so leider unentdeckt bleiben (auch wenn ich bei aller Selbstkritik hier doch noch einmal feststellen will, dass die allermeisten Tötungen deshalb durchrutschen, weil die Ärzte am Leichenfundort den natürlichen Tod bescheinigen und die Kriminalpolizei erst gar nicht gerufen wird).

Es ist traurig, aber wir Kriminalisten zehren immer mehr vom verblassenden Ruhm vieler berühmter Vorgänger, oft legendärer Todesermittler. Die Bevölkerung und auch Täter glauben zwar immer noch, dass sie es mit Profis zu tun haben. Aber Profis werden selten, viele von uns sind es schon nicht mehr. Großartige Todesermittler wird dieses System auch kaum mehr hervorbringen.

Der Anstreicher

Ein Fall aus Regensburg, der zeigt, wie ober-
flächlich Todesermittler oft arbeiten

Es war am Nachmittag des 11. Januar 1992, als die Sorge in Helmut Thoss übermächtig wurde. Mit einem Universal-schlüssel drang er in die Wohnung seiner Mutter ein. Heute war Sonntag, er hatte sie schon seit dem Donnerstag nicht mehr gesehen, obwohl sie doch im selben Haus lebte. In den vergangenen Tagen hatte er sie mehrfach zu erreichen ver-sucht, doch sie hatte weder auf sein Klopfen geöffnet noch das Telefon abgenommen.

Kunigunda Thoss lag in der Küche unter einer Zeitung. Es sah aus, als hätte sie beim Lesen der Schlag getroffen. Sie war vierundachtzig Jahre alt geworden. Der Notarzt traf ein und stellte fest, dass sie schon seit mindestens vierundzwanzig Stunden tot sein musste. Bei der Todesart kreuzte er »natür-lich« an. Als Todesursache trug er ein: Herzversagen.

Die ganze Nacht grübelte Helmut Thoss über den Tod der alten Frau nach. Jetzt fiel ihm ein, dass am Vortag ein ehema-liger Mieter in ihrem mehrstöckigen Wohnhaus gesehen wor-den war: Horst D., ein arbeitsloser Anstreicher in den Fünfzi-gern, der die Mutter dauernd um Geld angebettelt hatte. Und nun hatte sie plötzlich tot dagelegen. Merkwürdig. Sie war zwar alt, aber doch kerngesund gewesen.

Am nächsten Morgen rief Thoss bei der Polizei an. »Ich glaub nicht an den natürlichen Tod von meiner Mutter. Über-prüfen'S den Horst D.«, sagte er zu den Regensburger Krimi-nalbeamten. »Der ist am Todestag meiner Mutter hier in ih-

rem Mietshaus g'sehn worden. Der Mann hat zwei Gesichter.«
Auf Grund dieser Verdachtsmomente beschlagnahmte der
Staatsanwalt die Leiche der Kunigunda Thoss.

Allerdings nicht lange. Ein oder zwei Tage später wurde die
Tote zur Bestattung freigegeben. Obwohl keine Obduktion
durchgeführt worden war, versicherte der Herr von der Kripo
dem besorgten Sohn, seine Mutter sei zweifelsfrei eines natürlichen Todes gestorben. Er könne sie ja privat obduzieren lassen, müsse dann allerdings auch die Kosten, etwa 1500 Mark,
selber tragen.

Das wollte Helmut Thoss nun auch wieder nicht. Warum
sollte er blinden Alarm schlagen und seine arme Mutter ohne
Not auf den Seziertisch bringen? Im Gegenteil, Thoss war
froh, dass nun anscheinend alles in Ordnung war, und begrub
seine Mutter Kunigunda ruhigen Herzens. Obendrein fand er
in seinem Briefkasten eine Kondolenzkarte, auf der der verdächtigte Ex-Mieter Horst D. seiner Fassungslosigkeit über
den Tod der verehrten Frau Thoss Ausdruck verlieh und dem
Sohn sein »herzliches Beileid« aussprach.

Gute anderthalb Jahre später, am 9. September 1993, bra-
chen Polizei, Notarzt und Feuerwehr eine Wohnungstür im
Regensburger Kirschgässchen auf. Dahinter wurde die fünf-
undachtzigjährige Rentnerin Mathilde S. tot aufgefunden. Sie
war offenbar einem Sexualverbrechen zum Opfer gefallen,
denn ihr Unterleib war entblößt. Außerdem waren alle
Schränke durchwühlt. In Verdacht geriet ein Mann, der im
Stockwerk über Frau S. wohnte, der gelernte Maler Horst D.
»Seltsam«, dachte Helmut Thoss, als er davon erfuhr. »Bei der
S. is' er doch auch immer g'wesen. Wo der wohnt, sterben
d'Leut.«

D. kam – wegen des Todesfalls S. – zwei Mal in Untersuchungshaft, doch die Beweise reichten nie aus. Die Justiz
musste ihn zwei Mal laufen lassen. Allerdings blieben bei der
Polizei seine Fingerabdrücke zurück, die man ihm bei der er-

kennungsdienstlichen Behandlung abgenommen hatte. Sie wanderten routinegemäß in den Zentralcomputer des Bundeskriminalamtes und wurden dort mit anderen gespeicherten Fingerabdrücken verglichen. Jetzt wurde die Kripo fündig. Die Fingerabdrücke des Horst D. waren identisch mit jenen, die achtzehn Jahre zuvor auf einem Glas in der Wohnung einer ermordeten Münchner Prostituierten sichergestellt worden waren. D. wurde ein drittes Mal festgenommen.

Im Juni 1994 gestand der Anstreicher den Raubmord an Mathilde S., den er als Sexualdelikt kaschiert hatte. Und obendrein sechs weitere Morde an Frauen – drei davon wären ohne sein freiwilliges Geständnis niemals ans Licht gekommen. Es waren ebenfalls ältere Damen gewesen, deren Leichen Horst D. so raffiniert drapiert hatte, dass keinem Arzt, keinem Polizisten auch nur der geringste Verdacht gekommen war, sie könnten ein gewaltsames Ende gefunden haben. Eines der drei unerkannten Opfer hieß Kunigunda Thoss. Nun wurde ihre Leiche exhumiert und doch noch obduziert. Die Rechtsmediziner stellten fest, dass ihr Zungenbein und ihr Kehlkopf gebrochen waren – Zeichen für den Tod durch Erwürgen.

Nach der Trennung von seiner Ehefrau hatte sich Horst D. 1984 im Regensburger Mehrfamilienhaus der Frau Thoss eingemietet. Kunigunda Thoss war eine gutmütige, ein bisschen neugierige alte Dame, die ihre Mieter wie ihre Kinder behandelte. Wer die Miete nicht zahlen konnte, durfte trotzdem bleiben, bis der Engpass überwunden war. Horst D. hatte von Anfang an zu den Problemfällen gezählt. Um seine dauernden Mietrückstände zu begleichen, hatte er schließlich allerhand Arbeiten im Haus übernommen. Dennoch versuchte er regelmäßig, seiner Vermieterin durch Bitten und plumpe Schmeicheleien Geld aus der Tasche zu ziehen. Das gelang ihm oft. Im Laufe der Jahre häufte sich so ein beachtlicher Schuldenberg an.

Nach dem Umzug des Mieters D. ins Kirschgässchen begann Kunigunda Thoss auf die Rückzahlung der Schulden zu pochen. D. gestand später der Polizei, er habe die Frau umgebracht, weil sie ihm mit ihren Forderungen unerträglich auf die Nerven gefallen sei. Um Gläubigerin und Schulden auf einen Schlag loszuwerden, besuchte er Frau Thoss am 10. Januar 1992 in ihrer Wohnung im zweiten Stock ihres Mietshauses.

Sie ließ ihn – im Glauben, er wollte jetzt das Geld zurückbringen – arglos ein. Als sie ihm den Rücken zuwandte, legte er ihr den Arm zum Würgegriff um den Hals und schnürte ihr minutenlang die Luft ab, bis der Tod eintrat. Dann durchsuchte er rasch die Wohnung, ohne Spuren zu hinterlassen. Bevor er entkam, drückte er der Ermordeten noch die Zeitung in die Hand, um einen natürlichen Tod vorzutäuschen. Die List gelang – vielleicht auch, weil D. bereits Übung im Arrangieren unverdächtiger Auffindesituationen hatte. Der Mord an Frau Thoss war ja bereits sein sechster.

Auch die vorangegangene Tötung der siebzigjährigen Maria Bergmann hatte er perfekt inszeniert. Sie war eine fromme und freundliche Frau gewesen, die allein in einer Fünfzimmerwohnung neben dem Regensburger Dom lebte – unter einem Dach mit dem Domprediger und dem Weihbischof. Irgendwann im Oktober 1984 hatte sie Horst D. zufällig in der Stadt getroffen und ihn gebeten, für sie Bad und Toilette zu weißeln. D. war zwar arbeitslos, aber er hatte einen guten Ruf als zuverlässiger und sorgfältiger Maler und Tapezierer. So kam er immer wieder an private Schwarzarbeit.

Am 26. Oktober 1984 tauchte D. gegen Abend unangemeldet bei Frau Bergmann auf und gab vor, er wollte sich schon mal mit den Örtlichkeiten vertraut machen. Nach ein paar Minuten offenbarte er den wahren Grund seines Besuchs: Ob sie ihm nicht hundert Mark borgen könne? Frau Bergmann lehnte ab. Das war ihr Todesurteil. »Geld bedeutete ihm in gewissen Situationen offenbar weitaus mehr, als vordergründig anzunehmen [war]. Vielleicht wären einige von D.s Opfern am Leben geblieben, hätten sie ihm zwanzig Mark in die Hand gedrückt«, vermutet Gisela Friedrichsen, die für den *Spiegel* Jahre später den Prozess gegen D. beobachtete. »Vielleicht hätte er sich dann nicht zurückgewiesen und enttäuscht gefühlt.« Der Psychologe, der D. fürs Gericht begutachtete, formulierte es so: »Vielleicht hätte diese Unterwerfung gereicht.«

Als D. Frau Bergmann angriff, war sie völlig überrumpelt. Er legte ihr die Hand auf den Mund und hielt ihr mit Daumen und Zeigefinger die Nase zu. Dann drückte er die alte Frau auf die Küchencouch, wobei er ihr weiterhin die Atemwege blockierte, minutenlang. Als sie bewusstlos war, legte er ihr ein Sofakissen aufs Gesicht und drückte nochmals mehrere Minuten zu, bis sie erstickte.

Nun, da die Frau tot war, zerrte D. ihren Leichnam ins Schlafzimmer und zog ihn bis auf Strumpfhose und Unterwäsche aus. Dann legte er den leblosen Körper ins Bett, zog die Decke bis zur Brust hoch und faltete der Toten die Hände auf dem Bauch. Zum Abschied drückte er ihr die Augen zu. Nachdem er noch dezent die Wohnung durchsucht und drei Heiligenfiguren entwendet hatte, verließ er unerkannt das Haus.

Schon am nächsten Morgen wurde Frau Bergmann vermisst. Einer Nachbarin fiel auf, dass ihre Katze nicht wie sonst über den Lichthof kam. Auch der Bruder der Ermordeten machte sich Sorgen, weil seine Schwester nicht ans Telefon ging. Kurz vor Mitternacht rief er die Polizei. Die Feuerwehr öffnete die Wohnung. Den Beamten bot sich ein friedliches Bild. Da lag Frau Bergmann, sanft entschlafen, mit gefalteten Händen. Spuren von Gewalt waren nicht zu erkennen, die Wohnung war offenkundig nicht durchsucht worden. Alles ganz normal.

Nur der Notarzt stutzte. Er entdeckte eine unerklärliche Blutung aus der Vagina der Toten und kreuzte deshalb im Leichenschein an: Todesursache »nicht aufgeklärt«. Ein Herr von der Kripo sah sich den toten Körper daraufhin sehr genau an, konnte aber keinerlei Verletzung feststellen – weder Drosselspuren am Hals noch punktförmige Einblutungen in die Bindehäute der Augen. Dennoch ließ er die Leiche sicherstellen und trug den Sachverhalt bei einer Dienstbesprechung vor. Weil auf dem Regensburger Friedhof zufällig am selben Tag eine Sektion stattfand, bat man den anwesenden Obduzenten, doch auch gleich die Leiche der Frau Bergmann äußerlich zu besichtigen.

Der Rechtsmediziner kam der Bitte nach, konnte aber ebenfalls nichts Verdächtiges finden. Durch ein Missverständnis gelangte die Kripo zu der aberwitzigen Überzeugung, ein »geplatztes Lungenödem« habe wohl die Vaginalblutung bei der Toten verursacht. Die Leiche wurde daraufhin von der Staatsanwaltschaft zur Bestattung freigegeben. Der Hausarzt der Frau Bergmann, der diese wegen Herzrhythmusstörungen behandelt hatte, sagte zwar später zum Bruder der Toten, ein Lungenödem sei als Todesursache ganz und gar »unmöglich«, doch ihn hatten die Ermittler leider nicht gefragt.

Im Juni 1994 – fast zehn Jahre nach Frau Bergmanns Tod – wurden ihre Überreste auf das Geständnis des Täters hin exhumiert und im Rechtsmedizinischen Institut München untersucht. Eine Todesursache war nicht mehr festzustellen.

Dass er ein Mörder war, konnte man Horst D. nicht ansehen. Als ruhiger, in sich gekehrter und freundlicher Mann galt er in Regensburg, als korrekter und solider Handwerker, als charmanter Tänzer. Auch auf die Pressevertreter, die im Dezember 1995 ausgiebig über den Strafprozess vor der 1. Strafkammer am Landgericht München I berichteten, wirkte er harmlos und bescheiden, höflich und weit entfernt von jeder Brutalität. Und dennoch zählt D. zu den rücksichtslosesten Serienmördern der deutschen Nachkriegsgeschichte. Er tötete alle Frauen auf sehr qualvolle und gleichzeitig sehr intime Weise. Minutenlang musste er jede von ihnen eng umschlungen durch den Todeskampf zwingen. Welche Wut ballte sich da unter dem Hochglanzlack der bürgerlichen Wohlanständigkeit?

Die psychiatrischen Gutachter spürten hinter D.s gleichmütiger Miene ein »hohes Aggressionspotential« und einen mühsam in Schach gehaltenen Frauenhass auf. Man erklärte sich diesen Hass mit einer schrecklichen Kindheitserfahrung des Angeklagten: Die Mama hatte den Fünfjährigen mitten in den Kriegswirren einfach auf einem Bahnsteig stehen gelassen. D. war in Waisenhäusern aufgewachsen. Die Seelenspezialisten vermuteten daher hinter seinen Angriffen auf ältere Frauen »chiffrierte Muttermorde«.

Bereits 1983 hatte sich D. einmal nach dem Mord an einer älteren Frau, der siebenundsechzig Jahre alten Rentnerin Martha Lorenz, im Zugriff der Polizei befunden. Bei diesem – seinem vierten – Tötungsdelikt war es ihm nicht gelungen, die Spuren der Gewalt zu kaschieren. Er hatte Frau Lorenz bei Malerarbeiten kennen gelernt. Sie fand ihn sympathisch, und als sich die beiden am 25. Januar 1983 in der Regensburger Altstadt zufällig über den Weg liefen, lud sie ihn für den nächsten Tag zum Kaffee ein. Am Nachmittag des 26. Januar klingelte Horst D. bei Frau Lorenz. Das nun einsetzende Kaffeetrinken verlief äußerst beschwingt und mündete in einen Geschlechtsverkehr auf dem Bett von Frau Lorenz. Die Stimmung schlug allerdings jäh um, als der chronisch bedürftige Maler seine Bettgenossin nach dem Schäferstündchen um ein paar hundert Mark anbettelte. Jetzt wurde sie knapp und bat ihn zu gehen.

Mit aller Wucht schlug D. der Martha Lorenz eine metallenen Suppenkelle auf den Hinterkopf, als die Ahnungslose ihm in der Küche den Rücken zuwandte. Doch anstatt zu Boden zu gehen, drehte sich die Frau um und schrie. Nun griff D. nach ihrem Hals, riss sie zu Boden, kniete sich über sie und würgte sie, bis der Tod eintrat. Dann wischte er das Blut auf, das aus der Kopfwunde des Opfers gedrungen war, und gab der Toten ein Küchentuch in die Hand, um den Anschein zu erwecken, Frau Lorenz habe bei der Hausarbeit einen tödlichen Unfall erlitten. Sehr vorsichtig durchsuchte Horst D. dann die Wohnung nach Geld. Tausend Mark entnahm er einem Umschlag, die hundertsechzig Mark dagegen, die offen auf dem Küchentisch lagen, ließ er unberührt. Zur Irreführung.

Am übernächsten Tag um die Mittagszeit riefen Nachbarn die Polizei zum Leichenfundort. Als die Beamten eintrafen, war schon eine Ärztin da. Sie hielt einen natürlichen Tod der Frau Lorenz für durchaus denkbar, den Herren von der Kripo dagegen kamen Zweifel: Die Leiche lag so komisch da, und die Spuren am Hals schienen Druckmarken zu sein. Die Tote wurde obduziert. Das Ergebnis bestätigte den Verdacht der Polizisten: Die Tote war gewürgt worden und hatte einen Schlag auf den Kopf erhalten. Der Tod war als Folge der Gewalt durch Herz-Kreislauf-Versagen eingetreten.

Nun, nachdem das Verbrechen erkannt worden war, begannen die Ermittlungen. Da Horst D. wenige Monate zuvor die Wohnung von Frau Lorenz tapeziert hatte, geriet auch er mit vielen anderen in den Kreis der Verdächtigen und wurde verhört. Er erzählte, er sei am betreffenden Tag zwar in Regensburg gewesen, doch habe ihn gegen 17 Uhr ein Bekannter in das Dorf mitgenommen, in dem er damals noch mit Frau und Kindern lebte. Sein angebliches Alibi wurde nicht gründlich überprüft, und so schied D. als Verdächtiger aus. »Dass Horst D. so lange sein Unwesen treiben konnte, liegt auch an der Schlamperei von Gutachtern«, ebenso wie an den »Pannen« und »massiven Fehlern« der Regensburger Polizei, warf die *Mittelbayerische Zeitung* den zuständigen Ärzten und Ermittlern vor. Wie ein roter Faden habe sich ihre Inkompetenz durch alle Mordfälle des Horst D. gezogen.

Auch der vorangegangene Mord an Barbara Ernst, Witwe eines Theatermusikers, war in Regensburg geschehen, als Tötungsdelikt aber wieder einmal unerkannt geblieben. D. hatte die gepflegte und kultivierte Dame ebenfalls durch seinen Beruf kennen gelernt: Die Neunundfünfzigjährige war als städtische Angestellte im Rathaus Regensburg tätig gewesen, und D. hatte im Februar 1981 ihr Büro gestrichen. Im April bat sie ihn, bei sich zu Hause eine Wand im Schlafzimmer neu zu tapezieren.

Am Morgen des 10. April 1981 tauchte Horst D. bei Frau Ernst auf. Sein Fahrrad hatte er vorsorglich etwas weiter entfernt abgestellt. Frau Ernst lud D. ein, mit ihr zu frühstücken, da er vor der verabredeten Zeit gekommen war und sie noch gar nicht mit ihm gerechnet hatte. Er trank Kaffee, aß Brötchen mit Butter und Marmelade und half der Witwe, das Geschirr in die Küche zu tragen. Ins Wohnzimmer zurückgekehrt, packte D. die völlig überraschte Frau am Hals und drückte ihr mit dem Daumen den Kehlkopf ein. Vergeblich versuchte sich Frau Ernst zu wehren, dann brach sie zusammen. Nun legte D. sie mit dem Rücken auf den Boden und presste ihr ein Sofakissen aufs Gesicht. Nach etwa fünf Minuten war sie erstickt. Als »eiskalten Mord« bezeichnete D. die Tat später im Polizeiverhör.

Nachdem der von D. angestrebte Zustand erreicht war, legte er das Sofakissen brav an seinen Platz zurück und durchsuchte die Wohnung, wie immer darauf bedacht, keine Spuren zu hinterlassen. Er nahm Geld und eine Münzsammlung an sich, ließ den Schmuck aber liegen, um keine Zweifel am natürlichen Ableben der Frau Ernst zu säen. Der tot Daliegenden drückte er einen gelben Lappen in die Hand, um zu suggerieren, ein jäher Herzschlag habe sie beim Staubwischen ereilt. Zwei Tage später wurde die Witwe, unverändert in Hausschuhen, Faltenrock und Bluse tot in ihrer Wohnung liegend, aufgefunden. In der Hand hielt sie den Staublappen.

Der leichenschauende Arzt nahm »Herzversagen« an. Die Leiche wurde zur Bestattung freigegeben. Allein durch das Geständnis, das D. vierzehn Jahre später abgelegt hat, ist dieser Mord ans Licht gekommen. Die Exhumierung brachte keine Erkenntnisse mehr.

Als Horst D. 1994 nach dem vorgetäuschten Sexualmord an der Rentnerin Mathilde S. aus dem Kirschgässchen festgenommen wurde, konnte die Polizei ihm nun dank seiner Fingerabdrücke auch noch zwei ungeklärte Morde in München nachweisen. Zwei junge Prostituierte hatten dort am 22. und 24. August des Jahres 1975 ihr Leben lassen müssen. Sie waren beide von Horst D., der als Freier zu ihnen kam, an einem einzigen Wochenende mit Wäschestücken erdrosselt worden. Wegen eines der Morde hatte ein Mann auf Grund eines Justizirrtums vorübergehend in Untersuchungshaft gesessen.

Am 14. Dezember 1995 verurteilte das Münchner Landgericht den siebenundfünfzig Jahre alten Horst D. wegen Mordes in sieben Fällen zu zwei Mal lebenslanger Freiheitsstrafe.

4 Die Freunde der Toten

Die Grenzen der Rechtsmedizin und ihre Stellung in der politischen Defensive

Jenseits von Hausarzt und Strafverfolgungsorganen gibt es noch eine weitere Instanz, die versagen und damit die Aufdeckung eines Verbrechens verhindern kann: die Rechtsmedizin. Vor Schlamperei, vorschnellen Urteilen und Betriebsblindheit sind auch die Ärzte in den Sektionssälen nicht gefeit. Unbestritten tauchen in ihrem Arbeitsfeld eine Menge nebulöser Todesfälle auf, deren richtige Einordnung langjährige Erfahrung und bisweilen auch Mut zur Deutung erfordern – und so kommt es bisweilen auch bei einer Obduktion zu Kunstfehlern. Im Folgenden soll ein Fall geschildert werden, in dem der Täter entkam, weil der Rechtsmediziner oberflächlich und fehlerhaft zu Werke ging und die Kriminalpolizei sich deshalb mit dem ersten Eindruck zufrieden gab.

Zwanzig Jahre Schweigen

Es geschah in der Nacht zum 11. November 1979. Erika und Werner H., ein Ehepaar aus Isselburg am Niederrhein, hatten den Abend mit Freunden in einem Lokal verbracht und kehrten erst spät nach Hause zurück. Ihre beiden kleinen Töchter, die zehnjährige Nicole und die siebenjährige Sandra, schliefen. Plötzlich wurde Nicole von lautem Gebrüll im Haus geweckt. Offenbar waren die heimgekehrten Eltern in einen schrecklichen Streit geraten. Nicole wagte vor Angst nicht, die Treppe hinunterzugehen.

In den frühen Morgenstunden kroch Sandra, das jüngere der beiden Mädchen, aus dem Bett und lief ins Bad. Dort sah sie ihre Mutter bekleidet in der mit Wasser gefüllten Badewanne liegen. Sie war zur Seite gedreht und rührte sich nicht. Plötzlich stand der Vater hinter dem Kind. Er wirkte sehr nervös. »Geh sofort ins Bett, Sandra«, sagte er. Die Siebenjährige lief die Treppe hinauf. »Ich glaube die Mama ist tot«, flüsterte sie ihrer Schwester zu, schlüpfte unter die Decke und weinte.

Ein paar Stunden später rief der Vater den Notarzt: »Meine Frau hat sich umgebracht.« Der Doktor untersuchte die Leiche, trug »Selbstmord« in den Leichenschauschein ein, verständigte die Kripo und mahnte sie, die Todesumstände besonders sorgfältig zu recherchieren. Die Sache kam ihm nicht geheuer vor.

Zu Recht. Die Leiche der angeblichen Selbstmörderin gab kein sehr überzeugendes Bild ab. Um den Hals war ihr ein Strick geschlungen, der ohne Spannung ins Badewasser hing. Auf dem Grund der Wanne lag lose die Handbrause, an deren Schlauch die Kordel verknotet war. Wie hier eine Selbsterhängung stattgefunden haben sollte, war nicht nachzuvollziehen. Dennoch: Die Frau war tot. Sie war nur achtundzwanzig Jahre alt geworden.

Die Leiche wurde in die Rechtsmedizin Münster gebracht und dort seziert. Der Obduzent, ein alter, kurz vor der Pensionierung stehender Mediziner, der für seine Blitzdiagnosen bekannt war, stellte den Tod infolge von Herzversagen durch Erhängen und Ertrinken fest. Hier liege zweifelsfrei ein Suizid vor; Fremdverschulden sei auszuschließen. Zur Entschuldigung des Arztes kann angeführt werden, dass die Fotos vom Leichenfundort bei der Obduktion noch nicht vorlagen. Allerdings wartete er auch nicht ab, bis sie entwickelt waren. Die Folge: Das fehlerhafte Urteil des Obduzenten bewog die Kripo, den Fall ohne größere Nachforschungen abzuschließen. Die Staatsanwaltschaft stellte das Verfahren ein.

Die polizeilichen Ermittlungen waren folgendermaßen abgelaufen. Der Ehemann der Toten – dreiunddreißig Jahre alt, Kaufmann in einer Gießerei, Vorsitzender der Katholischen Arbeitnehmerbewegung in Isselburg – war nur informell (also nicht als Zeuge, geschweige denn als Tatverdächtiger) gehört worden. Er gab an, er habe nach der Rückkehr vom Kneipenbummel Herzbeschwerden bekommen, einige Schlaftabletten eingenommen und sich zu Bett begeben. Am frühen Morgen habe er dann seine Frau wie beschrieben aufgefunden. Von einem Streit erzählte er nichts. Die Polizei gab sich mit seiner Aussage zufrieden.

Eine Nachbarin, die in der besagten Nacht lautes Schreien im Hause H. gehört hatte, das abrupt abgebrochen war, wurde nicht vernommen. Die Freundin der Toten dagegen wohl, die angab, die junge Frau habe Probleme in der Familie gehabt und schon einmal gedroht, sich umzubringen. Probleme gab es, denn die ausgesprochen attraktive Erika H. hatte einen Liebhaber, auch wenn die Beziehung nicht tiefer ging. Davon erfuhr zwar die Polizei, verzichtete aber darauf, den Mann zu befragen. Auch die beiden kleinen Halbwaisen, die die Tote zurückließ, wurden nicht gehört und mussten so für sich behalten, was sie in der Todesnacht ihrer Mutter gehört und gesehen hatten.

Die Kinder schwiegen zwanzig Jahre lang. Selbst gegenüber den Geschwistern der Verstorbenen, die den Verdacht, irgendetwas stimme nicht mit dem Tod der Schwester, nie loswurden: Erika hatte am Tag vor ihrem jähen Ende ein neues Auto bekommen, war voller Pläne gewesen, sich beruflich selbstständig zu machen, und hatte ihre beiden kleinen Mädchen von Herzen geliebt. Bringt sich so jemand um? Erika hatte nie Tabletten genommen, sah blendend aus, ging gern auf Feste, war voller Lebenslust und hatte gerade beschlossen, ihre Ehe hinter sich zu lassen – gab es da einen Grund, sich das Leben zu nehmen? All dies interessierte die Behörden nicht. Der Bruder der Toten versuchte in den nächsten Jahren immer wieder, Akteneinsicht zu erhalten. Er wollte wissen, was die Untersuchungen der Strafverfolgungsorgane und der Gutachter ergeben hatten und warum nicht sorgfältig ermittelt worden war. Doch man wimmelte ihn ab. Er erinnerte sich später, wie er am Morgen nach jener Unglücksnacht die Wohnung seiner toten Schwester betreten hatte, als die Leiche gerade eingesargt wurde. Sein Schwager Werner habe ihn sehr merkwürdig angesehen und gefragt: »Jetzt glaubst du wohl, ich war's?«

Er war's. Zwanzig Jahre später, am 4. November 1999, wurde der schmächtige, eher zurückhaltende Werner H. von der Kripo Borken vorgeladen und endlich mit der angemessenen Intensität befragt. Einen Tag hielt er durch, dann gestand er, seine schöne Frau ermordet zu haben. Er habe gekocht vor Eifersucht. Seine Ehe sei zerstört und seine Frau untreu gewesen. In jener Nacht sei es zu einem heftigen Streit und einem Handgemenge gekommen. Er habe aus Verzweiflung die Frau gewürgt, dann mit einem Strick gedrosselt und schließlich in der Badewanne versenkt.

Herausgekommen war die Tat, weil die beiden Töchter der Toten, die beim Mörder ihrer Mutter groß werden mussten, als erwachsene Frauen endlich ihren ganzen Mut zusammengenommen und die Beobachtungen aus jener Nacht einer Tante anvertraut hatten. Das war 1996 gewesen. Die Geschwister der Toten hatten daraufhin einen Anwalt eingeschaltet und die Wiederaufnahme der Ermittlungen erzwungen. Im Spätsommer 1999 forderte schließlich die Staatsanwaltschaft Münster vom örtlichen Institut für Rechtsmedizin ein zweites Gutachten zum Fall H. an. Eine Exhumierung war nicht nötig, die Wahrheit ließ sich per Blickdiagnose ermitteln: Die Ansicht der – nun anscheinend zum ersten Mal eingehend betrachteten – Fotos vom Leichenfund reichte vollkommen aus, um zweifelsfrei zu demonstrieren, dass Erika H. ermordet worden war. Die Spuren am Hals der Toten stünden im Widerspruch zu der Selbstmordtheorie, diagnostizierten die Rechtsmediziner in ihrem neuen Gutachten. Es sei »vom Vorliegen eines Tötungsdelikts auszugehen«.

Der spurenarme Mord

Bei weitem nicht jeder Fall ist so offenkundig wie der eben erzählte. Es gibt Methoden des Tötens, die so verstohlen und diskret sind, dass auch der Fachmann sehr genau hinschauen muss, bevor sich ein Verdacht in ihm regt. Sie werden *spurenarme Tötungsdelikte* genannt. Der leichenschauende Arzt oder Polizist, aber auch der Rechtsmediziner kann durch die Unauffälligkeit oder Nichtnachweisbarkeit von Tötungszeichen leicht in die Irre geführt werden. Der Erstickungstod des Säuglings, der tödliche Treppensturz der Greisin, der finale Badewannenunfall des Herrn in den besten Jahren – all das sind Todesfälle, wie sie der Stand der Rechtsmediziner fürchtet. Jeder von ihnen könnte ein unerkanntes Verbrechen sein. Bei Todesumständen dieser Art passiert es deshalb immer wieder, dass selbst Experten an die Grenze dessen stoßen, was sich beweisen lässt.

Auch die forensische Medizin vermag es nicht, jede Untat an den Tag zu bringen: Bei einem Drittel aller sezierten Toten ist auch nach der Obduktion die Todesursache nicht eindeutig aufgeklärt. Nach der sich anschließenden feingeweblichen und mikroskopischen Untersuchung und einer giftchemischen Analyse des Gewebematerials bleiben immer noch 3 bis 5 Prozent der untersuchten Leichen ein Rätsel (dieser Anteil umfasst allerdings Leichen in weit fortgeschrittener Fäulnis oder Verwesung, durch Tierfraß angegriffene Leichen oder solche, die teilweise beziehungsweise vollständig skelettiert sind). Die Umstände ihres Todes werden für immer im Dunkeln bleiben. Wie viele Tötungsdelikte mögen darunter sein?

In welchem Umfang solche Zusatzuntersuchungen vorgenommen werden, differiert von Institut zu Institut erheblich. Einige Staatsanwälte ordnen weiter gehende Analysen häufig an, andere kaum. In manchen Rechtsmedizinischen Instituten wird an der Leiche ausschließlich untersucht, was der Staatsanwalt spezifiziert hat und was die Justiz bezahlt, in anderen werden, finanziert aus Geldern für wissenschaftliche Zwecke, zusätzliche giftchemische Analysen zur Vervollständigung des Befundes auch ohne ausdrückliche Verfügung der Staatsanwaltschaft durchgeführt. Durch jene freiwillige Sorgfalt treten immer wieder schwer erkennbare Morde zu Tage.

Auch Tathergänge können bisweilen dank naturwissenschaftlicher Verfahren geklärt werden, wenn man sich nicht mit dem ersten Eindruck begnügt: Bei einer mikroskopischen Untersuchung des Halsgewebes einer Leiche finden sich beispielsweise Entzündungszellen in einer Blutung in der Halsmuskulatur. Der Befund beweist: Das Opfer wurde in *zwei Phasen* erwürgt, oder, wie der Fachmann es formuliert, das Geschehen (Würgen) war *zweizeitig*. Der Täter würgte das Opfer zunächst, ließ aber dann von ihm ab. Es folgten ein Streitgespräch oder möglicherweise auch sexuelle Handlungen zwischen den beiden Personen, in deren Verlauf das Opfer beispielsweise sagt: »Ich zeige dich an!« Nun greift der Täter ein zweites Mal an und erwürgt das Opfer vollständig, um die vorausgegangene Straftat zu verdecken. Aus juristischer Sicht bedeutet dies: Der Täter kann sich später nicht auf Totschlag hinausreden und behaupten, er habe dem Opfer im Affekt, aus Verzweiflung oder Eifersucht, das Leben genommen. Die mikroskopischen Untersuchungen beweisen: Es war Mord.

Wie intensiv eine Leiche forensisch untersucht wird, liegt im Ermessen des zuständigen Staatsanwalts. Doch es gibt einen rechtsmedizinischen Standard, der besagt: Wenn die Obduktion nicht zur eindeutigen Aufhellung der Todesursache geführt hat, sind weitere feingewebliche (histologische) und giftkundliche (toxikologische) Untersuchungen bis zur »Klärung der Todesursache« erforderlich. Leider wird dieser Standard nicht in allen Rechtsmedizinischen Instituten gleichermaßen anerkannt; man redet sich also darauf hinaus, dass der zuständige Staatsanwalt zu geizig, zu faul oder zu ignorant sei, weiter gehende Untersuchungen anzuordnen, und bricht die Todesursachenforschung ab, ohne letzte Erkenntnisse gewonnen zu haben.

Auf der anderen Seite neigen Staatsanwälte tatsächlich dazu, keinen Suchauftrag zu erteilen, da ihnen der unspezifizierte Verdacht auf ein Tötungsdelikt oft nicht drängend genug oder die Gemengelage in der Beweisbeschaffung zu kompliziert erscheint. »Kerzenscheine« nennen die Rechtsmediziner jene Tötungsdelikte, die durch mangelnde Hartnäckigkeit der Staatsanwaltschaft und fehlende Sorgfalt der forensischen Medizin »durchrutschen«. Sie schätzen die Quote auf 1 bis 2 Prozent unter den obduzierten Leichen.

Zu den schwer erkennbaren Morden zählt beispielsweise der durch *Vergiftung* herbeigeführte Tod. Man sieht den Dahingeschiedenen die Ursache ihres qualvollen Ablebens in der Regel äußerlich nicht an – nur manchmal sind Zeichen von Intoxikationen an Finger- und Fußnägeln, Pupillen oder Zahnfleisch zu erkennen. Wird der Vergiftete durch einen Zufall (seinem harmlosen Erscheinungsbild zum Trotz) dennoch obduziert, sind viele Substanzen auch bei der chemischen Analyse nur mühsam auszumachen, manche gar nicht. Die Suche nach dem Leben zerstörenden Stoff im Leichnam kann ungeheuer aufwändig sein: Der Chemiker im Institut fahndet manchmal nach vier- bis sechstausend Wirkstoffen. Aus zwei, drei Organen und aus Körperflüssigkeiten wie Blut und Urin müssen Extrakte hergestellt werden, in saurem, alkalischem und neutralem Milieu. Dann schließen sich Testreihen an, Screening- oder immunologische Verfahren, um beispielsweise Opiate nachzuweisen.

Noch schwerer lassen sich Gifte aus fremden Ländern, etwa aus Afrika oder Südamerika, aufspüren, weil die Vergleichsmöglichkeiten und die Vorstellung davon, wonach man sucht, begrenzt sind. Im großen Rechtsmedizinischen Institut Hamburg, wo jährlich über tausend Sektionen stattfinden, wurde in den vergangenen fünfunddreißig Jahren *kein einziger* klassischer Giftmord festgestellt. Sollte wirklich in einem so langen Zeitraum im Stadtstaat Hamburg mit seinen 1,8 Millionen Einwohnern niemand einem Giftanschlag zum Opfer gefallen sein?

Und findet sich doch eine tödliche Substanz im Leichnam, dann muss erst noch nachgewiesen werden, dass sie unfreiwillig in den Leib gelangt ist, was bei einer Überdosis an Medikamenten oder Rauschgift oft nicht gelingen kann.

Folgender Fall aus dem Fränkischen, dokumentiert vom Rechtsmedizinischen Institut Würzburg, lässt ahnen, wie oft den Strafverfolgungsbehörden ein Giftmord durch die Lappen geht:

In den frühen Morgenstunden eines Wintertages ruft der Ehemann einer sechsunddreißigjährigen Alkoholabhängigen die Polizei an und meldet besorgt, seine Frau komme nicht mehr aus dem Bad heraus. Sie habe sich dort am Vorabend betrunken eingeschlossen. Als die Polizei eintrifft, ist die Badezimmertür noch immer verriegelt. Die Frau liegt auf dem Bauch am Boden. Sie ist tot. Um den Kopf herum schwimmt eine rötlich braune Lache. Im Bad finden sich keine Medikamente. Der Ehemann sagt aus, er habe zwei Tage zuvor eine Flasche mit dem Pflanzenschutzmittel E 605 gekauft und in der Waschküche abgestellt. Die Flasche wird herbeigebracht: Es fehlt eine kleine Menge der hochgiftigen Flüssigkeit. Wegen der ungeklärten Todesursache wird die Leiche seziert.

Die Obduktion ergibt: Die Frau hat eine Fettleber und eine

hohe Alkoholkonzentration im Blut, sonst sind alle Organe unauffällig. Die chemisch-toxikologische Untersuchung von Mageninhalt, Blut und Urin der Toten weist eine E-605-Vergiftung nach. Allerdings wurde nur eine geringe Menge eingenommen, was gegen einen Suizid spricht. Selbstmörder verabreichen sich das Pflanzenschutzmittel gewöhnlich in hoher Dosis, um den sehr schmerzhaften Sterbeprozess so kurz wie möglich zu gestalten. Im vorliegenden Fall hat eine Giftmenge knapp oberhalb der letalen Dosis zum Tod geführt.

Der Ehemann meldet ein paar Tage nach dem Tod seiner Frau, er habe auf dem Fensterbrett im Zimmer seines Sohnes eine Kaffeekanne entdeckt, die etwa einen Viertelliter einer intensiv blau gefärbten Flüssigkeit beinhalte. Es stellt sich heraus, dass sich in der Kanne Wein befindet, dem E 605 zugesetzt worden ist. An ihrer Außenseite haften nur wenige Fingerabdrücke. Sie gehören zu der Toten. An der Ausgusstülle lässt sich ihr Speichel nachweisen. Sie hat anscheinend aus dieser Kanne getrunken.

Der Ehemann wird wegen unterlassener Hilfeleistung angeklagt, weil er die Badezimmertür nicht aufgebrochen hat, doch wird das Verfahren aus Mangel an Beweisen eingestellt, da der Sohn aussagt, die Mutter habe sich öfter betrunken im Bad eingeschlossen und sei dann irgendwann wieder aufgetaucht. Der verwitwete Mann heiratet wieder. Offenbar findet er aber weder Glück noch Ruhe, denn vier Jahre nach dem Tod seiner ersten Frau gesteht er der Polizei, sie umgebracht zu haben. Er habe gewusst, dass sie überall im Haus Alkohol versteckte, eben auch in der Kaffeekanne im Kinderzimmer. So sei er auf die Idee gekommen, sie zu vergiften und den Mord als Selbstmord zu tarnen. Er habe etwa einen Esslöffel E 605 in die Kanne mit dem Wein gegeben und diese nur mit dem Taschentuch angefasst, um keine Fingerabdrücke zu hinterlassen. Wie erhofft, habe die Frau aus der Kanne getrunken. Dann habe sie sich im Badezimmer verschanzt und sei dort gestürzt. Er habe sie absichtlich bis zum nächsten Morgen liegen lassen. Nach einer neuen Verhandlung wird der Mann wegen Mordes zu lebenslanger Haft verurteilt.

Auch ein in der Badewanne aufgefundener Toter lässt beim Rechtsmediziner die Alarmglocken schrillen. Ein Badender ist immer in einer exponiert unterlegenen Position und eventuellen Angriffen so hilflos ausgeliefert, dass es oft nicht einmal Spuren eines Kampfes gibt. Berühmt wurde der Fall des englischen Badewannenmörders Smith, der zwischen 1912 und 1914 seine drei Ehefrauen ins Jenseits beförderte, indem er sie blitzschnell an den Beinen zog, während sie ein Vollbad nahmen. Durch das plötzlich in Mund und Nase einschießende Wasser wurden die Frauen bewusstlos und ertranken.

Der berühmte Föhn, der, ans Stromnetz angeschlossen, neben der Leiche auf dem Grund der Wanne ruht, gibt ebenfalls nach wie vor Rätsel auf: Handelt es sich um Unfall, Suizid oder Mord? (Allerdings wird es wegen der neuen Sicherheitsstandards in den Bauordnungen der Bundesländer heute immer umständlicher, sich selbst oder anderen im Bad mit Elektrogeräten das Leben zu nehmen. Gerät in einem Neubau ein angeschlossener Föhn ins Badewasser, springt dank einer Schutzeinrichtung im Badezimmer, die bereits auf minimale Fehlerströme reagiert, automatisch die Sicherung heraus.)

Fäulnisveränderungen, die bei Badewannenleichen besonders schnell und heftig einsetzen, weil diese im warmen Wasser liegen, erschweren die Diagnose der Obduzenten zusätzlich. Nicht selten haben Badewannentote überdies eine satte Menge Alkohol oder Barbiturate im Blut. Jetzt stellt sich dem Rechtsmediziner die Frage: Wurden sie im Schnaps- oder Tablettenrausch ohnmächtig und ertranken? Oder hat jemand die Wehrlosen unter Wasser getaucht?

Im Hamburger Institut für Rechtsmedizin wurden 1991 die

Daten zu allen 245 Badewannentoten ausgewertet, die im Zeitraum von siebzehn Jahren eingeliefert und seziert worden waren. Sechsundsechzig (27 Prozent) waren auf natürliche Weise ums Leben gekommen. Sechsundsiebzig (31 Prozent) hatten sich selbst das Leben genommen. Neununddreißig (16 Prozent) hatten einen Unfall erlitten. Dreizehn (5 Prozent) waren getötet worden, und bei immerhin *einundfünfzig Personen (das sind 21 Prozent aller Fälle!)* war die Klassifikation der Todesart auch nach der gerichtsmedizinischen Untersuchung *nicht mehr möglich*. Die 245 untersuchten Fälle machten aber noch nicht einmal die Hälfte aller im genannten Zeitraum entdeckten Badewannentoten aus. »Bedenklich erscheint uns«, schreiben deshalb die Autoren der Studie, die Rechtsmediziner Kurt Trübner und Klaus Püschel, »dass etliche Todesfälle in der Badewanne überhaupt nicht obduziert ... und ohne nähere Überprüfung durch technische Sachverständige sowie eine Obduktion mit histologischen und toxikologischen Folgeuntersuchungen als natürliche Tode oder Suizide klassifiziert wurden.« Während in München 92 Prozent der Badewannenleichen seziert werden, um die Todesart sicher festzustellen, begnügt sich die Staatsanwaltschaft in Hamburg damit, bei nur 43 Prozent der Wannentoten mit Hilfe der Rechtsmedizin Klarheit zu schaffen.

Zwei Fälle unerkannter Badewannenmorde:
Fall 1 (leicht gekürzt übernommen aus Biereth 1998): Im Februar 1981 wird eine sechsundfünfzigjährige Frau tot in ihrer Badewanne gefunden. Mund und Nase befinden sich unterhalb der Wasseroberfläche, am Hinterkopf ist eine Wunde erkennbar, deren Blut das Badewasser rötlich färbt. Der Leichenfundort weist ein ruhiges Spurenbild auf. Es ergeben sich keine Hinweise auf eine gewaltsame Auseinandersetzung in der Wohnung.

Der Leichenbeschauer konstatiert: Punktblutungen in den Bindehäuten, auf den Augenlidern und im Gesicht. Schwellung des rechten Augenoberlides mit einer kräftigen, flächigen Blutunterlaufung und einer Wunde von zwei Zentimeter Länge. Eine tief reichende Riss- und Quetschwunde von vier Zentimeter Länge am Hinterkopf, die das Ertasten des Schädelknochens ermöglicht.

Bei der Obduktion der Leiche wird ein Schädelbruch von zwölf Zentimeter Länge erkennbar. Als Todesursache diagnostizieren die Mediziner ein schweres Schädel-Hirn-Trauma mit Hirnschwellung, zentraler Atemlähmung und Kreislaufkollaps. Diese Befunde und das Bild der Auffindesituation führen zu der Deutung, die Verstorbene sei beim Einstieg in die Badewanne ausgerutscht und mit dem Hinterkopf am Rand der Badewanne hart aufgeschlagen. Also: ein Unfall.

Anderthalb Jahre später widerlegen kriminalpolizeiliche Recherchen diesen Irrtum. Im Zuge anderer Ermittlungen stößt die Kripo auf die zweiundzwanzigjährigen Zwillingssöhne der Toten. Sie werden als Täter überführt und gestehen Folgendes: Sie hatten die Frau, entsprechend einem gemeinsamen Tatplan, mit einem Eisenrohr hinterrücks niedergeschlagen, das entkleidete Opfer bäuchlings in die volle Badewanne gelegt und sich beide auf den Rücken der Mutter gekniet, bis sie sicher sein konnten, dass sie tot war. Das Motiv für die Tat war Habgier. Die Söhne wollten ihr Erbe vorzeitig antreten.

Fall 2 (nach einer Dokumentation des Rechtsmedizinschen Instituts Hamburg): Im Jahr 1990 wird in Hamburg ein neunundvierzigjähriger Seemann tot, rücklings in der Badewanne seiner Wohnung liegend, aufgefunden. Die Beine sind ausgestreckt und die Hände vor dem Bauch zu Fäusten geballt. Kopf, vordere Brustregion, Oberbauch und Schultern befinden sich oberhalb der Wasserlinie. Der Hinterkopf liegt auf dem Wannenrand. Aus einer Handbrause, die in die Wanne hängt, fließt noch heißes Wasser nach, und der Wasserspiegel steht auf Höhe des Überlaufs. Unter dem Körper des Mannes liegt in der Nähe der rechten Gesäßhälfte ein Haartrockner, der unter Wasser weiterläuft. Das Kabel ist über einen Dreifachstecker mit Verlängerungsschnur an das Stromnetz angeschlossen. Auf dem Wannenrand stehen diverse Waschutensilien, der Mann hat sich offensichtlich gerade die Haare gewaschen. Die Leiche weist Fäulnisveränderungen auf.

Wesentliche Obduktionsbefunde: zahlreiche punktförmige Hauteinblutungen an den Lidern und den Bindehäuten. Keine Zeichen von Gewalt gegen den Hals. Strommarken am Gesäß, wo sich der Föhn befunden hatte. Blutalkohol: 0,5 Promille.

Für einen Suizid gibt es weder Anhaltspunkte noch eine Vorgeschichte, also wird zunächst ein Unfall vermutet. Auffällig ist jedoch, dass verschiedene Wertgegenstände aus der Wohnung verschwunden sind. Weitere Ermittlungen ergeben, dass der Seemann zwei Prostituierte, die eine vierzehn, die andere sechzehn Jahre alt, mit in die Wohnung genommen hat.

In der Gerichtsverhandlung sagen die beiden Mädchen aus, dass es zunächst zu sexuellen Handlungen mit dem Mann gekommen sei. Nach gemeinsamem Beschluss hätten sie, als der Mann später in die Wanne gestiegen sei, den eingeschalteten Föhn ins Badewasser geworfen. Es sei ihr Ziel gewesen, ihn zu töten und zu bestehlen. Beide werden wegen Mordes in Tateinheit mit schwerem Raub zu je sieben Jahren Jugendstrafe verurteilt.

Besonders unter den offensichtlich nicht natürlichen Todesfällen können sich kaschierte Tötungsdelikte verbergen. Vor allem bei jungen Opfern täuschen Mörder gern einen Unfall oder Suizid vor, da ihnen die Inszenierung eines natürlichen Todes zu riskant oder zu aufwändig erscheint.

Etwa 4,5 Prozent aller Menschen sterben in Deutschland

(*offiziell!*) eines nicht natürlichen Todes, die meisten davon durch Unfall, ärztliche Kunstfehler oder Suizid. Doch bei weitem nicht alle nicht natürlichen Todesfälle werden als solche erkannt und die erkannten bei weitem nicht alle seziert. Im Gegenteil: Ist die Kripo nach dem Augenschein überzeugt, einen Suizid oder Unfall vor sich zu haben, verzichtet sie in der Regel auf den Obduktionsantrag. Obwohl sich unter den Selbstmördern – den Erhängten, den Ertrunkenen, den vom Schnellzug Erfassten – leicht Tötungsopfer verbergen können, werden zum Beispiel im Raum nördliches Westfalen nur 11 Prozent der Suizidanten seziert. Es gibt Städte in Deutschland, in denen über Jahre hinweg prinzipiell kein einziger Drogentoter obduziert wurde: Liegt dort jemand mit einer Spritze im Arm leblos auf dem öffentlichen Abort, wird er automatisch als Süchtiger abgehakt, der sich den goldenen Schuss verpasst hat.

Die Mordkommission kann sich zu Tode ermitteln, sie wird nicht erfahren, woran einer starb, wenn sie ihn nicht öffnen lässt. Stürzt ein Arbeiter vom Gerüst und stirbt, gibt es für das, was passiert ist, mehrere Erklärungsmöglichkeiten: Er hat danebengetreten. Er hatte einen Herzanfall. Er war betrunken. Er wurde gestoßen. Im Zentrum des Geschehens liegt immer die Leiche. Deshalb ist eine Obduktion die sicherste Methode zur Aufklärung.

Trotzdem wird – die Zahlen stammen aus dem nördlichen Westfalen, dürften aber für weite Teile der Bundesrepublik repräsentativ sein – bei nur etwa 20 Prozent der Unfalltoten vom Staatsanwalt eine innere Leichenschau angeordnet. Bei Verkehrstoten sind es sogar nur 10 Prozent, obwohl Obduzenten gerade bei Opfern von Autounfällen immer wieder zu völlig unerwarteten Diagnosen gelangen: Lastwagenfahrer liegen, voll gepumpt mit Heroin, tot im Führerhäuschen; Porschefahrer kleben an einem Brückenpfeiler – mit Kopfschuss; Menschen, die ein friedvolles Leben geführt haben, stürzen plötzlich mit ihrem Fahrzeug von der Autobahnbrücke in die Tiefe – die Blutanalyse weist Schlafmittel und Alkohol in hoher Konzentration nach. Wie kann so etwas geschehen?

Unter den dreizehntausend Toten, die 1997 in der multizentrischen Studie der Rechtsmedizinischen Institute analysiert wurden (siehe Kapitel 1), war etwa ein Drittel laut Totenschein auf nicht natürliche Weise ums Leben gekommen. Bei 240 dieser rund viertausend Leichen ergab sich jedoch während der Obduktion eine überraschende Wendung: Das heißt, sie waren zwar in der Tat eines nicht natürlichen Todes gestorben, aber eines gänzlich anderen als vermutet.

Zum Beispiel war ein Dreiundzwanzigjähriger mit tödlichen Kopfverletzungen in die Münchner Rechtsmedizin eingeliefert worden. Der Arzt vermutete im Leichenschein »Kopfschuss?«. Die Sektion ergab, dass sich der junge Bayer bei einem Unfall den Schädel zertrümmert hatte. Er war beim Fensterln abgestürzt.

Andersherum lag die Sache bei einem einunddreißigjährigen Arbeiter, der auf einem Gestüt bei Frankfurt am Main morgens von Kollegen tot neben einer Kettensäge aufgefunden wurde. Die Kripo glaubte, er wäre auf dem Laub ausgerutscht und in die laufende Säge gestürzt. Die Sektion ergab: tief reichende Sägeschnitte am Hinterkopf, daneben aber auch Hiebverletzungen am Schädeldach. Hier handelte es sich um eine Tötung mit einem Hiebwerkzeug. Der Sägeunfall war nur vorgetäuscht worden.

Die folgenden drei Fallgeschichten sollen illustrieren, wie sich hinter angeblichen Unglücksfällen, Suiziden und Autounfällen raffinierte Tötungsdelikte verbergen können.

1994 erlebte Professor Reinhard Vock, damals Rechtsmediziner am Würzburger Institut, eine als *Unglücksfall* fehlinterpretierte Tötung:

Ein junges Paar war mit seinem Sohn nach Aschaffenburg

gereist, um die Silvesternacht des Jahreswechsels 1993/94 bei Freunden zu erleben. Als das Feuerwerk begann, fragte das Kind die Eltern, ob es den Garten verlassen dürfe, um die Raketen besser sehen zu können. Es durfte – und kehrte nicht mehr zurück. Die Eltern und deren Freunde suchten den Achtjährigen bis in die frühen Morgenstunden und auch am nächsten Tag. Dann gingen sie zur Polizei. Am 3. Januar 1994 wurde der Kleine tot in einem Bach liegend gefunden. Es schien klar, dass er ertrunken war. Dennoch ließ der Staatsanwalt das Kind sezieren – nur zur Sicherheit. Die Sektion brachte eine erstaunliche Wendung: Die Lungen waren nicht gebläht und trocken, wie es bei Ertrunkenen üblich ist, sondern voller Wasser. Außerdem fanden sich Erstickungsblutungen in den Augen. »Das ist kein Unfall«, sagte der Obduzent Vock. »Wollen Sie damit sagen, das Kind wurde umgebracht?«, fragte der Staatsanwalt. »Genau das«, lautete die Antwort.

Jetzt begannen die Ermittlungen der Polizei. Alle bekannten Sexualtäter im Umkreis wurden überprüft. Dann gerieten die Eltern in Verdacht: Warum hatten sie das Verschwinden ihres Kindes erst so spät gemeldet? Doch alle Recherchen der Kripo führten ins Nichts.

Etwa vier Wochen später erschien eine Frau auf der Polizeiwache in Worms und gab zu Protokoll, eine Freundin habe ihr gestanden, in Aschaffenburg einen Jungen umgebracht zu haben. Sie habe ihn zu sexuellen Handlungen zwingen wollen, doch er habe sich gewehrt und laut gebrüllt. Da habe sie ihn erwürgt. Nachforschungen der Polizei ergaben nun, dass die Frau sich schon vorher psychisch auffällig gezeigt und Kinder sexuell belästigt hatte. Sie wurde aus dem Verkehr gezogen.

Der nächste Fall eines als *Suizid* getarnten Mordes wurde 1989 in Köln bei einer rechtsmedizinischen Jahrestagung vorgetragen:

Ein Mann gab an, er habe seine Ehefrau tot in Rückenlage

auf dem Wohnzimmersofa aufgefunden. In der rechten Hand habe sie einen Revolver gehalten, den er ihr zwei Tage zuvor beschafft habe, da sie von einem anonymen Anrufer bedroht worden sei. Noch am selben Abend habe er ihr den Umgang mit der Waffe erklärt.

Die Obduktion ergab einen aufgesetzten Nahschuss mit Stanzmarke vier Zentimeter links neben dem Brustbein. Die Todesursache war Verbluten in die Brusthöhle. Die Schmauchanhaftungen an der Bluse und die Tatsache, dass die Mündung offenkundig aufgesetzt worden war, wirkten auf die Ermittler so überzeugend, dass auf weitere kriminaltechnische Untersuchungen verzichtet wurde. Die wirtschaftlichen und ehelichen Verhältnisse der Toten schienen intakt gewesen zu sein. Kein Zweifel, hier lag ein Suizid vor.

Der Mann heiratete erneut. Neun Jahre nach dem Tod seiner ersten Ehefrau tötete er die zweite durch einen Kopfschuss. Die Kripo überführte ihn dieser Tat. Jetzt wurde auch der erste Todesfall wieder aufgerollt. Es kam heraus, dass der Verdächtige zwei Monate vor dem angeblichen Selbstmord seiner Gattin eine Lebensversicherung auf sie abgeschlossen und eine Liebschaft mit einer anderen angefangen hatte. Nun wurden alte Untersuchungsakten aus den Archiven beschafft und die Fotos von Tatort und Opfer den Schussexperten vorgelegt, die feststellten, dass sich eine Rechtshänderin nur mit »gänzlich unnatürlichen Verrenkungen« den tödlichen Herzschuss selbst hätte beibringen können. Der Ehemann gestand nicht, wurde aber in einem Indizienprozess wegen zweifachen Mordes verurteilt.

Der dritte Fall, ein als *Verkehrsunfall* kaschiertes Tötungsdelikt, stammt aus der *Zeitschrift für Unfall- und Sicherheitsforschung im Straßenverkehr* 1986.

In einer Sackgasse wurde die – quer zur Fahrbahn liegende – Leiche eines vierunddreißigjährigen Mannes gefunden. Auf der Straße lagen in einer Blutspur eine abgerissene

Halskette und eine Armbanduhr sowie das Kühleremblem eines Renault. In der näheren Umgebung entdeckten die Beamten zwar auch eine Geschosshülse, brachten sie aber nicht mit dem Toten in Verbindung, da sich nicht weit vom Leichenfundort ein Schießübungsplatz befand. Nachdem Notarzt und Polizei die Leiche besichtigt hatten, lag das Szenario auf der Hand: Unfall mit Fahrerflucht.

Bei der Obduktion wurden Kopf- und Oberkörperverletzungen festgestellt, die nahe legten, dass der Tote von einem Wagen überrollt worden war. Allerdings wies die Leiche keine Stoßstellen an den Beinen auf, die hätten entstehen müssen, wenn der Mann im Gehen oder Stehen von einem Fahrzeug erfasst worden wäre. Man nahm daher an, er sei überfahren worden, als er bereits lag.

Die Öffnung des Schädels führte dann allerdings zu einer überraschenden Wende in der Einschätzung des Geschehens: Der Mann hatte einen sauberen Kopfdurchschuss. Der Tod war durch die Hirnverletzung und eine anschließende Thoraxkompression herbeigeführt worden. Mit anderen Worten: Der Schuss hatte den Mann nicht sofort getötet, sondern schwer verletzt zu Boden gehen lassen; er war dann bei noch lebendigem Leib überfahren worden.

Ermittlungen ergaben später, dass der Geschäftspartner des toten Mannes – beide waren hoch verschuldet und hatten gegenseitig Lebensversicherungen aufeinander abgeschlossen – einen Mörder gedungen hatte, der nach dem Schuss einen Verkehrsunfall vortäuschen sollte. Der Auftraggeber wurde wegen Mordes zu lebenslanger Haft verurteilt.

Das Recht auf Aufklärung

Fallbeispiele dieser Art ließen sich ins Endlose fortsetzen: Geliebte, die aus dem Fenster gestoßen wurden, Erdrosselte, bei denen der Eindruck eines autoerotischen Unfalls erweckt werden sollte – Mörder finden tausend Wege, von ihrer Tat abzulenken und die Polizei in die Irre zu führen.

Wenn auf den Gräbern aller Ermordeten ein Lichtlein stünde, wären die Friedhöfe hell erleuchtet. – Diese alte Sentenz von Todesermittlern aus allen Disziplinen bleibt wahr, ja scheint sogar an Berechtigung zu gewinnen, und das nicht zuletzt deshalb, weil die Zahl der von Gericht oder Staatsanwaltschaft angeordneten Obduktionen, der so genannten Legalsektionen, in Deutschland mit bundesweit 1 bis 2 Prozent aller Toten, die im Vergleich zu der der Nachbarländer ohnehin außerordentlich niedrig ist, in den letzten Jahren auch noch abgenommen hat (siehe Kapitel 1). Dass die Sektionszahlen sinken, hat fast jedes Rechtsmedizinische Institut zu spüren bekommen. Genaue Daten vermag das Statistische Bundesamt nicht zu liefern; Erhebungen zu dieser Entwicklung werden schon seit Jahren nicht mehr durchgeführt, was deutlich macht, für wie wenig drängend das Problem der Legalsektion in Deutschland erachtet wird.

Ein eindrückliches Beispiel für die schwindende Sektionsmoral in Deutschland und das wachsende Desinteresse der Behörden an den Hintergründen eines Todesfalls ist das Verhalten der Staatsanwaltschaft Köln. Sie ist zuständig für die Rechtssicherheit von 1,8 Millionen Bürgern. Von den rund achtzehntausend Todesfällen, die sich in ihrem Verantwortungsbereich jährlich ereignen, bedürften knapp 10 Prozent (das sind rund anderthalbtausend Fälle) der Klärung. De facto aber ordnet sie in *unter einem Prozent der Todesfälle* eine gerichtliche Obduktion an, also etwa hundert, höchstens hundertzwanzig im Jahr. Wie kann da Rechtssicherheit gewährleistet sein?

Die Zahlen waren nicht immer so alarmierend: Anfang der Siebzigerjahre betrug die Sektionsrate in der Rechtsmedizin Köln noch über fünfhundert Eingriffe pro Jahr, dreihundertsechzig davon (also drei Mal so viele wie heute) waren vom

183

Staatsanwalt veranlasst worden. In den Achtzigern war die Zahl der Obduktionen in Köln immerhin noch doppelt so hoch wie in den Neunzigerjahren, in denen das Rechtsmedizinische Institut von den eigenen Justizbehörden dermaßen ausgehungert worden ist, dass die Landesregierung Nordrhein-Westfalen mit dem Gedanken spielt, dieses Institut oder das der Nachbarstadt Aachen ganz zu schließen und beide zusammenzulegen. Eine gute Nachricht für schlaue Mörder, von der später in diesem Kapitel noch die Rede sein wird.

In Deutschland ist die Sektionsrate seit jeher sehr gering. Das hat Tradition. Es gibt in der Bundesrepublik überdies keine klaren gesetzlichen Regelungen, welcher Tote seziert werden *muss*. Ob obduziert wird oder nicht – das Thema wurde ja im zweiten und dritten Kapitel bereits erörtert –, bleibt hier zu Lande der Entscheidung Einzelner überlassen:

- der Entscheidung des Arztes, der durch das Kreuz im Totenschein eine Obduktion anregt oder nicht,
- der Entscheidung des Polizisten, der sie beantragt oder es unterlässt,
- der Entscheidung des Staatsanwalts, der sie anordnet oder darauf verzichtet.

Ist irgendeine Person in dieser Entscheidungskette angesichts eines Todesfalls der subjektiven, womöglich auf Ahnungslosigkeit oder Bequemlichkeit gegründeten Meinung, eine Leichenöffnung sei nicht angebracht, wird sie *nicht stattfinden*. Darin zeigt sich ein oft kritisierter und nie behobener Missstand in Deutschland.

Die Argumente, die aus Kreisen der deutschen Justiz oder Politik gegen die Obduktion ins Feld geführt werden, sind immer die Gleichen und liegen – auch in unserer aufgeklärten Industrienation – nicht im Rationalen, sondern im Irrationalen begründet.

184

- Die *Pietät* werde verletzt und die Leichenruhe gestört, heißt es.
- Die *Würde* des toten Menschen werde angetastet.
- Die Öffentlichkeit beziehungsweise die *Angehörigen* lehnten Sektionen grundsätzlich als etwas Grausames ab.

Dies alles hat bei nüchterner Betrachtung keinen Bestand: Religiöse Bedenken der beiden christlichen Konfessionen gegen die Obduktion bestehen nicht. Die *Pietät* leidet keinen Schaden, denn der Leichnam wird nicht zerstört oder entstellt, sondern nur geöffnet und kunstvoll wieder vernäht. Man sieht ihm – wenn er später angezogen im Sarg liegt – den postmortalen Eingriff nicht mehr an. Alle Beisetzungszeremonien können ohne Einschränkung stattfinden.

Auch die durch das Grundgesetz geschützte *Würde* des Menschen wird in einer nach den Regeln der ärztlichen Kunst durchgeführten Autopsie nicht im Geringsten verletzt. Darin stimmen Ärzte und Juristen überein. Vielmehr ist das Gegenteil der Fall: Es verstößt gegen den Anspruch, die Würde eines Menschen zu wahren, wenn den unklaren Umständen seines Todes nicht mit dem entsprechenden Ernst nachgegangen wird. Man kann es auch so formulieren: *Die Würde des Menschen beinhaltet auch das Recht auf die Aufklärung seiner Todesumstände.*

Und was die Abscheu der Öffentlichkeit vor der Obduktion betrifft, so wissen klinische Pathologen, die ja – im Gegensatz zu Rechtsmedizinern – meist auf die Einwilligung der *Angehörigen* angewiesen sind, dass deren Zustimmung von der Überzeugungskraft des Fragers und von der Plausibilität der vorgetragenen Argumente abhängt. »Die Öffentlichkeit, der einzelne aufgeklärte Bürger ist nicht gegen die Obduktion«, schreibt Professor Volker Becker, ehemals Direktor des Pathologischen Instituts der Uniklinik Erlangen. »Den Angehörigen muss klar werden können, warum der

Arzt die Einwilligung zur Obduktion fordert, was die Kenntnis des Obduktionsergebnisses für die Angehörigen selbst und auch für den nächsten Patienten bedeuten kann.«

Dass eine Obduktion den Hinterbliebenen auch dann nützlich sein kann, wenn kein Verdacht auf ein Delikt vorliegt, zeigt folgender Fall, der sich in Köln zutrug: Ein Mann mittleren Alters saß im Stadtverkehr am Steuer, als sein Wagen aus der Spur ausbrach und sehr langsam (mit zwanzig bis dreißig Kilometern pro Stunde) frontal auf ein anderes Fahrzeug prallte. Der Fahrer des ausgescherten Autos starb. Der eintreffende Notarzt diagnostizierte Herzinfarkt am Steuer, nur so konnte er sich den Geschehensablauf erklären.

Der Tote kam zur Besichtigung in die Rechtsmedizin. Den zuständigen Arzt überzeugte die Infarktdiagnose nicht. Er rief die Witwe des Verunglückten an und bat sie um die Einwilligung zur Obduktion, obwohl ihr Mann eines natürlichen Todes gestorben zu sein schien. Sie sagte: »Lassen Sie meinen Mann wenigstens jetzt in Ruhe. Davon wird er doch nicht wieder lebendig.« Nach einiger Zeit rief der Arzt nochmals an, um die Erlaubnis zu erhalten. Vielleicht, führte er an, sei ihr Mann entgegen dem Augenschein doch an den Folgen der Kollision gestorben. Wenn er versichert wäre, gälte sein Tod dann als Wegeunfall und sie, die Witwe, käme in den Genuss der Versicherungssumme. Doch es war nichts zu machen, die Trauernde blieb hart.

Der Tote wurde dann doch obduziert, denn – und das kommt nicht selten vor – die Berufsgenossenschaft des Toten ließ die Sektion anordnen, weil der Fahrer in der Tat versichert gewesen war und mit dem Abschluss des Vertrags automatisch einer Obduktion zugestimmt hatte. Die Sektion ergab: Todesursache war kein Herzinfarkt, sondern ein durch den Lenkradaufprall hervorgerufener Einriss der Brustschlagader. Der Mann war tatsächlich am Unfall gestorben, und

seine Witwe, die mittellos war, bekam die Entschädigungs-
summe von der Versicherung.

Ein weiteres Beispiel für die Nützlichkeit von Obduktionen
jenseits vom Tatverdacht, das sich – mit Abweichungen vom
Grundmuster – ständig wiederholt: Ein junger, etwa dreißig-
jähriger Mann liegt tot in seinem Bett. Auf dem Nachttisch
steht ein Glas mit Tablettenanhaftungen. Polizeiliche Befragungen fördern erhebliche Eheprobleme zu Tage. Es ist bekannt, dass der Tote alkoholabhängig gewesen war, an Depressionen gelitten und immer wieder mit Selbstmord
gedroht hatte. Die Polizei geht daher von Suizid durch Tablet-
tenüberdosierung aus. Doch die Witwe gerät in Not. Die Verwandtschaft beschuldigt sie, ihren Mann vergiftet oder mindestens zum Selbstmord getrieben zu haben. Sie muss für
zwei kleine Kinder sorgen. Die Rechtsmediziner raten ihr zur
Sektion, um Klarheit in die Todesumstände des Verstorbenen
zu bringen. Die Untersuchung führt zu einem überraschenden Ergebnis. Die Diagnose lautet: Herzinfarkt. Der Mann ist
auf natürliche Weise aus dem Leben geschieden. Für die Hinterbliebenen ist das eine enorme Befreiung.

Der wahre Beweggrund für die nachlassende Obduktions-
freudigkeit der Staatsanwälte dürfte in Wahrheit auch sehr
viel weniger in der Achtung vor Menschenwürde und Pietät
zu suchen sein, sondern wohl eher in der Sorge um die finanziellen Ressourcen der jeweiligen Justizbehörde. Jede Sektion, die kein Tötungsdelikt ans Licht bringt, ist in den Augen
vieler Strafverfolger eine zu viel und bedeutet reine Geld-
verschwendung. Deshalb nehmen etliche von ihnen lieber
in Kauf, dass der eine oder andere Mordfall durchrutscht.
Um auf der absolut sicheren Seite zu stehen, lassen die
Staatsanwälte mancher Städte fast ausschließlich Tote sezieren, denen auch der Laie schon ansieht, dass sie ermordet
worden sind.

Kriminalbeamte erzählen sogar, dass bei der Überführung von Serienmördern manchmal gar nicht sämtliche vermuteten Opfer exhumiert und gerichtlich obduziert werden, sondern – aus Sparsamkeit – nur die Mindestanzahl, die der Staatsanwalt benötigt, um den Täter mit hoher Wahrscheinlichkeit hinter Schloss und Riegel zu bringen. Ob ein Mörder also sieben oder siebzehn Menschen auf dem Gewissen hat, scheint die Justiz und den Staat letztendlich nicht zu interessieren.

Mammutmordprozesse – gegen Serientäter zum Beispiel – sind auch in anderer Hinsicht gute Beispiele. Betrachtet man sie einmal näher, zeigt sich, dass die ungerührte Kosten-Nutzen-Kalkulation der Staatsanwaltschaften letztlich nicht aufgeht. Sie wird paradoxerweise auf Kosten der Bevölkerung aufgestellt, genauer: zu Ungunsten der Rechtssicherheit des Bürgers und außerdem zu Lasten des Steuerzahlers.

Diese Mordprozesse demonstrieren zum einen (wie man es in allen Zwischengeschichten dieses Buches nachlesen kann), dass bei großen Verbrechen, die viel zu spät ans Licht kommen, fast immer im Vorfeld geschlampt wurde. Der Täter war in der Regel schon lange vor seiner Festnahme irgendjemandem aufgefallen, dessen Argwohn dann von Ärzten, Kripobeamten oder Staatsanwälten nicht ernst genommen wurde. Anstatt kleinen Hinweisen auf der Stelle nachzugehen und durch Obduktion einem unklaren Tod zur Klarheit zu verhelfen, scheint der Apparat abzuwarten, bis weitere Taten den Verdächtigen verraten. Eine gegenüber den Opfern regelrecht zynische Einstellung.

Große Schwurgerichtsprozesse führen zum Zweiten vor Augen, dass durch Knauserigkeit und Abwimmelei im Vorfeld oder zu Beginn von Ermittlungen auch finanziell keine Mark gewonnen ist. Ein einziger »versiebter« Fall kostet später Millionen: Da wird oft jahrelang nachuntersucht und verhandelt. Da werden Hunderte von Zeugen angekarrt. Da werden Gutachten und Gegengutachten und Gegengutachten zum Gegengutachten erstellt. Dann gehen die Rechtsanwälte in Revision, dann gehen die Staatsanwälte in Revision, oder der Fall wird ganz neu aufgerollt – und all diese aufwändigen und teuren Bemühungen um die Wahrheitsfindung zahlt der Bürger. Von dem, was ein einziger solcher Prozesse – wie sie fortwährend in Deutschland stattfinden – kostet, könnte man Tausende von Ermittlungen anstellen und Tausende von Toten rechtsmedizinisch untersuchen lassen. Insofern hat das Leichenwesen durchaus Ähnlichkeiten mit dem Gesundheitswesen: Wird eine Krankheit im Anfangsstadium erkannt, kann sie oft mit relativ simplen Mitteln geheilt werden, wird sie nicht erkannt, breitet sie sich aus und muss zu guter Letzt mit enormem Aufwand und teurer Gerätemedizin niedergerungen werden.

Die Obduktion

Der Leichenkeller eines Rechtsmedizinischen Instituts wirkt auf den ersten Blick wie eine Großküche. Kacheln, Neonlicht, deckenhohe Metallschränke. In Kühlfächern übereinandergestapelt liegen die Toten. Sie wurden schon bei ihrer Ankunft vermessen und gewogen, ihre Daten – soweit vorhanden – festgehalten. Nun warten sie, nackt und entseelt wie Wachspuppen, darauf, dass ein Rechtsmediziner sie in Augenschein nimmt oder aufschneidet. Der Anblick von Toten ist im Allgemeinen Mitleid erregend und rührend, sie sind so wehrlos, so ausgeliefert. Vielleicht haben sie schreckliche Erlebnisse hinter sich. Manche Leichen sind dunkel und eingeschrumpft, weil sie wochenlang unter freiem Himmel gelegen haben. Bei anderen ist der ganze Körper von Maden zerfressen. Kein schöner Anblick.

Eine gerichtliche Obduktion wird nach dem Gesetz von zwei Ärzten durchgeführt. Einer muss ausgebildeter Rechtsmediziner sein, der andere lediglich Arzt. In der Realität sind meist zwei Rechtsmediziner am Werk. Dieses Prinzip der gegenseitigen Zeugenschaft hat seine Wurzeln im jüdischen und kanonischen Recht. Es ist die effizienteste Qualitätskontrolle.

Die Obduktion wird mit einer gründlichen äußeren Besichtigung der Leiche und einer möglichst genauen Erkundigung über die Auffindesituation eröffnet. Soweit vorhanden, werden auch die getragenen Kleidungsstücke sorgfältig untersucht. Sind sie beschädigt? Wenn ja, wie und wo? Haften ihnen irgendwelche verdächtigen Spuren an? Dann beginnt die Sektion selbst, die etwa zwei bis drei Stunden dauert und nach strengen, schon vor langer Zeit festgelegten Richtlinien abläuft. Sie ist eine Art erweiterte Operation; Rechtsmediziner sprechen von der »Kunst der Sektion«. Diese Kunst erlernen sie in einer fünfjährigen Spezialisierungszeit nach der Approbation zum Facharzt für forensische Medizin.

Durch einen Längsschnitt in der Körpermitte – vom Hals bis zum Schambein – werden Brust- und Bauchhöhle geöffnet und inspiziert. Die Rippen werden mit einer stabilen Schere durchtrennt. Die inneren Organe, wie Herz, Lunge, Leber, Nieren, werden entnommen, gewogen und untersucht. Danach werden sie präpariert. So erkennt man Herzinfarkte, Lungenödeme, Lungenembolien – aber auch Wege von Kugeln oder Messern durch die Organe. Für das Aufschneiden der Därme gelten bestimmte Regeln, ebenso für das Öffnen der Harnblase, des Magens, der Blutgefäße. Sind die Schleimhäute des Rachens gerötet? (Verätzte Schleimhäute sprechen für Vergiftung.) Finden sich in Speiseröhre, Magen oder Darm Spuren von Tabletten? Wie voll ist die Blase? (Eine prall gefüllte Blase spricht für zentralen Tod mit lange andauernder Bewusstlosigkeit.)

Natürlich erleben die Obduzenten bei Sektionen Überraschungen in Hülle und Fülle. Es kommt vor, dass jemand erschlagen wurde und als Zusatzbefund einen akuten, tödlichen Herzinfarkt aufweist. Oder es zeigt sich in einer mit Blut voll gelaufenen Brust nach exakter Präparation ein Nadeleinstich in die Lunge (eine falsch gesetzte Injektion). Oder man findet lediglich Hinweise auf Sauerstoffmangel, auf ein so genanntes »inneres Ersticken« (bei Säuglingen kommt dieser Befund als Folge von raffiniertem Ersticken durch eine weiche Bedeckung manchmal vor).

Zum Schluss der Obduktion wird der Schädelknochen durch einen halbkreisförmigen Schnitt in die behaarte Kopfhaut des Hinterhaupts freigelegt und mit Hilfe einer oszillierenden elektrischen Säge das Schädeldach geöffnet. Das Gehirn des Toten wird herausgenommen, gewogen und untersucht. Dieses Grundmuster der Obduktion wiederholt sich auf den Sektionstischen der Rechtsmedizinischen Institute in zahllosen Variationen, je nachdem, welche Art von gewaltsamem Tod in Betracht kommt.

Aus den entnommenen Organen einschließlich des Gehirns werden Teile herausgeschnitten und feingeweblich-mikroskopisch sowie toxikologisch analysiert. Ebenso wird der Leiche Blut und Urin abgenommen. Zuletzt legt der Obduzent die Organe in den Körper zurück, woraufhin die Leiche zugenäht und gereinigt wird. Dieses Vorgehen hat der Europarat 1999 in einem umfangreichen Dokument, das viele Details berücksichtigt, für verbindlich erklärt.

Die Autopsie einer Leiche kostet sechs- bis siebenhundert Mark. Sind die Überreste stark zersetzt, wird es teurer. Dazu kommen noch etwa fünfhundert Mark für die feingewebliche Untersuchung und – wenn verlangt – tausend bis fünfzehnhundert Mark für die giftchemische Analyse. In den meisten deutschen Bundesländern ist die Sektion für den Ersten Obduzenten Dienstaufgabe, das heißt, seine Leistung ist mit dem Gehalt abgegolten, auch wenn er die Sektion außerhalb seiner regulären Arbeitszeit durchführen muss. Der Zweite Obduzent bekommt sein Honorar gemäß dem Zeugen- und Sachverständigenentschädigungsgesetz (ZuSEG) ausbezahlt. Gerichtliche Autopsien werden von den Justizministerien der Länder bezahlt und von den Rechtsmedizinischen Instituten bewerkstelligt, die den Universitäten unterstehen. Die erhobene Gebühr fließt also über den Obduzenten hinweg vom Justizressort des jeweiligen Bundeslandes in die Kasse des Wissenschaftsressorts. Sie beträgt pro Arzt – je nach Zustand des Leichnams – etwa drei- bis sechshundert Mark.

Der ungeliebte Zwitter

Die gesamte Disziplin der Rechtsmedizin ist hier zu Lande in den letzten Jahren ins Abseits geraten – ganz sicher zum Schaden der Republik und ihrer Rechtssicherheit. Es gibt mehrere Gründe, warum die Rechtsmedizin Kraft, Bedeutung und politischen Einfluss verloren hat. Die beiden wichtigsten sind:

• die Positionierung des Faches zwischen Medizin und Recht, die dazu führt, dass die Rechtsmedizin für alle Seiten ein chronischer Störfaktor ist;
• die Patientenschaft der Rechtsmedizin – es handelt sich ausschließlich um Opfer.

Die rechtsmedizinische Disziplin wandelt auf jenem schmalen Grat, an dem Justiz und Medizin zusammenstoßen. Institutionell ist sie Teil der medizinischen Fakultäten an den Universitäten. Sie gehört mit bundesweit maximal vierhundert Wissenschaftlern zu den kleinen Nebenfächern, ist aber seit den Zwanzigerjahren Pflicht- und Prüfungsfach für jeden Medizinstudenten. Forensisches Wissen wird derzeit noch an neunundzwanzig Lehrstühlen in Deutschland an den Nachwuchs weitergegeben.

Gleichzeitig ist die Rechtsmedizin außerordentlich praxisorientiert. Sie stellt ihr Wissen und Können in den Dienst von Exekutive und Judikative, also von Polizei und Gericht. Straftaten gegen das Leben und gegen körperliche Unversehrtheit werden in der Regel vom Rechtsmediziner festgestellt und dokumentiert. Ohne die Sicherheit eines rechtsmedizinischen Gutachtens ist die Verurteilung eines Mörders, Gewalttäters oder Vergewaltigers so gut wie unmöglich. Es gibt kaum eine Gerichtsverhandlung in einer Strafsache gegen Leib und Leben, in der nicht der Rechtsmediziner seinen Auftritt hätte.

Die Zwitterstellung der Rechtsmedizin zwischen Medizin und Justiz ist in mehrfacher Hinsicht problematisch für das Fach selbst. Sie trägt dazu bei, dass die Rechtsmedizin sowohl in der Gruppe der Mediziner als auch unter den Polizeibeamten und Staatsanwälten nicht allzu viele Freunde hat.

Da stehen auf der einen Seite die *medizinischen Fakultäten*. Die Wissenschaftler, die ihnen angehören, sehen gelegentlich auf die Rechtsmediziner herab. In den Augen von Kardiologen, Neurophysiologen oder Biochemikern sind sie oft nicht viel mehr als Handlanger der Polizei: Inspektoren des Todes, Spezialisten für Sperma und Speichel. Und darin steckt ja auch ein Quäntchen Wahrheit. Die Rechtsmedizin ist, wie erwähnt, in der Tat der praktischen Anwendung verhaftet und betreibt nur sehr vereinzelt Grundlagenforschung. Die meisten Rechtsmediziner sind daher Handwerker geworden, die zwar einen toten Körper fachgerecht präparieren und seine Spuren interpretieren können, aber im Allgemeinen nicht viel zum Fortschritt in der Medizin beizutragen haben.

Die Praxisbezogenheit des Faches führt natürlich auch dazu, dass so mancher Doktor und Professor der Rechtsmedizin zum einen keine Zeit mehr findet, sich aufwändigen Forschungen zu widmen, weil er pausenlos im Sektionssaal steht oder zu Tatorten ausrücken muss. Andererseits findet er sich im Laufe der Jahre damit ab, dass in seiner Disziplin sowieso kein Nobelpreis zu gewinnen ist, und stellt die Bemühungen um wissenschaftlichen Glanz weitgehend ein.

So gibt es heute in Deutschland nur ein einziges rechtsmedizinisches Fachblatt von internationalem Rang, das *International Journal of Legal Medicine*. Und von den elftausend Förderungen, die die Deutsche Forschungsgemeinschaft (DFG) – betraut mit der Auswahl und finanziellen Unterstützung der zukunftsträchtigsten Projekte der Grundlagenforschung – in den Neunzigerjahren an medizinische Fächer vergab, investierte sie gerade einundvierzig in den Forscherdrang der Rechtsmedizin, was nicht allzu üppig ist und auch nicht dazu beiträgt, deren Ansehen bei anderen Disziplinen zu heben.

Deshalb muss sich die Rechtsmedizin die Frage, ob sie denn überhaupt eine »richtige« oder nicht vielmehr bloß eine angewandte Wissenschaft sei, immer wieder gefallen lassen. Sie verfügt in Deutschland kaum über Spezialisten, sondern ist in der Regel einfach *für alles, für den gesamten menschlichen Körper*, zuständig. Und da ist der Zweifel, ob das nicht ein bisschen zu viel auf einmal ist, durchaus erlaubt.

Die forensischen angewandten Wissenschaften – zum Beispiel eben die Rechtsmedizin, aber auch die forensische Psychiatrie – sind per se bedarfs- und anforderungsabhängig. Ihre Leitfrage lautet: Was braucht die Justiz, vor allem die Strafjustiz? Ein solcher Auftrag schmälert natürlich das Ansehen der mit ihm befassten Wissenschaftler an der Universität. Sollen wir dafür eine Professur einrichten, nur weil die Justiz Gutachten von uns haben will?, fragen sich Bedenkenträger in den medizinischen Fakultäten. Und so kommt es, dass die Rechtsmedizin an einer grundsätzlichen Unklarheit im Selbstverständnis leidet. Sie schafft sich zwar immer wieder Inseln für die eigene Forschung – durchaus auch für Grundlagenforschung –, aber doch immer in einem Rahmen, der mit Justiz und gerichtlicher Begutachtung zu tun hat.

Dennoch ist es sinnvoll und zweckmäßig, die Rechtsmedizin im Schutz der Universitäten zu belassen. Dafür sprechen vier gute Gründe:

Erstens gibt es bei aller Praxisorientierung ein – wenn auch begrenztes – Feld für echte Wissenschaft und auch Grundlagenforschung in der Rechtsmedizin, und der Staat legt Wert auf Experten auf diesem Gebiet.

Zweitens ist es unverzichtbar, dass Medizinstudenten die Erkenntnisse der Rechtsmedizin vermittelt werden. Wenigstens Relikte der Kriminalistik sollten zu ihrem Lehrplan gehören.

Drittens dürfen die Fragen der Rechtsmedizin im wissenschaftlichen Gespräch an den medizinischen Fakultäten nicht fehlen.

Viertens muss die Rechtsmedizin von der Justiz unabhängig sein! Daher war es klug, in den Zwanzigerjahren die der Justiz unterstellte *Gerichtsmedizin* abzuschaffen und Lehrstühle für *Rechtsmedizin* (damals: Gerichtliche und soziale Medizin beziehungsweise Gerichtliche Medizin und Kriminalistik), also eine eigenständige Disziplin, an den Hochschulen einzurichten. Der Grund: Die Gerichtsmedizin erlag in weit höherem Maße der Versuchung, justizhörig zu werden, als eine auf Autonomie bedachte Universitäts-Rechtsmedizin.

Es gehört zum Grundwissen von Soziologen und Kriminologen, dass Wissenschaft, die sich der Justiz andient, mit der Zeit auf eine Legitimationsfunktion herabgewürdigt wird. Sie wird in einem schleichenden Prozess von der Praxis der Strafverfolgung vereinnahmt. Der Gutachter wird sich dann letztlich den Vorgaben der Justiz fügen, und das kann so weit gehen, dass er medizinische Krankheitsbegriffe den juristischen Vorgaben anpasst. So besteht insgesamt die Gefahr, dass die Erwartungen der Justiz an Ergebnisse von Begutachtungen erfüllt werden. Dafür wäre dann die Rechtsmedizin mit ihrer Allroundzuständigkeit, ihrer geringen Spezialisierung und ihrem hohen Maß an Interpretationskompetenz besonders anfällig.

Wo Dinge ausgewählt, festgelegt und gedeutet werden müssen, gibt es immer auch Entscheidungsspielräume, in denen Einflussnahme und Steuerung möglich sind. Welchen naturwissenschaftlichen Fragen soll beispielsweise nachgegangen werden und welchen nicht? Welche Indizien werden für wichtig erachtet? Welcher Messinstrumente bedient man sich bei der Untersuchung? Es ist in der deutschen Justizgeschichte immer wieder zu Fehlverurteilungen gekommen, weil das Werkzeug der Rechtsmedizin untauglich war oder falsch angewandt wurde. Überall da, wo die Einschätzung des Rechtsmediziners gefragt ist, sind auch seiner Manipulation Tür und Tor geöffnet: Wie schuldfähig ist jemand, der mit 2,5 Promille Alkohol im Blut getötet hat? Hat sich die Tote in der Badewanne selbst das Leben genommen, oder war jemand anders am Werk? Die Antwort auf solche Fragen ergibt sich oft aus der Deutung winzigster Zeichen.

Ein Gericht neigt prinzipiell dazu, die eigene Einschätzung oder die der Polizei bestätigt sehen zu wollen. Außerdem soll es – gerade bei Alltagsverhandlungen – schnell gehen. Und schon wenn der Gutachter in vorauseilendem Gehorsam den »kurzen Prozess« unterstützt, handelt er fremdbestimmt. Wo es um Definition und Interpretation geht, ist die Gefahr, »gewünschte Ergebnisse« zu erzielen, auch für den Rechtsmediziner sehr groß, besonders wenn er der Objektivität nicht im selben Maße verpflichtet ist wie ein Wissenschaftler an der Universität. Deshalb ist die Rechtsmedizin dort gut aufgehoben.

Ein weiterer Grund, warum sie bei Vertretern anderer medizinischer Disziplinen nicht übermäßig hoch im Kurs steht, ist ihre sehr beharrliche Eigenart, die Grabesruhe an den Kliniken zu stören. Rechtsmediziner sind die Anwälte der Patienten, vor allem der verstorbenen. Die Rechtsmedizin bildet – weit mehr noch als die Pathologie – eine ungeliebte Kontrollinstanz für die Qualität ärztlichen Handelns. Rechtsmediziner sind häufig Gewährsleute bei Kunstfehlerprozessen oder anderem ärztlichem Fehlverhalten. Wo der Rechtsmediziner auftaucht, wird es nicht selten ungemütlich für den behandelnden Doktor. Und da Ärzte aller Fachrichtungen eine tief verwurzelte Abneigung gegen die Klärung von Tatsachen – auch und besonders nach dem Tod eines Patienten – haben und obendrein, wie Kapitel 2 gezeigt hat, heftigen Widerwillen gegen alles hegen, was nach Polizei und Staatsanwaltschaft riecht, sind die Rechtsmediziner – vor allem jene, die von kleinen Kompromissen unter Kollegen nichts halten – ein steter Dorn im Auge der Ärzteschaft.

Postmortale Qualitätskontrolle stößt im Krankenhaus auf wachsende Missbilligung, wie Rechtsmediziner und Pathologen gleichermaßen feststellen. Die Doktoren haben dank ihrer immer ausgefeilteren diagnostischen Gerätschaften das Gefühl, sie wüssten bereits definitiv über alles Bescheid, was in ihren Patienten vorgeht. Diese Einstellung bleibt den Rechtsmedizinischen Instituten nicht verborgen, wo man ein nachlassendes Interesse von Medizinstudenten an der Teilnahme an Obduktionen konstatiert.

Ganz so sicher sollten sich die klinischen Mediziner ihrer eigenen Fähigkeiten allerdings nicht sein. Untersuchungen an der Harvard Medical School in Boston und an der I. Medizinischen Universitätsklinik in Kiel zeigen, dass die in den letzten zwanzig Jahren entwickelten und freudig genutzten technischen Introspektionsmöglichkeiten in der Gerätemedizin keineswegs zwangsläufig die Diagnosesicherheit erhöhen. So konstatiert Wilhelm Kirch, Professor für Innere Medizin an der Technischen Universität Dresden, in seinem Beitrag für den Sammelband *Innere Medizin und Recht* (Madea et al. 1996), dass »im Laufe der Jahre und Jahrzehnte die Zahl der Fehldiagnosen trotz verbesserter diagnostischer Möglichkeiten nicht abgenommen hat«.

Obwohl Verfahren wie Sonographie, Radionuklidszintigraphie, Computer- oder Kernspintomographie routinemäßig verfügbar gewesen seien, schreibt Kirch, habe auch der amerikanische Internist Lee Goldmann keine Reduktion der Fehldiagnosenhäufigkeit nachweisen können. Der analysierte in den Jahren 1960, 1970 und 1980 jeweils einhundert nach Zufallsrisiken ausgewählte Autopsiefälle der Harvard Medical School. Der Prozentsatz der Fehldiagnosen, die bei rechtzeitigem Erkennen zu einer Änderung der Therapie und einer höheren Überlebensrate hätten führen können, blieb in den drei jeweiligen Jahren mit etwa 10 Prozent konstant. »An der Entstehung von Fehldiagnosen dürfte heute auch die falsche Beurteilung beziehungsweise Interpretation von Befunden dieser Verfahren beteiligt sein«, fährt Kirch fort, »sodass die genannten Methoden oftmals weniger zur sicheren und schnelleren Diagnosestellung beitragen als vielmehr zu Verwirrung und erschwertem Erkennen von Krankheiten.« Die Ursache für Fehldiagnosen sieht der Internist in der rückläufigen Zahl von Obduktionen. Allein dadurch seien die Qualitätskontrolle ärztlichen Handelns und der damit verbundene Lerneffekt verloren gegangen. Denn nichts habe eine durchschlagendere Wirkung als die Konfrontation des Mediziners mit der eigenen Unzulänglichkeit.

Da diese Konfrontation immer seltener vorkommt, nimmt auch die Fähigkeit der Klinikärzte ab, Selbstkritik zu üben. Und weil Untersuchungen nach dem Tode immer etwas Detektivisches anhaftet und sie letztlich eine kritische und damit ärgerliche Beurteilung dessen darstellen, was zu Lebzeiten des Patienten passiert ist, wundert es wenig, dass die Kliniker den Kollegen aus der Rechtsmedizin nicht übermäßig zugetan sind.

Auch ihre Beziehung zu den Beamten von *Polizei und Staatsanwaltschaft* ist eher frostig, denn für die Ermittler sind die forensischen Mediziner ebenfalls oft unbequeme Zeitgenossen. Wenn Kripobeamte schlampig recherchieren, wenn Staatsanwälte den Todesfällen nicht mit der erwartbaren

Hartnäckigkeit nachspüren, sind es oft die Rechtsmediziner, die einen erbitterten Briefwechsel auslösen und den mangelnden Aufklärungswillen der Behörden anprangern. Die nachlassende Obduktionsfreude der Staatsanwaltschaften ist eine chronische Ursache für die Dauerspannung mit der Rechtsmedizin. Dadurch ist in manchen Kommunen das Verhältnis zwischen ihr und der Justiz dermaßen abgekühlt, dass Staatsanwaltschaften jetzt nur noch die allernötigsten Sektionen anordnen und rechtsmedizinischen Belangen mehr und mehr die kalte Schulter zeigen. Ein kurzsichtiges und wenig segensreiches Handeln – möchte man doch meinen, dass die Interessen der Rechtsmedizin in den wesentlichen Punkten mit denen der Staatsanwaltschaft identisch sein müssten und der Dienst am Bürger das Ziel der gemeinsamen Bemühung sein sollte. Eine Staatsanwaltschaft, die das örtliche Institut für Rechtsmedizin aushebelt, tut sich damit langfristig selber keinen Gefallen und schadet lediglich der Rechtssicherheit in der eigenen Gemeinde.

Solche Verhältnisse zeigen jedoch, dass den Rechtsmedizinern auch aus Richtung Justiz immer wieder kalte Böen ins Gesicht blasen. Beklagen sie sich – zu Recht – über schwindende Rechtssicherheit, die nachlassende Akribie der Polizei und die sinkende Obduktionsmoral der Strafverfolgungsbehörden, werden den Vorwürfen in Staatsanwaltschaften und Justizbehörden gern eigennützige Motive zugeschrieben. Reflexartig wird den Doktoren unterstellt, es gehe ihnen um nichts anderes als die eigenen Obduktionszahlen, die Bedeutung des eigenen Instituts, den eigenen Geldbeutel. Dass darüber hinaus vielleicht ein ernster und berechtigter Grund zur Klage über den Zustand der Todesermittlung bestehen könnte, wird auf der Ebene von Justiz und Politik vielfach ignoriert. So etwas will man nicht hören. Wohl auch deshalb nicht, weil das Lamento der Rechtsmedizin der herrschenden politischen Richtung entgegensteht.

Und die heißt: *Sparen.* Die Verschuldung von Bund, Ländern und Gemeinden ist immens. Der Staat steht mit 1,5 Billionen Mark in der Kreide, 1998 zahlte er allein 56,2 Milliarden Mark Zinsen. Der Schuldenberg von – sagen wir – Nordrhein-Westfalen misst 153 Milliarden Mark. Und wächst jede Sekunde um 233 Mark an. Und da jede Gruppe in der Bevölkerung sofort auf die Barrikaden geht, wenn sie merkt, dass an ihren Interessen gespart werden soll, schränkt der Staat die Ausgaben gern bei jenen ein, die naturgemäß keinen allzu heftigen Widerstand erwarten lassen: den Toten, den Opfern.

Nach diesem Prinzip verfährt derzeit zum Beispiel auch das Ministerium für Bildung und Wissenschaft in Nordrhein-Westfalen: Weil Schulen ein Massenpolitikum sind, spart man an den Universitäten; weil es zu viele Mediziner gibt, spart man an den medizinischen Fakultäten, und weil man nicht einfach ganze Fakultäten schließen kann (das würde auf der Ebene der Lokalpolitik scheitern), fährt man mit dem Läusekamm durch die medizinischen Disziplinen und prüft nach, auf welche sich am schmerzlosesten verzichten ließe. Natürlich nicht auf Disziplinen wie Anatomie, denn ohne die gäbe es keine Medizin. Dann sind da noch die zentralen Fächer, die an keiner Fakultät fehlen dürfen: die Chirurgie, die Innere Medizin, die Gynäkologie. Also müssen Nebenfächer verschwinden. Die Augenheilkunde zum Beispiel. Die Zahnmedizin. Die Neurochirurgie. Die Kardiochirurgie. Oder eben die Rechtsmedizin.

Deshalb diskutiert das Land Nordrhein-Westfalen derzeit, in den nächsten Jahren *vier der sechs* Universitätslehrstühle für Rechtsmedizin abzuschaffen, obwohl die siebzehn Millionen Menschen (!) in diesem Bundesland ohnehin rechtsmedizinisch unterversorgt sind. Das Institut in Aachen wurde zum 1. August 2000 »ersatzlos abgeschafft«. Die Institute Essen, Bonn und Düsseldorf stehen auf der Abschussliste. Andere

Länder wie Hessen oder Schleswig-Holstein sind im Begriff, dem nordrhein-westfälischen Beispiel zu folgen: Die Lehrstühle in Marburg und Lübeck sind schon gekippt.

Die Schließung Rechtsmedizinischer Institute wird eine Katastrophe nach sich ziehen, die zunächst nicht offenkundig werden wird. Sie wird in aller Stille vor sich gehen und in erster Linie jene Gruppen der Bevölkerung treffen, die ohnehin zu den Benachteiligten zählen.

Der Prozess wird sich folgendermaßen vollziehen: Zuerst wird die forensische Ausbildung der Medizinstudenten schlechter, auch wenn diese es zu Beginn vielleicht gar nicht merken. Rechtsmedizin ist das Fach, welches die Kenntnisse von der Leichenschau vermittelt, von der Pathologie der nicht natürlichen Todesursachen und der Pathologie der überlebten Traumatisierungen wie Kindesmisshandlungen oder Vergewaltigungen. Der werdende Arzt, egal, ob er später in der Ambulanz, im Krankenhaus oder in einer eigenen Praxis tätig sein wird, muss lernen, bei einer Verletzung, beispielsweise am Körper eines Kindes, zwischen Fremdeinwirkung und Unfall zu unterscheiden oder bei einer Leiche die Merkmale zu erkennen, die auf einen nicht natürlichen Tod hindeuten. Er ist später der entscheidende Weichensteller im deutschen Leichenschausystem – er wird den Totenschein ausstellen oder die Polizei rufen.

Daher sieht die medizinische Ausbildung bisher vor, dass die Studenten nicht nur eine Vorlesung in forensischer Medizin hören, sondern auch an einem praktischen Kurs teilnehmen müssen. Am Ende des Studiums werden alle Mediziner im Fach Rechtsmedizin geprüft. Wird nun einer der Lehrstühle geschlossen, muss das Ordinariat in der nächstgelegenen Universität die Lehrtätigkeit mit übernehmen. Ein praktischer Kurs wird jetzt aber nicht mehr möglich sein, denn der Professor aus (beispielsweise) Köln wird für die Studenten in (beispielsweise) Aachen kaum eine Leiche mitbringen können, an der sich die sicheren Zeichen des Todes studieren ließen. Also werden die Studenten stattdessen in einem Buch lesen, wie sie die Leichenschau durchzuführen haben, und noch weniger Tote als bisher zu Gesicht bekommen. Ihre Fähigkeit, die Sprache der Toten, ihre stummen Zeichen, zu verstehen, wird mehr und mehr verkümmern, was dazu führen wird, dass sie später, als niedergelassene Ärzte vielleicht, allenthalben den »natürlichen« Tod feststellen werden, schlicht deswegen, weil sie von den Spuren nicht natürlichen Ablebens keine Ahnung haben.

Bald danach werden die Einwohner jener Stadt, in der das Institut für forensische Medizin abgeschafft wurde, die Folgen dieser Maßnahme zu spüren bekommen, denn die Versorgung der Bevölkerung ist neben der Lehre die zweite große Aufgabe der Rechtsmedizin. Da werden nicht nur Tote untersucht, sondern auch klinische Fälle: misshandelte Kinder, vergewaltigte Frauen, zusammengeschlagene Männer, vernachlässigte Alte und Kranke. Gerade in ihrer Klientel unterscheidet sich die Rechtsmedizin wohl am gravierendsten von allen anderen Zweigen der Medizin: Ihre Patienten sind ausschließlich Opfer – schwer traumatisiert oder tot. Diese Patientengruppe ist nicht migrationsfähig. Schließt man an der Universitätsklinik die Abteilung Augenheilkunde, dann wandern die Augenkranken um die Ecke zu den entsprechenden Fachleuten in den städtischen Krankenhäusern. Schließt man das Institut für Rechtsmedizin, werden die Toten oder Zerschlagenen eben schlicht nicht mehr von Experten untersucht, sondern von Laien – wenn überhaupt.

Je weiter ein Leichenfundort vom nächsten Rechtsmedizinischen Institut entfernt liegt, desto geringer ist, wie in Kapitel 3 gezeigt, die Wahrscheinlichkeit, dass das Opfer einem Rechtsmediziner unter die Augen gerät. Da sich die Entfernungen nach der Schließung von Rechtsmedizinischen Instituten noch vergrößern, werden also nur noch die offenkundigsten und allernotwendigsten Fälle zur Sektion transportiert werden. Das Dunkelfeld der Tötungsdelikte wird rund ums geschlossene Institut wachsen (und die Tötungsrate in den offiziellen Statistiken zur Zufriedenheit der Polizei und zur Beruhigung der Politik sinken). Auch die Diagnosefehler werden zunehmen: Je weiter eine Leiche transportiert werden muss und je später sie untersucht wird, desto vager sind die Aussagen, die sich über sie machen lassen.

Aber auch die lebendige Patientenschaft trifft die Schließung der Institute am Nerv. Es sind die Wehrlosesten dieser Gesellschaft, die den Kundenkreis der Rechtsmedizin ausmachen: Kleine Kinder, an denen entmenschte Erwachsene ihre Wut auslassen. Alte und pflegebedürftige Leute, die von ihren Verwandten hilflos im Kot liegen gelassen werden. Frauen, von ihren alkoholisierten Männern vergewaltigt und halb totgeschlagen. Das ist die Klientel, aus der die traurigen Prozessionen bestehen, die zur Rechtsmedizin pilgern, weil diese für ihr Recht eintritt. Niemand wird auf die Idee kommen, derart Malträtierte zur Untersuchung in die nächste Großstadt zu schicken, und aus eigenem Antrieb werden sie sich nicht dorthin aufmachen. Ihre Verletzungen wird folglich kein Experte mehr zu Gesicht bekommen. Die Beurteilung der Gewalt- oder Vernachlässigungsspuren wird nun von Gynäkologen, Internisten oder Kinderärzten vorgenommen werden, die von forensischer Medizin – und hier schließt sich der Teufelskreis – immer weniger verstehen.

Bei einem Vergewaltigungsopfer zum Beispiel sieht man der Vagina oft gar nichts an. Die sicheren Zeichen für den »nicht einvernehmlichen Geschlechtsverkehr«, auf die vor Gericht so viel Wert gelegt wird, finden sich außerhalb des Zuständigkeitsbereichs von Gynäkologen. Es sind bestimmte Entkleidungsspuren, typische Griffspuren an den Armen, Blutergüsse – so genannte Widerlagerverletzungen – am Rücken, Hämatome an den Innenseiten der Schenkel. Die Anzeige der vergewaltigten Frau muss jedoch glaubhaft belegt und objektiviert werden, sonst steht vor Gericht Aussage gegen Aussage, und das Opfer verliert zur Ehre auch noch den Prozess.

Auch der Kinder wird sich dann niemand mehr annehmen, der Spuren von Misshandlungen professionell lesen könnte. Viele Ärzte in den Kinderkliniken glauben beim Anblick von Blutergüssen den immer gleichen Geschichten vom Sturz aus dem Hochstuhl, und bei Verbrennungsverletzungen schlucken sie die stereotype Mär vom Unfall mit dem heißen Kochtopf, weil sie die Sprache der Verletzungsmuster – die einzige, wodurch so ein Kind sich mitteilen kann – nicht begreifen. Nierenversagen oder Knochenbrüche müssen als Misshandlungsfolgen gedeutet werden können. Doch anstatt den Fall einem Rechtsmediziner zu überlassen, der anschließend Polizei und Jugendamt einschaltet und das Opfer in Sicherheit bringen lässt, päppeln sie das geschundene Kleinkind auf und schicken es nach der Ausheilung ahnungslos in die Familienhölle zurück, bis es irgendwann von einem einfältigen Hausarzt den plötzlichen Säuglings- oder Unfalltod bescheinigt bekommt.

Die Ergebnisse rechtsmedizinischer Untersuchungen haben für das Leben des einzelnen Menschen häufig unvorstellbare Folgen. Für Schwache und Verlierer, für Alte, Kranke, Kleine, Verletzte, Obdachlose und Drogenabhängige ist der Rechtsmediziner oft der letzte Anwalt. Und wie sollen sich Menschen, die zu schwach sind, ihr eigenes Leben zu verteidigen, gegen die Schließung eines Universitätsinstituts zur Wehr setzen? Die meisten von ihnen durchschauen die Bedeutung einer solchen Einrichtung nicht einmal. Und wenn doch, gehören sie sicher nicht zu denen, die einen Sternmarsch nach Berlin organisieren. Klaus Püschel, Direktor der Rechtsmedizin Hamburg, brachte einmal das soziale Anliegen seines Faches in einer Rede vor den politischen Entscheidungsträgern seiner Stadt mit folgenden Worten zum Ausdruck: »Sagt mir, wie ihr eure toten, gefolterten, verletzten und vergifteten Opfer untersucht und behandelt. Sagt mir, wie ihr die Täter identifiziert und verfolgt, und ich sage euch, wie diese Gesellschaft die Menschenwürde und die Menschenrechte achtet.«

Der Blick, den der Rechtsmediziner auf die Menschheit wirft, fällt auf ihre düsterste Seite. Sein Fachgebiet sind die sichtbaren und fast unsichtbaren Folgen äußerster Abscheulichkeiten, Niederträchtigkeiten, Abartigkeiten, erschreckendster und elendster Taten, zu denen Menschen fähig sind. Rechtsmediziner dienen – das ist ihr Selbstverständnis, und darauf legen sie Wert – der Wahrung der Menschenrechte. Deshalb rückten nach Beendigung des Kosovo-Krieges noch im Juli 1999 Ärzte aus allen Rechtsmedizinischen Instituten Deutschlands freiwillig aus, um die Menschenrechtsverletzungen im Süden Jugoslawiens zu untersuchen und zu dokumentieren. Doch nicht nur in Afrika, auf dem Balkan oder im Nahen Osten wird die Würde des Menschen angetastet oder, wirklichkeitsnäher ausgedrückt, mit Füßen getreten. Auch in Deutschland, im Einfamilienhaus in München-Laim, in der Trabantenstadt in Hamburg-Mümmelmannsberg und in der Villa in Berlin-Dahlem, finden Menschenrechtsverletzungen statt – mehr oder weniger subtil.

Die Rechtsmedizin dient den Interessen von Personen, die durch eine Straftat geschädigt und in ihren elementaren Rechten angegriffen wurden. Sie diagnostiziert diese Schädigungen (schwere, zum Teil tödliche Erkrankungen) und verhilft verstorbenen Opfern auch noch posthum zu ihrem Recht. Deswegen sind die *schwerstgeschädigten Opfer, die Toten,* ihre wichtigste Klientel. Wer kann schon erahnen, was ein Mensch erleiden muss, bevor er getötet wird? Die Agonie dauert manchmal Minuten, manchmal Wochen. Todeskampf! – welch banale Vokabel für jene grenzenlose Pein, die ein Mordopfer erleiden muss. Nur manchmal, wenn jemand einen Mordanschlag überlebt hat, kann man in der Gerichtsverhandlung eine Ahnung von dem Entsetzlichen bekommen, das sich da abgespielt hat.

Ein krebskrankes Kind, das durch eine Operation vor dem drohenden Tod gerettet werden kann, ist kein Jota wichtiger als ein misshandeltes Kind, das die Chance hat, durch rechtzeitiges Eingreifen der Rechtsmedizin von der tödlichen Bedrohung befreit zu werden. Und doch: Ist in einem Krankenhaus die Abteilung Kinderonkologie von der Schließung bedroht, laufen Eltern und Elternhilfevereinigungen Sturm. Wird dagegen das Rechtsmedizinische Institut geschlossen, bleiben die Proteste der Betroffenen aus, und auch sonst geht niemand auf die Straße oder auf die Barrikaden. Das Heilen und Helfen der klinischen Ärzte wird in Deutschland eben sehr viel höher bewertet als der Dienst, den die Rechtsmediziner dem Opfer erweisen. Zumal wenn es der letzte ist.

Der Elektriker

Ein Fall aus Hannover, der zeigt, wie viel von exakter Arbeit in der Rechtsmedizin abhängt

Als der junge Rechtsmediziner Joachim Eidam an diesem Dienstagmorgen die Leichenhalle des Instituts Hannover betritt, warten schon dreizehn kalte Klienten auf ihn. Es ist der 2. Mai 1989. Der Maifeiertag ist auf den Montag gefallen, das Wochenende also lang gewesen, was die große Zahl der Neuankömmlinge erklärt. Eidam muss nun als Assistenzarzt die äußeren Leichenschauen an den Toten vornehmen.

Sie sind alle in den vergangenen Tagen verstorben, und bei keinem von ihnen hat der Haus- oder Notarzt eine klare Todesursache diagnostizieren können. Polizeibeamte aus dem Raum Hannover haben sie daher sicherheitshalber zur zweiten Leichenschau in die Rechtsmedizin transportieren lassen. Eidam greift zum Diktafon und beginnt mit der Routinearbeit. Er geht von Leiche zu Leiche und untersucht die toten Körper. Auf Band hält er jeweils die äußeren Befunde fest und seine Einschätzung, ob es angeraten sei, eine Obduktion bei der Staatsanwaltschaft zu beantragen.

Bei Leiche Nummer vier wird Eidam stutzig. Es ist eine relativ junge Frau, 168 Zentimeter groß, 72 Kilo schwer, mit merkwürdigen Hauterscheinungen am linken Oberarm und am rechten Unterschenkel, knapp unterhalb des Kniegelenks. Eidam, ein Mann, dem seine starke Kurzsichtigkeit die Fähigkeit verleiht, Dinge aus nächster Nähe wie durch eine Lupe vergrößert wahrzunehmen, beugt sich hinab und sieht sich die warzenförmigen Gebilde genauer an. Es sind rotgrau gesäumte, verfestigte Krater mit weißlichem, aschigem Inhalt. Manche haben die Größe von Stecknadelköpfen, manche die von Pfennigstücken. Die Frau hat außerdem deutliche punktförmige Unterblutungen in den Bindehäuten der Augen und auf den Lidern bis in die Kopfhaut hinein, wie sie Menschen zeigen, die erstickt sind oder vor dem Tod einen Blutstau im Kopf hatten.

»Extrem suspekt«, denkt Eidam beim Anblick der Hautkrater. Nach Verödung, nach hohen Temperaturen sieht das aus. Als wäre da Strom in enormer Dosis in die Haut geflossen, vom linken Oberarm zum rechten Unterschenkel – mitten durchs Herz. Das würde auch die Stauungsblutungen an den Augen erklären, denn Stromstöße von etwa 200 Milliampere können eine heftige Kontraktion des Herzens und der Muskeln hervorrufen, was zu einem kurzen, aber massiven Blutdruckanstieg führt, der kleinere Gefäße zum Platzen bringt.

Eidam tippt auf einen Suizid mit Hilfe von Strom – etwas ungewöhnlich zwar, aber jeder Rechtsmediziner weiß, dass die Phantasie von Selbstmördern keine Grenzen kennt. Der junge Arzt ruft einen wissenschaftlichen Mitarbeiter am Institut zu Hilfe, der sich als Ingenieur mit Strom gut auskennt. »Das sind Strommarken«, bestätigt der, während er die Hautdefekte am Knie der Leiche inspiziert. Jetzt wird Eidam nervös. Er ruft bei der Kripo an: »Es muss dringend obduziert werden.«

Die Obduktion am Nachmittag verläuft denkbar unerfreulich. Der Erste Obduzent, ein Privatdozent, ist kein Anhänger der Stromtodtheorie. Eidam und der Vorgesetzte geraten sich deshalb über der Leiche heftig in die Haare. Der Privatdozent ist davon überzeugt, dass eine Herzmuskelentzündung den Tod der Frau verursacht hat, und gibt diese Diagnose noch während der Autopsie telefonisch an die Staatsanwaltschaft durch. Nur dem Gezeter und dem verbissenen Kampf des Assistenzarztes ist es schließlich zu verdanken, dass im vorläufigen Obduktionsbericht Stromtod doch noch als »mögliche Ursache« wenigstens in Betracht gezogen wird. Die feingeweblichen Untersuchungen bestätigten jedoch später genau den Befund des jungen Mediziners Eidam. Die Frau war an einem Stromschlag gestorben.

Eine seltsame Todesursache. Doch etwas ist noch seltsamer: der Name der Toten. Eine Polizeibeamtin, die sich wegen einer anderen Angelegenheit zufällig im Rechtsmedizinischen Institut aufhält, wirft – zweiter Zufall – einen Blick ins Leichenbuch und entdeckt die Personalien der Verstorbenen: Janja P., neununddreißig Jahre alt, Todestag: 28. April. Das trifft sie wie ein Keulenschlag. »Schon wieder eine tote Frau mit diesem Nachnamen«, sagt die Polizistin zu den Rechtsmedizinern. Plötzlich gehen bei allen die Alarmlampen an: Janja ist nicht die erste Frau P., die im Raum Hannover auf mysteriöse Weise ums Leben gekommen ist.

Am 28. Juni 1989, zwei Monate nach dem unerwarteten Tod seiner vierten Ehefrau Janja, wird der Elektriker Otto P. in Hannover unter Mordverdacht festgenommen. Die Staatsanwaltschaft ist davon überzeugt, dass er nicht nur Janja P., sondern auch ihre drei überraschend verstorbenen Vorgängerinnen mit tödlichen Stromstößen umgebracht hat. Sie ordnet die Exhumierung aller Gattinnen an.

Die erste Frau, Maria P., hatte ihr Mann am 17. Dezember 1972 in der Gartenlaube, die sie mit ihm bewohnte, tot aufgefunden. Sie war siebenundvierzig Jahre alt geworden. Otto P. war erschüttert und gab gegenüber der Kripo an, es sei am Vorabend zu einem kleinen Streit über verschütteten Wein gekommen. Er habe deshalb das Wohnzimmer verlassen und sei allein zu Bett gegangen. Um 3.45 Uhr habe er zur Toilette gemusst und sei über seine am Boden liegende Frau gefallen. Da habe er die Hausärztin gerufen. Diese erklärte, Maria P. habe seit Monaten unter Schock gestanden, weil ihre beste Freundin von ihrem Mann ein Kind bekommen habe. Sonst sei bei ihr nur ein leichter Herzschaden festgestellt worden, der aber keinesfalls zum Tod geführt haben könne. Sie sehe sich außer Stande, den natürlichen Tod zu bescheinigen, und plädiere für eine Obduktion.

Am 22. Dezember 1972 wurde die Leiche der Maria P. geöffnet. Da zu dieser Zeit noch kein Rechtsmedizinisches Institut in Hannover existierte, nahm ein Krankenhauspathologe die Obduktion vor. Er fand an der Streckseite des rechten Unterarms eine fünfzehn mal sechs Zentimeter große Hautvertrocknung, an der Außenseite eine ein Zentimeter große rötliche Verfärbung der Haut. Am seitlichen Fußrücken und an der Fußaußenseite des linken Beins bemerkte er drei Hauteintrocknungen von etwa einem Zentimeter Durchmesser. Da er kein Rechtsmediziner war, beschrieb er die Befunde nur, konnte sie aber nicht deuten. Dass Strommarken oft wie Hautabschürfungen aussehen, wusste er nicht. Er machte keine Fotos. Als Todesursache trug er Herzversagen ein.

Als Maria P. am 14. September 1989 exhumiert wird, ist von ihr nicht mehr viel übrig. Alle inneren Organe fehlen, da der Pathologe sie entnommen hatte. Hautveränderungen sind natürlich auch nicht mehr zu erkennen. Der Pathologe selbst kann sich an die Obduktion nicht mehr erinnern, sie liegt immerhin siebzehn Jahre zurück.

Die zweite Frau des Elektrikers, die vierundvierzigjährige Gerda P., wurde von ihrem Mann am 1. April 1975 gegen 7.30 Uhr als verstorben gemeldet. Als die Kripo kam, fand sie den Leichnam in Rückenlage und mit geschlossenen Augen auf der Bettcouch im Wohnzimmer vor. Die Tote trug ein Nachthemd, die Bettdecke war bis zur Brust hochgezogen. Der Ehemann war völlig aufgelöst und erzählte, er habe sich am Abend zuvor allein ins Bett begeben. Am Morgen sei er um sechs aufgestanden und habe den Ofen angeheizt. Er habe seine Frau schlafen lassen. Um sieben habe er sie wecken wollen, doch sie sei leblos gewesen. Gerda P. war eine starke Raucherin gewesen und hatte unter Bluthochdruck gelitten, also diagnostizierte der Hausarzt als Todesursache den Schlaganfall. Da es keine Anhaltspunkte für Fremdverschulden gab und alles ganz normal aussah, wurde die Ermittlung eingestellt und die Tote beerdigt. Als man sie am 6. September 1989 wieder ausgräbt, besteht sie nur noch aus Knochen.

Am Morgen des 13. September 1979 wurde Bärbel P., die dritte Ehefrau des Elektrikers, von ihrer Tochter tot im Wohnmobil vor dem Eigenheim entdeckt. Sie war dreiunddreißig Jahre alt geworden. Der Ehemann gab an, die Nacht allein im Ehebett verbracht zu haben. Seine Frau habe im Wohnmobil übernachtet. Die Tote lag auf dem Rücken, die Hände zu Fäusten geballt. An der Innenseite der Arme bemerkte die Tochter rote Flecken, punktförmig und rund und ungeordnet verteilt. Die leichenschauende Ärztin hielt sie für Totenflecke. Da Bärbel P. sehr dick war und an Diabetes und Asthma litt, machte sich niemand Gedanken. »Herz-Kreislauf-Versagen bei Asthmaleiden« wurde im Totenschein eingetragen. Eine Obduktion, wie die Kinder sie wünschten, scheiterte am heftigen Widerstand P.s. Sie wurde begraben, ohne dass Ermittlungen stattgefunden hätten.

Als man die Leiche exakt an Bärbel P.s zehntem Todestag wieder ans Licht der Welt holt, hat sie sich fast vollständig in Fettwachs verwandelt, ein biologischer Prozess, der in feuchten, kalten Gräbern manchmal vorkommt. Zu erkennen ist nichts mehr.

Jetzt beginnen die juristischen Ermittlungen zu den vier Todesfällen. Zeugen werden befragt, alte Unterlagen herausgekramt. Eine Zeugin berichtet, Maria, die erste Frau, habe den Verdacht geäußert, ihr Otto »manipuliere an den Steckdosen«. Maria soll wenige Tage vor ihrem Tod verschiedene Menschen gebeten haben, auf jeden Fall die Polizei zu rufen, sollte sie tot aufgefunden werden. Sie habe, heißt es, panische Angst vor P. gehabt und die Scheidung angestrebt. Eine andere Zeugin sagt aus, die Mutter von Otto P. habe ihr vor Jahren erzählt, ihr Sohn habe Maria mit Strom in der Badewanne ermordet. Sie habe der alten Frau geglaubt und sich vor Otto sehr gefürchtet. Siebzehn Jahre zu spät wird plötzlich klar, wie klassisch das Muster war, nach dem Maria ihr Leben ließ. Doch gemerkt hatte kaum einer etwas. Und diejenigen, denen etwas aufgefallen war, hatten geschwiegen.

Jetzt geben die drei Töchter der dritten Frau Bärbel zu Protokoll, das Verhältnis der Eltern sei sehr schlecht gewesen. Otto P. habe mit ihrer Mutter geheime elektrische Experimente durchgeführt, die in abgelegenen Räumen hinter zugezogenen Vorhängen stattgefunden hätten. Sie habe, obwohl ihr das vom Arzt streng verboten worden sei, Alkohol trinken müssen, dann habe er sie an Kabel angeschlossen. Andere Zeugen berichten, Otto P. habe beim Begräbnis der Bärbel gesagt: Ich bin schuld an ihrem Tod.

Im Dezember 1989 wird Otto P. des heimtückischen Mordes an drei seiner Ehefrauen angeklagt. (Im Todesfall der zweiten Gattin Gerda reichen die Indizien für eine Anklage nicht mehr aus.) Doch den Vorwurf, er habe die erste und dritte Ehefrau umgebracht, um sie zu beerben, muss das Landgericht Hannover ebenfalls zurücknehmen. Dem Angeklagten kann nach so vielen Jahren einfach nicht mehr nachgewiesen werden, dass er – wie die Staatsanwaltschaft vermutet – seinen Frauen Maria und Bärbel Elektroden an den rechten Unterarm und der linken Fuß gedrückt und tödlichen Strom durch ihre Körper, ihre Herzen geleitet hat. Bleibt nur noch der Fall Janja, durch den die ganze Serie ans Licht gekommen ist: Am 10. Juli 1990 wird Otto P. zu einer lebenslangen Freiheitsstrafe wegen Mordes an seiner vierten Ehefrau verurteilt. Ein Geständnis hat er nie abgelegt.

Doch damit ist die Geschichte noch nicht zu Ende. Der Elektriker Otto P. geht in Revision und wird am 24. März 1993 vom Landgericht Hannover zum zweiten Mal wegen Mordes zu lebenslanger Haft verurteilt. P. wechselt den Verteidiger und erwirkt eine zweite Revision. Am 8. März 1995 spricht das Landgericht Göttingen ihn frei. Begründung: Es bestehe zwar kein Zweifel, dass Janja P. den Stromtod gestorben sei, doch könne es nicht als unstrittig gelten, welche Umstände zu diesem Tod geführt hätten, ebenso wenig, wie sich dem Ehemann eine bösartige Absicht nachweisen lasse. Auf Deutsch: Es hätte auch ein Unfall gewesen sein können.

Im Sommer 1995 darf Otto P. das Gefängnis verlassen. Er kommt bei einem Bekannten unter. Lange ist ihm das Gefühl der Freiheit allerdings nicht vergönnt, denn die Staatsanwältin am Landgericht Göttingen findet die Unfallthese nicht akzeptabel und beantragt nun ihrerseits eine Revision. Im Sommer 1996 wird Otto P. erneut festgenommen. Dann beginnt die letzte Runde. Ein Jahr dauert der Kampf am Landgericht Göttingen. Sechzig Zeugen werden befragt, um die Wahrheit zu ergründen, und einundzwanzig Sachverständige, darunter mehrere Professoren für Rechtsmedizin sowie Koryphäen der Physik und Chemie, um Gutachten gebeten. Es hat den Anschein, als zöge der Rechtsstaat jetzt alle Register, um diesen Mann, den er so oft hat davonkommen lassen, endlich festzunageln. Am 9. Februar 1998 wird Otto P., inzwischen fünfundsechzig Jahre alt und multimorbid, wegen Mordes an seiner Frau Janja zu einer Freiheitsstrafe von zehn Jahren verurteilt.

Wie es zur Tötung der vierten Frau P. gekommen ist, rekonstruiert das Gericht folgendermaßen: Am frühen Morgen des 28. April 1989 fordert der arbeitslose Elektriker Otto P. einen Notarztwagen an. Um 6.21 Uhr treffen der Notarzt und die Rettungssanitäter bei der Wohnung der Familie P. ein. Sie finden Janja im Ehebett vor. Sie ist seit mindestens einer Stunde tot. Der Tod muss zwischen Mitternacht und frühem Morgen eingetreten sein. Der Notarzt hält das Ganze für einen Routinefall. Genauere Untersuchungen führt er nicht durch. Da er die Frau nicht gekannt hat, diagnostiziert er »ungeklärte Todesursache« und ruft die Polizei. Dann eilt er zum nächsten Einsatz.

Der Ehemann, der erst zitternd und rauchend in der Küche gesessen hat, kommt den eintreffenden Streifenbeamten gefasst vor. Sie sperren das Zimmer, in dem die Leiche liegt. Kurz nach sieben erscheinen die Kripobeamten. Auch sie nehmen den Fall auf die leichte Schulter. Einen bösen Verdacht hegen sie nicht. Sie untersuchen die Tote kurz, stellen verschorfte Hautabnormitäten in der Beuge des linken Arms und am rechten Unterschenkel fest, konstatieren einen Urinfleck auf dem Laken.

Otto P. macht einen sehr mitgenommenen Eindruck. Er gibt an, die Ehefrau gegen zehn Uhr abends zum letzten Mal gesehen zu haben. Er sei allein zu Bett gegangen. Am Morgen sei er gegen sechs aufgestanden, habe Kaffee gemacht, dann sei er zu seiner Frau gegangen, um sie zu wecken. Beim Anfassen habe er gemerkt, dass sie vollkommen steif gewesen sei. Den Kriminalern scheint der Fall nicht sonderlich dringend, dennoch lassen sie die Leiche in die Rechtsmedizin transportieren, da die Todesursache nicht feststeht. Dort entdeckt der Assistenzarzt dann Tage später den Mord.

Otto P. und seine vierte Frau Janja waren seit dem 18. März 1982 verheiratet. Er hatte sie aus Jugoslawien mitgebracht, wo sie in ärmlichen Verhältnissen aufgewachsen war. Sie hatte nur die Grundschule besucht, war aber eine hübsche und angenehme Frau – achtzehn Jahre jünger als er selbst. Zu den beiden Kindern, die sie schon in Jugoslawien zur Welt gebracht hatte, bekam Janja von ihrem Mann noch drei weitere. Außerdem lebten noch Kinder aus den früheren Ehen des Elektrikers im Haus, sodass man von kinderreichen Verhältnissen sprechen kann.

Otto P. war wegen Versicherungsbetrugs vorbestraft. Er hatte sein Haus angezündet, um die Versicherungssumme zu kassieren. Nun lebte er von der Sozialhilfe, obwohl er von seinen Ehefrauen einiges geerbt hatte und unter dem Bett einen großen Koffer voller Geld verwahrte. Er tyrannisierte die Familie wie ein Patriarch und hielt Frau und Kinder persönlich klein und finanziell kurz. Der Gerichtspsychiater diagnostizierte bei ihm eine Persönlichkeitsstörung, einen rigiden und autoritären Charakter, starre und zwanghafte Denkschemata und ein »überblähtes Selbstbild«. Kein Wunder, dass die Eheleute P. sich oft stritten und Janja hin und wieder erwog, ihren Mann zu verlassen. Sie traute sich dann aber doch nicht. Ihre beiden Kinder aus erster Ehe hassten ihn.

Wie schon seiner dritten Frau Bärbel, so gaukelte P. auch Janja vor, ein großes Genie zu sein. Er habe ein Messgerät erfunden, machte er ihr weis, welches mit Hilfe von kleinen Strommengen den Alkoholgehalt des Blutes bestimmen könne. Auch als Lügendetektor sei es geeignet. Außerdem log er ihr vor, er erhalte Forschungsgelder, die Patentierung des Geräts stehe unmittelbar bevor, die Firma Siemens sei interessiert. Bald werde er reich sein, und dann könnten sie alle sorgenfrei in Jugoslawien leben. Wie Bärbel glaubte auch die schlichte Janja den Lügen ihres Mannes und stellte sich als Versuchsperson in den Dienst der Wissenschaft. Wie Bärbel trank sie kleine Mengen Alkohol und ließ es zu, dass P. ihr Manschetten um Arme und Beine legte und sie an Strom anschloss. Als Janjas Tochter kurz vor dem Tod ihrer Mutter einmal durchs Schlüsselloch des Elternschlafzimmers spähte, um zu sehen, warum P. sich mit seiner Frau immer so geheimnisvoll zurückzog, bot sich ihr ein merkwürdiges Bild: Ihre Mutter saß neben P. auf der Bettkante. Ein Kabel war an ihrem Arm befestigt, ein anderes hielt sie in der Hand.

Was der Elektriker als große Erfindung pries, war in Wirklichkeit ein kleines Mordinstrument. Im Wesentlichen handelte es sich um einen Elektrokasten, in den P. mehrere Kohleschichtwiderstände eingebaut hatte. Wenn er jetzt Strom aus dem Netz über die Widerstände leitete, war die Elektrizi-

tät für einen angeschlossenen menschlichen Körper unge-
fährlich. Allerdings befand sich in dem selbst gebastelten Kas-
ten ein roter Kippschalter, mit dem P. die Widerstände
ausschalten konnte. Tat er dies, fuhr der Haushaltsstrom direkt aus der Steckdose in den Leib der angeschlossenen Versuchsperson.

Am Freitag, dem 28. April, dem Todestag Janjas, sollte eine
Hochzeit in der Nachbarschaft stattfinden. Die P.s waren ein-
geladen, und Janja freute sich schon mächtig. Den ganzen
Nachmittag und Abend des Donnerstags verbrachte sie zu
Hause. Sie trug kurzärmelige Bekleidung, und weder an den
Armen noch an den Beinen war der geringste rote Fleck zu sehen. Mehrere Nachbarinnen und Freundinnen besuchten
Janja an diesem Tag, keiner fiel eine Hautveränderung an ihr
auf, zu keiner sagte sie ein Wort über Hautbeschwerden. Sie
war vielmehr lustig und bester Stimmung – bis ihr Mann nach
Hause kam. Als eine Nachbarin am Abend gegen neun nochmals vorbeischaute, war Janja völlig deprimiert. P. hatte ihr
verboten, an der Hochzeit teilzunehmen. Sie hatte am Freitagmorgen noch zum Friseur gehen wollen – auch dafür
wollte er ihr kein Geld geben.

Gegen zehn ging P. allein ins Schlafzimmer. Janja unterhielt
sich in der Küche noch über eine Stunde mit ihrem großen
Sohn aus erster Ehe. Sie klagte, sie habe so viele Jahre hier in
Deutschland an ihren Mann verschwendet, sie werde ihm das
Geld für den Friseur jetzt stehlen und die Hochzeit gegen seinen Willen besuchen. Dann ging Janja P. duschen und kam in
Unterhemd und Unterhose zurück. Auch jetzt hatte sie keinerlei Hautdefekte. Ihre Stimmung war wieder gut und ge-
trost, als sie sich gegen halb zwölf zu ihrem Mann ins Schlafzimmer begab. Im Laufe dieser Nacht schloss der sie mit Hilfe
seines Mordkastens ans Stromnetz an, nachdem er Elektroden
an ihrem linken Arm und rechten Bein befestigt hatte. Janja
erlitt daraufhin ein so genanntes Herzkammerflimmern, das

zum Tode führte. Die Prozedur hinterließ jene kleinen Strommarken auf der Haut, die Tage später den Weg zum Ehemann weisen sollten.

Ob P. Janja im Schlaf tötete oder sie zu einem letzten Experiment überreden konnte, ob er sie beim Diebstahl überraschte und sie zu einem Verhör mit seinem »Lügendetektor« zwang, als sie die Tat abstritt – all das wird das Gericht nie gänzlich klären können. Janja jedenfalls muss völlig arg- und wehrlos gewesen sein. Ebenso wenig lässt sich das Motiv bis ins Letzte nachvollziehen. Vielleicht war Janja nun endgültig entschlossen, ihren Mann zu verlassen, und hat ihm dies bei einem weiteren Streit im Schlafzimmer mitgeteilt; vielleicht hat er es nicht ertragen, dass sie sich von ihm nichts mehr vorschreiben lassen wollte; vielleicht aber hatte Janja auch alles so satt, dass sie P. drohte, zur Polizei zu gehen und ihn wegen Kindesmissbrauchs anzuzeigen.

Janja hatte nämlich seit Jahren etwas gegen ihren Mann in der Hand: P. hatte sich einmal an ihrer damals elfjährigen Tochter vergriffen, als Janja auf Urlaub in Jugoslawien gewesen war. Als sie davon erfahren hatte, war sie mit dem Messer auf ihren Mann losgegangen. Später hatten sich die Wogen scheinbar geglättet. Dennoch ist denkbar, dass Janja dieses Druckmittel in jener Nacht anwandte und dann als unliebsame Zeugin aus der Welt geschafft wurde.

P. streitet auch in seinem vierten Strafprozess bis zuletzt ab, beim Tod seiner Frau die Hand im Spiel gehabt zu haben. Er macht im Gerichtssaal einen verschlossenen, unheimlichen Eindruck, und die Staatsanwältin fragt sich mehr als einmal, wie jemand, der offensichtlich eine solche Tat begangen hat, so konsequent und überzeugend lügen kann. Als im Februar 1998 das Urteil »Schuldig wegen Mordes« verkündet wird, legt P. erneut Revision ein. Am 23. November erleidet er im Gefängnis einen Schlaganfall, am Morgen des 25. November 1998 stirbt er. Die Obduktion ergibt einen natürlichen Tod. Da der Bundesgerichtshof zu diesem Zeitpunkt über die Revision noch nicht entschieden hat, ist das Urteil nicht rechtsgültig in Kraft getreten. Juristisch gesehen heißt das: Der Elektriker Otto P. stirbt als unschuldiger Mann.

5 Der ermattete Staat

Über die Präventivwirkung des Nichtwissens

In Deutschland herrscht das so genannte Legalitätsprinzip. Das heißt, nach der Strafprozessordnung *müssen* die Ermittlungsbehörden alle Straftaten verfolgen, von denen der Staat in irgendeiner Form Kenntnis erhält. Er muss somit von Amts wegen auch ohne eine Anzeige einschreiten, wenn ihm Verstöße zu Ohren kommen. Das gilt natürlich auch und ganz besonders für Straftaten gegen das Leben, denn einem anderen das Leben zu nehmen ist das größte Verbrechen, das ein Mensch begehen kann.

Was ist das also für ein Staat, der zwar das Legalitätsprinzip anwendet, aber gleichzeitig sehenden Auges Mörder entwischen lässt? Wie die Antwort lautet, könnte schon das folgende politische Verhalten ahnen lassen: Am 21. Juli 1970 änderte das Bundesland Baden-Württemberg sein Totenscheinformular dergestalt, dass der leichenschauende Arzt den *unklaren* Tod nicht mehr diagnostizieren kann. Diese Option wurde schlicht gestrichen. Zur Auswahl geblieben sind lediglich das natürliche und das nicht natürliche Ableben.

Diesem Vorbild folgten die Bundesländer Rheinland-Pfalz und Schleswig-Holstein, und auch Nordrhein-Westfalen spielt regelmäßig mit dem Gedanken, den ungeklärten Tod vom letzten Dokument zu verbannen. In den genannten Gebieten ist er seither nicht mehr erwünscht und nicht mehr vorgesehen, weder auf dem Leichenformular noch in den Köpfen der zuständigen Staatssekretäre in den Gesundheitsministerien.

In weiten Regionen Deutschlands tritt der unklare Tod somit nicht mehr ein. So leicht lässt sich ein ungeliebtes Phänomen aus der Welt expedieren. Denn: Was ich nicht weiß, muss ich nicht verfolgen. Dubiose Tote machen dem Staat und seinen Ermittlungsorganen Arbeit, also schafft er sie ab – es kostet ihn einen Federstrich.

Pech für den Arzt, der bei Nacht und Nebel zu einer Waldlichtung gerufen wird, wo ein Toter auf ihn wartet. Er hat am Leichenfundort (sollte dieser in den entsprechenden Bundesländern liegen) nun die Auswahl zwischen dem natürlichen und dem nicht natürlichen Tod und damit den Schwarzen Peter. Auf ihm, dem in Leichensachen schlecht ausgebildeten und mit der Situation überforderten Mediziner, lastet die ganze Verantwortung für die Aufklärung der Todesumstände.

Die zentrale Aufgabe der Leichenschau besteht darin, die Todesart festzustellen und zu beurkunden – also die Frage zu beantworten, ob ein natürlicher oder ein nicht natürlicher Todesfall vorliegt oder ob er undurchsichtig ist, sodass Nachforschungen angestellt werden müssen. Das Erkennen der Todesart und die entsprechende Reaktion der Behörden sind nicht nur für den Toten und seine Familie von immenser Bedeutung, sondern auch für die Sicherheit der Bevölkerung.

Doch das ist der Anspruch; die Wirklichkeit sieht anders aus: »Wir müssen feststellen, dass auf dem Weg über die Leichenschau und Todesermittlung in einem erheblichen Umfang Todesfälle mit rechtlicher und sozialer Relevanz nicht erkannt und nicht aufgeklärt werden«, konstatierte Werner Janssen, über viele Jahre Direktor der Hamburger Rechtsmedizin, 1993 in seiner Emeritierungsrede. »Wie groß das Ausmaß dieser Todesfälle tatsächlich ist, können wir noch nicht einmal schätzen … Hinzu kommt, dass wir auf Grund von Zufallsentdeckungen mit einer beträchtlichen Dunkelziffer niemals bekannt gewordener Fälle rechnen müssen.«

Janssen schloss seine Abschiedsrede mit einem Fazit, zu

dem er nach vierzig Berufsjahren gelangt war: »*Insgesamt erweist sich das ganze System, das den Umgang mit dem Tode und seine Kontrolle regelt, als passiv reagierendes, das mehr eine Alibifunktion erfüllt und seine eigentliche Aufgabe verfehlt.* Es erfasst Schädigungen und Straftaten mit Todesfolge nur dann, wenn entsprechende Verletzungsbefunde am Leichnam, verdächtige Vorgeschichten und Todesumstände oder Anzeigen und spontane Tätergeständnisse Anlass zu weiter gehenden Untersuchungen geben. Leichenschau und Todesermittlung haben also nur Erfolg, wenn sich die rechtlich bedeutsamen Todesfälle gewissermaßen von selber darstellen oder, wie es in der Polizeisprache heißt, der *Kommissar Zufall* hilft. Ein prinzipielles aktives Vorgehen und Suchen nach rechtsrelevanten Todesursachen und Kausalzusammenhängen, die bei unklaren Todesfällen durch die äußere Leichenschau nicht zu erkennen und nach den Umständen nicht zu vermuten sind, ist nicht vorgeschrieben. Gerichtliche Sektionen können dazu nicht angeordnet werden, und behördliche Verwaltungssektionen, zur Überprüfung unklarer Todesursachen, gibt es bei uns nicht.«

Was ist das für ein Staat, der es nicht wissen will, der sich selbst belügt? Jeden Abend werden im deutschen Fernsehkrimi Mörder von nicht abzuschüttelnden Ermittlern und Ermittlerinnen gejagt und schließlich ihrer gerechten Strafe zugeführt. Der Bürger sitzt mit wohligem Grausen vor dem Bildschirm und ergötzt sich an der Scheinwelt, die ihm vorgaukelt, dass alles in Ordnung sei und dass sich ein jeder sicher wähnen dürfe.

Was ist das für ein Staat, der schon durch die Art, zur Kenntnis zu nehmen (beziehungsweise nicht zur Kenntnis zu nehmen), dafür sorgt, dass diese Scheinwelt nicht angetastet wird? Die Abschaffung der unklaren Todesart, dieses Nichtwissenwollen, folgt der gleichen Plausibilität wie die Überlegung, dass es kein Verbrechen mehr gäbe, schaffte man nur die Polizei ab. Was ist das für ein Staat, der seine Ärzte in der Disziplin »Leichensachen« ungenügend ausbildet und sie dann in unüberschaubaren Situationen allein lässt? Der offenbar nicht daran interessiert ist, zu erfahren, woran seine Bürger sterben? Der anscheinend nicht einmal wissen will, ob sie gerade ermordet worden sind? Was sind das für Behörden, die sich selbst genug sind und sich nur noch mit Mühe mobilisieren lassen? Was sind das für Beamte, die sich allein durch offenkundige oder mit unübersehbarer Grausamkeit ausgeführte Tötungsdelikte aus der Apathie reißen lassen?

Dies alles fragen sich auch manche Mitarbeiter in den staatlichen Gesundheitsämtern, wo jeder Totenschein für die Todesursachenstatistik ausgewertet wird. Dort sitzen Ärzte, denen nicht wohl zu Mute ist, wenn sie an den einen oder anderen Exitus denken. Sie reden aber nur zögerlich und inkognito darüber, als wäre der Umgang mit dem Tod kein öffentliches Anliegen, sondern ein heißes Eisen: Ihnen kommen Todesbescheinigungen vor Augen, auf denen zum Beispiel steht, jemand habe sich in selbstmörderischer Absicht in den *Hinterkopf* geschossen. »Haben Sie so was schon mal gehört?«, fragt ein bei der Gesundheitsbehörde tätiger Arzt, dessen Name nicht genannt werden darf. »Ich gebe die Sache sofort an die Polizei – und nichts passiert! Die Gleichgültigkeit wird zelebriert in Deutschland, und die ganze Verwaltung macht mit.«

Auch andere Kollegen dieses Arztes in anderen Behörden haben sinistre Fälle zusammengestellt, in denen junge oder gesunde Menschen urplötzlich tot dalagen und kein Arzt, kein Polizist es für nötig befand, der Angelegenheit nachzugehen. Dies beängstigt sie auch als Staatsbürger. Es gibt keine empirischen Untersuchungen über die Sorgfalt, mit der in Deutschland Todesfälle untersucht werden, aber bei vielen Menschen, die durch ihren Beruf mit dem Tod in Berührung kommen, stellt sich eine Ahnung vom Dunkelfeld bei Tötungsdelikten ein; sie spüren eine Ermattung des Verfolgungssystems, eine chronische Übermüdung des Staates und seiner Diener.

Warum der Staat wegsieht
Interview mit Arthur Kreuzer, ehemaliger Jugendrichter und Professor für Kriminologie an der Universität Gießen

Herr Professor, Sie beschäftigten sich selbst immer wieder mit Dunkelfeldforschung; können Sie sich erklären, warum die Dunkelziffer bei Tötungsdelikten bei uns so gut wie keine Rolle spielt?

Es gibt keine systematische Erkundung dieses Dunkelfelds. Je schwerer die Delikte, desto weniger Dunkelfeldforschung. Das Hauptforschungsinstrument, die Befragungsforschung, funktioniert bei Tötungsdelikten nicht mehr. Die Opfer sind tot oder (wenn sie Zeugen waren) traumatisiert, oder sie sind nicht mehr aufzufinden, oder sie schweigen aus Scham, da die meisten Tötungen ja unter Verwandten oder engen Bekannten geschehen. Ihre Zahl ist verhältnismäßig klein, sodass die Stichproben gigantisch sein müssten, um eine Repräsentativerhebung zu Stande zu bekommen. Die kriminologischen Instrumente kommen wegen ihrer Störanfälligkeit bei Tötungsdelikten überhaupt nicht zum Zuge. Man kann wieder nur vom Hellfeld auf das Dunkelfeld schließen.

Außerdem gibt es Fallgruppen, bei denen es extrem schwer ist, die richtige Definition für das Tötungsdelikt zu finden. Was ist ein Tötungsdelikt? Der Begriff kann weit und eng sein. Bei Drogentoten verschwimmen leicht die Begriffe fahrlässig und absichtlich. Bei Tötungen im Krankenhaus fließen die Grenzen zwischen Mord, unterlassener Hilfeleistung und Sterbehilfe ineinander. Dazu kommen eben all jene klassischen Tötungen, die als Delikte gar nicht erkannt und nur vereinzelt durch Zufall herausgefischt werden ... Die

223

Forschung kann hier nur Strukturen herausarbeiten, die die Unzulänglichkeiten im strafrechtlichen Erkundungssystem betreffen.

Und – ist das staatliche Erkundungssystem Ihrer Meinung nach unzuverlässig?

Soweit ich das beurteilen kann, ist es nicht nur unzuverlässig, ich würde sogar sagen, es ist fast zufällig. Ein Ermordeter, dem *nicht* das Messer in der Brust steckt, der *nicht* auf St. Pauli in Hamburg vor der Tür eines einschlägigen Lokals gefunden wird, dessen Ableben *nicht* von gellenden Hilferufen begleitet war, der *nicht* mit Schussspuren in der Blutlache liegt, der also *nicht* durch äußeren Anschein oder die Aussagen von Zeugen per se Aufmerksamkeit und Verdacht erregt, hat sehr gute Chancen, dem Dunkelfeld anheim zu fallen. Je normaler und üblicher der Gesamteindruck, desto größer diese Chance. Beispiel Selbstmord und Fremdtötung: Vieles kann aussehen wie ein Suizid, ist aber Mord. Da muss erst mal jemand einen Verdacht haben, dass hier mehr vorliegen könnte als die letzte Tat eines Verzweifelten.

Wir sind bei unseren Forschungen in der Drogenszene auf entsprechende Geschichten gestoßen, deren Wahrheitsgehalt allerdings nicht nachgewiesen werden kann. Aus der Drogenszene der Siebzigerjahre wurde mir folgendes angeblich häufige Verhaltensmuster geschildert: Dealer, die sich betrogen fühlten, neigten dazu, den Konkurrenten im U-Bahn-Schacht zur Rush-Hour, wenn die Bahnsteige voll sind, vor den einfahrenden Zug zu schubsen. Kein Mensch kann das von einem Selbstmord oder Unfall unterscheiden. In diesem Dreieck Selbstmord–Unfall–Fremdtötung ist ein großes Dunkelfeld von Tötungen zu vermuten. Das Gleiche gilt für die Gebiete Krankenhaus und Altenheim – wo Menschen zu sterben pflegen. Wo es üblich ist, dass jemand stirbt, fällt es nicht auf, wenn mal nachgeholfen worden ist. Was sich viele zu Nutze machen können, weil sie wissen: Das Entdeckungsrisiko liegt bei null.

Wir machen zur Zeit eine Untersuchung zur Gewalt gegen Alte in Pflegeeinrichtungen. Da haben wir auch gemerkt: Die wenigen Fälle von Tötungen, die bekannt wurden, sind nur dadurch aufgekommen, dass es eine große Vielzahl von Opfern gab. Und irgendwann sagte jemand: »Halt, da ist schon wieder ein Fall!« Und dann kommt endlich ein Verdacht auf, und plötzlich hat man es mit einem Serientäter zu tun. Beim Einzelfall hätte keiner was gemerkt. Da drängt sich sehr wohl die Frage auf: In wie vielen Fällen gibt es einfach (noch) keine Serie? Oder: Wie viele Serien sind als solche schlicht nicht erkannt worden?

Und wenn dann bei jemandem ein Verdacht glimmt, warum muss er auch noch ungeheure Mühen auf sich nehmen, um die Sache beim Staat zu Gehör zu bringen?

Da ist zunächst der Korpsgeist in der Institution. Man beschmutzt nicht das eigene Nest. Die nächste Hürde sind die staatlichen Behörden, die sich ja immer dann besonders wehren, wenn die Frage im Raum steht: Wo seid ihr denn geblieben? Warum lasst ihr das zu? Merkt ihr gar nichts mehr? Oder habt ihr vielleicht sogar Strukturen, die das alles erst ermöglichen?

Es ist den Strafverfolgungsbehörden weiß Gott nicht angenehm, dass so ein Vorkommnis den Schluss zulässt, sie hätten vielleicht etwas übersehen, arbeiteten womöglich nicht sachgemäß, hätten Hinweise übergangen – aus Bequemlichkeit oder was auch immer. Solche Entdeckungen sind ja immer mit einem Vorwurf verbunden, deshalb weist man sie von sich. Wenn man ihm mit unentdeckten Tötungen kommt, sagt der Oberstaatsanwalt: »Gibt's nicht!« Oder er sagt: »Ausnahmen!« Jede Behörde streitet solche Versäumnisse ab, obwohl alle wissen, dass es sie häufig gibt. Das ist eine Art Schattenboxen zwischen Staatsanwaltschaft und Rechtsmedizin.

Man muss wissen: Jede Behörde hat eine Hauptarbeitsregel – und die ist nicht nur bei Staatsanwaltschaft und Polizei, sondern in allen Behörden die gleiche –, und sie lautet: Wie schaffe ich mir Arbeit vom Hals? Da bieten sich jene Fälle, wo nicht so kontrolliert wird und keine unmittelbaren Interessenten vorhanden sind, die immerzu nachbohren, am ehesten an, die Sache abzuhaken. Der Beamte wird eben nicht nach dem Output bezahlt, sondern dafür, dass er eine Funktion an sich wahrnimmt. Er hat es selbst in der Hand, ob er fleißig ist oder faul. Und so wählen auch die Staatsanwaltschaften natürlich Erledigungstechniken, die mit weniger Arbeit verbunden sind. Sie stellen lieber ein Verfahren ein, als anzuklagen.

Es gibt auch innerhalb von Verfahren gute Beispiele dafür, dass Staatsanwalt oder Gericht sich lieber für ein Bußgeld oder eine Therapie entscheiden als für eine Bewährungsstrafe, denn bei Letzterer bekommen sie die Akte in regelmäßigen Abständen immer wieder auf den Tisch, müssen womöglich widerrufen oder Ähnliches. Also wählen Staatsanwalt oder Gericht einen Weg, der ihnen weniger Arbeit macht. Das ist zumindest immer eine Erwägung, die sie – unter anderen – auch anstellen. Es gehört zu einer Behörde, dass sie immer den Weg des geringsten Widerstands geht. Und solch obskure Leichenfälle, die stören den amtlichen Frieden.

Was könnte man gegen so eine Haltung denn unternehmen?

Das ist eine Frage der Dienstorganisation und Dienstaufsicht. Die Juristen in den Behördenleitungen, sprich Justizministerien und Staatsanwaltschaften, müssten Überlegungen anstellen, bei welchen Sterbefällen Obduktionen generell angeordnet werden müssten, an welchen Stellen die Ermittlungsbehörde sorgfältiger arbeiten müsste. Dann müssten die Gesundheitsämter – und das wird wohl ohne gesetzgeberische Eingriffe nicht möglich sein – überlegen, ob man nicht mehr Amtsärzte, also öffentlich bedienstete Mediziner, auf die Leichenschau spezialisiert. Dann müsste man Fallgruppen herausarbeiten, bei denen es *immer* eine staatliche Leichenschau geben muss. Die Staatsanwaltschaften müssten sich fragen: Welche Kosten lohnen sich, wenn wir etwas mehr Gewicht legten auf die Verfolgung von Anfangsverdachten? Auch wenn da konkret kein Fall ist, der nach einer Verfolgung schreit, sondern wenn es schlicht darum geht herauszukriegen: *Sind da Fälle?*

Die Staatsanwaltschaft arbeitet üblicherweise so: Sie kriegt die Akte auf den Tisch, die Polizei hat schon ermittelt, und der Staatsanwalt prüft den Vorgang nochmals. Dass ein Verdacht direkt an die Staatsanwaltschaft ergeht (»Da ist jemand gestorben, und ich weiß nicht so recht, warum«), das ist etwas völlig Atypisches. Man könnte sich beispielsweise ein spezielles Dezernat in der Staatsanwaltschaft vorstellen, das für unklare und dubiose Todesfälle zuständig wäre und für den so genannten Anfangsverdacht. Ja, man könnte einiges verbessern, allerdings mit einem gewissen Aufwand.

Und wie ließe sich größere Rechtssicherheit bei Tötungen ganz grundsätzlich gestalten?

Erstens wäre es sinnvoll, die ärztliche Todesbescheinigung nicht dem Privatarzt und Hausarzt zu überlassen. Wenn ein Leben zu Ende ist, müssten Amtsärzte eingeschaltet werden. Das gibt natürlich eine neue Aufgaben- und Lastenverteilung zwischen niedergelassenen Doktoren und Amtsärzten. Aber eine solche Umstrukturierung ist dringend notwendig, da niedergelassene Ärzte im rechtsmedizinisch relevanten Bereich schlicht nicht kompetent sind und auch nicht die nötige Distanz haben.

Und zweitens müssten dringend in bundesweitem Rahmen Regeln geschaffen werden – das muss kein neues Gesetz, keine neue Verordnung sein, sondern das können Regieanweisungen beziehungsweise Verwaltungsvorschriften sein –, die die Fallgruppen deutlich machen, in denen immer Obduktionen anzuordnen sind. Hier müssten möglicherweise auch Vorgaben für die Art der Obduktion erarbeitet werden, also zum Beispiel, welchen besonderen Fragen bei Drogentoten nachzugehen ist.

Das könnte zum Beispiel die Justizministerkonferenz veranlassen, indem sie eine Expertenkommission mit Rechtsmedizinern, Kriminologen und Vertretern von Polizei und Staatsanwaltschaft einsetzt, die dann überprüft, in welchen Fallgruppen ganz klar Obduktionen anzuordnen sind. Dann käme es nicht mehr vor, dass die Staatsanwaltschaften völlig willkürlich entscheiden, ob obduziert wird oder nicht.

Diese Missstände sind ja nicht neu, sie verschärften sich in den letzten Jahren bloß. Kann es sein, dass der Staat an Veränderungen gar nicht interessiert ist?

Durchaus. Denn es stellt sich die Frage: Wem nützt das? Hilft es uns überhaupt, etwas über Dunkelfelder zu wissen? Bringt uns das weiter? Und da sagen viele: Das bringt uns überhaupt nicht weiter. Das bringt nur neue Furcht. Was haben wir davon, wenn wir zum Schluss einen Haufen Tötungsdelikte haben und noch mehr Verbrechen, über die die Presse berichtet, und noch mehr Skandalfälle? Das kostet viel Geld, verängstigt den Bürger, wird ausgeschlachtet und bringt womöglich eine Steigerung der Kriminalität und der Furcht davor. Wäre ja nicht sehr produktiv, oder?

Dagegen können Sie sagen: Das verhindert Spekulationen. Das dient der Wahrheit – welcher Wahrheit auch immer. Das dient vielleicht der Vorbeugung. Ob es privaten Interessen dient, ist schon wieder fraglich. Bringt es nicht neues Leid, wenn man weiß, mein Angehöriger ist gar nicht sanft entschlummert, sondern umgebracht worden? Gesamtgesellschaftlich gesehen muss man fragen: Ist das nützlich? Wenn ja, wofür? Vielleicht ist es ja auch ein Schutzfaktor und schafft höhere Hemmschwellen, wenn der Mörder merkt: Oh, es ist doch nicht so leicht, damit durchzukommen. Ja, womöglich würde die Hemmschwelle für die Täter tatsächlich erhöht. Das allerdings betrifft nur den rational kalkulierenden Mörder, bei Vermögensstraftaten zum Beispiel. In den meisten Bereichen der Tötungskriminalität, beispielsweise bei Konflikt-

228

taten, ist das eben gerade nicht der Fall. Da geschieht die Tat ohne Plan und Überlegung aus dem momentanen Kontrollverlust heraus.

Aber ein Mörder muss doch zur Rechenschaft gezogen werden. Es hat doch keinen Sinn, vor der Realität die Augen zu schließen.

Es gibt ja Kriminalökonomen, die überlegen: Was kostet Kriminalitätskontrolle, wo ist sie sinnvoll, und wo ist sie kontraproduktiv? Das ist letztlich eine politische Entscheidung. Die Kosten festzustellen ist sehr schwer und führt immer wieder zu Nützlichkeitserwägungen. Es gibt überall in der Justiz Verteilungskämpfe, und es muss immer neu entschieden werden, was wichtig ist und was nicht. Man könnte ja auch ganz grundsätzlich fragen: Was kostet das Recht? Warum müssen wir Recht überhaupt durchsetzen? Ist es ein Wert für sich?

Für den Philosophen Immanuel Kant war das ganz klar: Das Recht als solches muss geschützt werden. Er benutzte folgendes Bild: Wenn man sich eine Gesellschaft auf einer Insel vorstellt, die weiß, dass sie am nächsten Tag untergehen wird, dann müsste sie trotzdem heute noch ihren letzten Verbrecher hinrichten, damit die Idee von Recht, die Würde des Rechts gewahrt bleibt. Jenseits aller Zweckmäßigkeitsbetrachtungen.

Heute sieht man das anders. Wir sind weitgehend vom Zweckdenken geprägt, das Strafrecht orientiert sich immer mehr zur Konfliktregulierung hin, und von daher fragt man auch immer lauter nach Kosten und Nutzen. Und deshalb ist es klar: Wenn wir das Dunkelfeld in den Griff bekommen wollen, müssten wir im Vorfeld ein Riesenraster anlegen und alle Todesfälle oder bestimmte Fallgruppen genauer und professioneller erkunden (Stichwort: Amtsarzt und rechtsmedizinische Obduktion). Wir kämen dann zu einer nicht unbeträchtlichen, aber aufs Ganze gesehen auch nicht so erschütternden Zahl von zusätzlichen Tötungsverdachtsfällen. Doch wir hätten allein für dieses Raster enorm viel Geld ausgegeben, man bräuchte viel Personal in den Gesundheitsämtern, in der Rechtsmedizin, und es entstünden weitere Sachkosten bei der Strafverfolgung (Polizei, Gutachter), und der ganze Justizapparat (Staatsanwaltschaft, Richter) würde noch stärker belastet. Das heißt, es entstünden ziemliche Kosten, ohne dass ein klarer Nutzen im Voraus abzusehen wäre.

Ich glaube, wenn wir alle Tötungsdelikte verfolgen wollten, könnten wir einpacken. Das schafft keine Justiz. Das ist kapazitär nicht zu schaffen, aber auch sozialpsychologisch nicht zu verkraften. Wenn wir wüssten, wie viel passiert, dann müssten wir resignieren.

Das ist bizarr! Man wird in Deutschland für einen Mord nicht rigoros verfolgt und bestraft. Das ist etwas, das dem allgemeinen Wissen völlig widerstrebt. Der Bürger geht ja davon aus, dass in seinem Land Recht und Ordnung herrschen und dass der Böse seine Strafe kriegt …

… das ist eine alte Frage der Dunkelfeldforschung: Welche sozialpsychologischen Rücksichten muss man nehmen? Wie viel müssen wir wissen? Wie viel dürfen wir wissen? Wie viel sollen wir wissen? Und wie gehen wir mit dem Wissen um? Und da gibt es diese eine verallgemeinerbare Erkenntnis: Wir wissen nie alles, und das ist auch gut so!

Nicht entdeckte Tötungsdelikte scheinen kein hochgradig drängendes Problem für die Allgemeinheit zu sein. Wie kommt das? Ein Grund liegt auf der Hand: Das Tötungsdelikt an sich ist ein zu seltenes Phänomen, als dass der Missstand seiner systematischen Nichtentdeckung die Bevölkerung aufzurütteln vermöchte. Jene kritische Masse an Katastrophenmeldungen, die schließlich politisches Handeln erzwingt, ist bisher wahrscheinlich schlicht nicht erreicht worden. Also können die Strafverfolgungsbehörden die übersehenen Tötungsdelikte weiterhin als »Einzelfälle« abtun und durch eine niedrige Obduktionsrate dafür sorgen, dass auch nicht mehr aufkommen und die vermeintlichen Einzelfälle Einzelfälle bleiben.

Taucht zufällig hin und wieder die Spitze des Eisbergs aus dem Meer der Ahnungslosigkeit, hält sich die staatliche Betroffenheit ebenfalls in Grenzen. Erschüttert ist vielleicht der einzelne Kriminalbeamte, der in die Zufallsentdeckung eines Mordes verwickelt ist, außer sich sind vielleicht die Angehörigen, die durch die Geschichte psychisch vernichtet werden, aber das Entsetzen – und das liegt bei Mord als oft sehr persönlichem Delikt in der Natur der Sache – breitet sich in der Regel nur innerhalb der Grenzen eines gewissen privaten Rahmens aus. Der Staat als solcher sieht sich durch Tötungsdelikte nicht bedroht – es sei denn, es handelt sich um Mord aus politischen Gründen. Die Relevanz, die dem Missstand daher öffentlich zugestanden wird, steht in keinem Verhältnis zu der Furcht vor den Kosten, die drohten, wenn der Staat die Unvollkommenheit seines Ermittlungssystems zur Kenntnis nähme. *Kaum jemand in diesem Land ist deshalb daran interessiert, aus einem natürlichen Todesfall einen Mord zu machen.*

Eine andere Ursache für das Ausbleiben eines Skandals könnte darin liegen, dass das Dunkelfeld in den Randgruppen der Gesellschaft besonders ausgedehnt und undurchdringlich ist und dass diejenigen, deren Ermordung ungesühnt bleibt, in der Mehrzahl zu den Schwachen und Unproduktiven gehören dürften (siehe Kapitel 6, Stichwort: Wann wird ein Mensch zum Opfer?). Es sind zuallererst Unterlegene und Verlierer, deren gewaltsamer Tod nicht gerächt wird. Es sind Menschen, von denen die Allgemeinheit in der Regel nicht profitiert und deren Gruppe daher keine politische Durchsetzungskraft hat: Alte, Kranke, Arme, Randständige, Abhängige, Babys, Multiproblemfälle. Hinzu kommen noch jene Leute, die unter dubiosen Umständen leben und keinen Hahn zum Krähen bringen, wenn sie unter dubiosen Umständen sterben. Der Ehrgeiz des Staates scheint sich darin zu erschöpfen, den Missstand so weit einzugrenzen, dass er selbst und seine Strafverfolgungsbehörden nicht mehr in der Kritik stehen. Der Rest interessiert nicht.

In der Soziologie ist dieses informationsabweisende Verhalten des Staates bekannt. Immer wieder stießen Soziologen, die sich mit Dunkelfeldforschung befassten, auf die stillschweigende Übereinkunft, beide Augen zuzudrücken – nicht nur die der Leichen. Die deutsche Professorin für Kriminologie Anne-Eva Brauneck zum Beispiel wies schon 1965 auf die sozialpsychologische Bedeutung der »Verborgenheit eines großen Teils der Begehungen, also die oft beklagte hohe Dunkelziffer« hin. Doch der unbestritten berühmteste deutschsprachige Beitrag zum Thema »Dunkelziffer, Norm und Strafe« stammt von Heinrich Popitz. In seinem bis heute gern zitierten Aufsatz »Über die Präventivwirkung des Nichtwissens« setzte sich der Wissenschaftler 1968 voll beißender Ironie mit der staatlichen Informationsabwehr auseinander.

Der Freiburger Soziologieprofessor ging von der These aus, der Staat entlaste sich von der Vielzahl der Normbrüche – wobei Popitz das Tötungsdelikt, dem er eine hohe Dunkelziffer einräumt, explizit einbezieht –, indem er sie nicht zur Kenntnis nehme. Er schreibt: »Normen haben zwangsläufig etwas Starres, Unverbindliches, Fixiertes, etwas ›Stures‹ – und damit stets auch etwas Überforderndes, Illusionäres. Diese Starrheit entspricht dem Anspruch jeder Normsetzung, Regelmäßigkeiten durchzusetzen, Verhalten zu binden, zu fixieren, voraussehbar zu machen. Das Sanktionssystem muss die Starrheit zumindest weitgehend übernehmen, es kann und muss sich aber gleichzeitig auch entlasten. Eine solche Entlastung schafft ... die Begrenzung der Verhaltensinformation.« Mit anderen Worten: Um sich zu entlasten, schließt der Staat die Augen vor den an ihn herangetragenen Missetaten, denn wenn er sie einmal zur Kenntnis genommen hat (so will es das *Legalitätsprinzip!*), muss er sie bis zum bitteren Ende verfolgen.

Popitz fährt fort: »Zwar handelt es sich, genau genommen, in allen erwähnten Fällen des bewussten Informationsverzichts auch um Sanktionsverzicht. Aber dieser so weit wie möglich ›vorgeschobene Sanktionsverzicht‹ ist zumindest die vergleichsweise ungefährlichste Methode der Entspannung. Jeder spätere Rückzug, wie der Verzicht auf Verfolgung, Anklageerhebung und Verurteilung, ist als Verzicht viel eindeutiger artikuliert ... Es gehört zur Weisheit insbesondere der ›guten Gesellschaft‹, dass sie einem Übeltäter, vor allem aus den eigenen Reihen, die *Entdeckung* seiner Tat als *zusätzliche* Schuld ankreidet – oder überhaupt als eigentliche Schuld. Was man ihm übel nimmt, ist vor allem, dass sein Verhalten nicht verborgen geblieben ist.«

Popitz kommt, zusammengefasst, zu folgendem Schluss: Auf der einen Seite muss das öffentlich gewordene und bestrafte Verbrechen ein *Minderheitenphänomen* bleiben, damit die Gesellschaft in ihrem Normengefüge weiter funktionieren und die Mehrheit sich als gute Bürger fühlen kann. Auf der anderen Seite ist eine totale Überwachung und Sanktionierung von Normbrüchen durch den Staat weder machbar noch bezahlbar. Also beschränkt sich der Staat darauf, an denen, die sich erwischen lassen, ein Exempel zu statuieren, denn, so Popitz: »Die Strafe kann ihre soziale Wirkung nur bewahren, solange die Mehrheit *nicht* ›bekommt, was sie verdient‹. Auch die Präventivwirkung der Strafe bleibt nur bestehen, solange die Generalprävention der Dunkelziffer erhalten bleibt.«

An solchen Erkenntnissen können Soziologen ihre Freude haben, denn sie enthalten gewiss eine große Portion Wahrheit und erhellen verdienstvollermaßen die Grenzen des Großen und Ganzen. Dennoch – für den Arzt oder Polizisten, der ratlos vor dem Toten steht, für den Rechtsmediziner, der zufällig einen Mordfall auf den Sektionstisch bekommt, für den Strafrechtler, der das Grundrecht auf Leben schützen muss, kann die Einsicht des Professors Popitz nicht die Lösung seines Problems sein. In den Ohren der Leute an der »Front«, die die zersetzten Leichen aus der Badewanne ziehen oder die den gewaltsamen Tod eines Kindes nachzuweisen versuchen, klingen solche Thesen zynisch.

Es bedarf in Deutschland selbstverständlich schon lange einer Reform des Leichenwesens. Das weiß jeder Notarzt, jeder Kriminalbeamte und jeder Rechtsmediziner oder wer sonst noch mit Toten zu tun bekommt. Das Mindeste sollte sein:

- Nur speziell für die Leichenschau ausgebildete Ärzte dürfen den Totenschein ausstellen.
- Es muss bei allen unklaren Todesumständen obduziert werden.

Im Folgenden soll kurz dargetan werden, um wie viel zuverlässiger und intelligenter die Vorermittlungen in Leichensachen bei einigen unserer europäischen Nachbarn organisiert sind.

England: In England herrscht das so genannte Coroner-System. Die Coroner – 144 davon gibt es in England und Wales – sind Beamte ihrer jeweiligen Gemeinde. In der Regel sind sie ausgebildete Juristen, manche auch Ärzte, die mindestens fünf Jahre Berufserfahrung haben müssen. Sie sind spezialisiert auf und zuständig für die Untersuchung jener Todesfälle, die keine eindeutige Ursache haben. Der Coroner wird in der Regel von Ärzten oder Polizisten informiert und entscheidet am Leichenfundort, manchmal allerdings auch aus der Ferne, ob eine gerichtsmedizinische Obduktion stattzufinden hat oder nicht. 201000 unklare Todesfälle wurden den Coronern 1999 gemeldet. In 62 Prozent ordneten sie eine Sektion an. Allerdings existieren in England sehr genaue Vorschriften, wann der Coroner zu rufen ist, nämlich in folgenden Situationen:

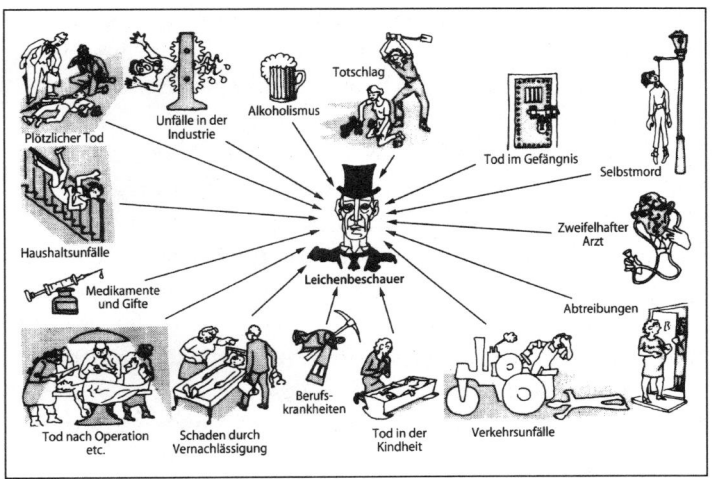

Meldepflichtige Todesfälle in England (nach Knight 1992)

Der Coroner hat keinerlei juristische Handhabe. Die Vernehmungen, die er am Leichenfundort durchzuführen hat, dienen allein der Klärung der Fragen: Wer ist der Tote? Wodurch ist er zu Tode gekommen? Es ist nicht seine Aufgabe, zu klären, ob irgendjemand die Verantwortung für den Tod des Aufgefundenen trägt. Er ist ausschließlich dafür da, eine Untersuchung in die Wege zu leiten, eventuelle Beweismittel zu sichern und an den Staatsanwalt weiterzuleiten. Er ist Fachmann in der Todesermittlung und fungiert quasi als Schaltstelle zwischen Polizei und Staatsanwaltschaft. Somit sind beide Einrichtungen entscheidend entlastet.

Österreich: In Österreich ist das Leichenschauwesen grundsätzlich weit intelligenter und der Rechtssicherheit dienlicher geregelt als in Deutschland. Hier ist nicht jeder beliebige Mediziner zur Leichenschau zugelassen und verpflichtet, sondern nur der dazu bestellte, von der öffentlichen Hand bezahlte Totenbeschauer. Bei ihm handelt es sich um einen im öffentlichen Dienst stehenden Gemeinde- oder Amtsarzt

235

oder – wenn der Tod im Krankenhaus eintritt – um den Pathologen der Klinik.

Der Gemeindearzt hat den so genannten *Physikatskurs* absolviert: eine Weiterbildung nach der Promotion, die ihn zur Leichenschau befähigt. Dieses System hat zum einen den Vorteil, dass der Leichenbeschauer durch die Spezialisierung auf die Erscheinungen des Todes und den täglichen Umgang mit Leichen ein enormes Fachwissen hinsichtlich der Zeichen des nicht natürlichen Todes ansammelt (und nicht ahnungslos vor der Leiche steht). Zum anderen repräsentiert er am Leichenfundort die Stadt oder den Landkreis, was die Gefahr der persönlichen Verstrickung mindert. Er ist in der Regel *nicht* der behandelnde Arzt, das heißt, er gerät nicht in die Versuchung, eigene Behandlungsfehler vertuschen zu wollen, und er ist *nicht* der Hausarzt, das heißt, er ist am Leichenfundort relativ frei von Einflussnahme durch die Hinterbliebenen.

Auch im Hinblick auf die Autopsien ist der österreichische Ermittlungsapparat akribischer. Hier beträgt die Obduktionsrate etwa 20 Prozent, denn es finden bei unklaren Todesfällen nicht nur gerichtliche Sektionen statt, sondern vor allem sanitätspolizeiliche Verwaltungssektionen. Sie werden im Interesse des öffentlichen Gesundheitswesens von Pathologen durchgeführt und vom jeweiligen Bundesland aus seinem Gesundheitsbudget finanziert.

Skandinavien: Nach dem dänischen Gesetz darf der Arzt die Leichenschau nicht durchführen, wenn er in einer engen Verbindung zu dem oder der Verstorbenen, beispielsweise einem ehelichen oder verwandtschaftlichen Verhältnis, stand. Auch in Schweden darf nur ein von solch nahen Beziehungen unbelasteter Arzt den Totenschein ausstellen. Diese Restriktionen fehlen in Finnland, doch würde ein solches Vorgehen dort als Verstoß gegen die medizinische Ethik gelten. Es ist immer eine Gefahr für die Rechtssicherheit, wenn die Leichenschau nicht von einem unabhängigen Arzt durchgeführt wird.

In Finnland ist die Obduktionsrate extrem hoch, etwa 35 Prozent aller Leichen werden hier seziert: 20 Prozent vom Pathologen, 15 Prozent vom Gerichtsmediziner. Der Anteil der Autopsien bei den verschiedenen nicht natürlichen Todesfällen beträgt 90 Prozent: So gut wie jedes Unfallopfer, jeder Selbstmörder, jeder Abgestürzte, Ertrunkene oder auf ungeklärte Weise ums Leben Gekommene wird in Finnland seziert. Kein Wunder, dass sich die Tötungsrate in diesem schwach besiedelten Staat im hohen Norden sehen lassen kann (siehe Kapitel 1).

Ein nicht dramatisiertes Thema

Gedanken von Winfried Hassemer, Richter am Bundesverfassungsgericht und Professor für Rechtstheorie und Strafrecht am Institut für Kriminalwissenschaften der Universität Frankfurt am Main, zum Phänomen des Dunkelfelds bei Tötungsdelikten

Einen Strafrechtler oder Verfassungsrechtler, der über Dunkelfelder nicht irritiert ist, gibt es nicht. Dunkelfeld heißt doch, dass eine Norm sich in der Wirklichkeit nicht durchsetzt (oder umso weniger durchsetzt, je größer das Dunkelfeld ist), und das kann niemanden kalt lassen. Bei uns in Deutschland herrscht das Legalitätsprinzip, was bedeutet, dass die Ermittlungsbehörden bei jeder Kenntnisnahme von Tatsachen, die einen Verdacht einer Straftat begründen, tätig werden müssen. Der verfassungsrechtliche Grund des Legalitätsprinzips ist die Gleichmäßigkeit der Rechtsanwendung ohne Rücksicht auf die Person. Die Gleichmäßigkeit der Rechtsanwendung ist ein Teil der Gerechtigkeit, also des fundamentalsten rechtlichen Prinzips, das wir haben. Und deshalb sind Dunkelfelder ein großes Problem – für das Verfassungsrecht wie für das Strafrecht.

Es gibt unterschiedliche Typen und Größen von Dunkelfeldern. Und jeder, der sich mit Strafrecht beschäftigt, lernt nicht nur, was ein Dunkelfeld ist und welche Arten es gibt, sondern auch, dass – nach allgemeiner Meinung – die Dunkelfelder bei den so genannten Kapitaldelikten klein sind. Und zwar deshalb, weil die Polizei ihre Ressourcen auf diese Felder konzentriert. Das ist klassischer Bestand des Wissens. Ich kann über das Dunkelfeld bei Tötungsdelikten nur spekulieren, da es keine empirischen Untersuchungen gibt. Doch ich denke, dass in den Köpfen der Leute, die das Strafrecht in der Praxis vertreten – also der Richter, Staatsanwälte und Polizisten –, genau dieses klassische Wissen vorherrscht und dass man daher keinen Änderungsbedarf sieht.

Bei der Aufdeckung von Tötungsdelikten darf Geld keine Rolle spielen; was eine Rolle spielt, ist die Intensität eines Tatverdachts. Ansonsten ist vor dem Gesetz jede Leiche gleich. Punktum. Allerdings kann keiner, der das Leben kennt, leugnen, dass Geld manchmal eben doch ein Faktor ist. Auch in der Justiz. Mancher kann sich einen teuren Verteidiger leisten, der kostet zwar mehr, aber er investiert auch mehr. Der andere muss mit dem Pflichtverteidiger vorlieb nehmen.

Ich kann mir beileibe nicht vorstellen, dass der Staat von Tötungsdelikten nichts wissen will. Dazu müsste sich ein Interesse benennen lassen, das dem Legalitätsprinzip – also dem Wissenwollen einer strafbaren Handlung – gewissermaßen entgegensteht. Solch ein Interesse kann ich nicht erkennen. Was ich mir aber vorstellen könnte, wäre, dass diese Art von latenten Tötungen derzeit nicht im Licht der Öffentlichkeit steht. Das Thema ist nicht dramatisiert, vielleicht ist es auch gar nicht dramatisierbar. Wenn der Sachverhalt aber als Skandal gezeigt werden kann, wenn klar werden sollte, dass ein Fehlverhalten der Ermittlungsorgane nicht nur von Fall zu Fall vorkommt, sondern die ganze Sache gewissermaßen Methode hat, dann wird sich das ändern.

Die Polizei verwendet ihre Ressourcen nicht mit der Gieß-kanne, sondern setzt Schwerpunkte, und in diesem Zusammenhang spielt die Meinung der Öffentlichkeit, welche Polizeiarbeit denn wichtig sei, eine große Rolle. Der Staat muss antworten auf ein öffentliches Bedürfnis nach Täterermittlung. Das wird deutlich, wenn man sich die Wirkung der Medien beim Thema Missbrauch von Kindern oder Frauenhandel ansieht. Solche Dinge kommen in medialen Wellen über die Republik, und es wäre naiv, anzunehmen, dass sie keinen Einfluss hätten auf die polizeiliche Verwendung von Ressourcen.

Öffentliche Aufmerksamkeit wirkt sich auch auf die Situation des Verdachts aus. Denn der Verdacht ist ja immer etwas Relatives. Den Verdacht an sich gibt es nicht. Verdächte werden gemacht, sie entspringen einem Verdachtsvorurteil. Wenn die Polizei in einer ihr verdächtig erscheinenden Gegend dreißig Mal häufiger Passanten kontrolliert als woanders, dann ist die Wahrscheinlichkeit, dass sie etwas findet, dreißig Mal so hoch. Der Blick wird ja auch durch die öffentliche Debatte auf ein Problem gerichtet und für das Problem geschärft.

Eine hundertprozentige Aufhellung des Dunkelfelds wird letztlich zu einer Schwächung des Strafrechts führen. Dahinter steht die Annahme, dass Täter nicht offen und unbehelligt inmitten der Gesellschaft leben können, sondern vereinzelt sein müssen. Der Verbrecher muss immer marginalisiert sein, so diese Theorie, damit sich die anderen von seinem Verhalten absetzen können. Es gibt auch Theorien zum Strafvollzug, die besagen: Der bravste Gefängnisinsasse muss aus soziologischen Gründen immer noch schlechter behandelt werden als der Übelste und Schlechteste draußen. Weil auf dem Schuldpacken der Häftlinge noch so etwas wie ein sozialethisches Unwerturteil obendrauf liegt. Und diese Theorien zusammengenommen machen es plausibel – ich drücke mich jetzt vorsichtig aus, da niemand es genau weiß –, dass die Gesellschaft insgesamt an Dunkelfeldern interessiert sein muss.

Das heißt nicht, dass sie ihre Dunkelfelder strategisch schafft. Das heißt auch nicht, dass sie zwanghaft wegsieht. Aber dass am Ende die Dunkelfelder die Gesellschaft nicht so sehr irritieren, dass sie sämtliche Lampen und Ermittlungsinstrumente einsetzte, um all diese Felder um jeden Preis zu erhellen – das ist damit erklärt. Dass es Dunkelfelder gibt und dass die Gesellschaft sie in gewisser Weise »braucht«, ist keine Widerlegung des Legalitätsprinzips. Es muss dem Grunde nach verstanden werden, dass man zwar den Kampf gegen einzelne Dunkelfelder führen kann – durch Verstärkung von Polizeiarbeit beispielsweise –, aber nicht den Kampf gegen das Dunkelfeld überhaupt. Das ist keine Widerlegung des Verfassungsgebots, gerecht und rechtssicher zu ermitteln. Wie es ja auch keine Widerlegung des Diebstahlverbots und des Raubverbots ist, dass es immer wieder zu Diebstahl und Raub kommt.

Die Auseinandersetzung mit dem Dunkelfeld ist erstens ein immer neuer Ansporn, Ermittlungsarbeit zu verbessern, und zweitens beseitigt sie eine gewisse Naivität. Und das Zweite ist wahrscheinlich das Wichtigere. Ich halte einen Strafrechtler für gefährlich, der behauptet: Es gibt keine Dunkelfelder. Ich meine, man muss ein Dunkelfeld zur Kenntnis nehmen und kapieren, woher es kommt. Und man muss erkennen, an welchen Bedingungen sich etwas ändern lässt und mit welchen man leben muss. Der Staat muss an der Hoffnung und der Pflicht arbeiten, mit dem Verbrechen zu leben, da er es nicht ausrotten kann. Nur totalitäre Gesellschaften sind der Meinung, dass man Kriminalität beseitigen kann. Und sie versuchen es auch, indem sie alle Mittel einsetzen. Liberale Gesellschaften haben unter anderem die Eigenschaft, begriffen zu haben, dass man mit Kriminalität leben muss. Wobei immer zu fragen ist: Bis zu welchem Grad?

Wollte man nun den Deckel heben und Licht ins Dunkelfeld unentdeckter Tötungsdelikte tragen, meine ich nicht, dass an der *Normebene* viel verändert werden müsste. Man muss nicht – wie beispielsweise beim Schwangerschaftsabbruch – fragen: Ist diese Art von Leben wirklich Leben? Ein Jurist, der leugnet, dass zum Beispiel auch altes Leben Leben ist, steht jenseits von gut und böse. Vor dem Recht ist es genauso schlimm, einen uralten Menschen umzubringen, wie einen sehr jungen Menschen zu töten. Woran gearbeitet werden muss, ist die *Annahme, dass es Dunkelfelder bei Tötungsdelikten nicht gibt*. Denn diese Annahme ist der Grund dafür, dass unzureichend ermittelt wird.

Der dritte Ansatzpunkt ist die Tauglichkeit der Ermittlungsinstrumente, damit das im Einzelfall auch funktioniert. Dazu gehört die Frage: Was gibt es für Meldevorschriften? Gibt es eine spezifische Feststellung von nicht natürlichem Tod, oder macht das der normale Arzt? Dazu gehört das Kästchen »unklare Todesart« im Leichenschauschein. Die Polizei könnte durch Skandalisierung und öffentliche Debatte dieses Problems dazu bewegt werden, zu überlegen, ob ihre Ausbildung gut genug und ihre Aufmerksamkeit groß genug ist, was dieses Thema angeht. Tötungen sind Kapitaldelikte, jenseits davon gibt es nichts Schlimmeres.

Ich denke, man muss gar nicht so viele Sachen in Bewegung setzen, sondern nur die Blockade der falschen Vorstellung von Dunkelfeldern beseitigen. Der Rest kommt dann von selbst.

Der Kürschner

Ein Fall aus Hamburg, der zeigt, wie wenig sich der Staat um seine Bürger kümmert

Manchmal siegt die Liebe tatsächlich über das Böse. So gesehen wurde der Mörder Lutz R. ein Opfer der Liebe. Die Treue einer Mutter zu ihrer Tochter wurde ihm zum Verhängnis. Jene Mutter war die einzige Person, die sich von ihm nicht in die Irre führen ließ: Weder die anscheinend harmlosen Umstände konnten sie täuschen noch die beruhigenden Indizien, nicht einmal die Beschwichtigungsversuche der Polizei. Nie hörte sie auf, an den vermeintlichen Tatsachen, die doch so offenkundig daherkamen, zu zweifeln. Allein durch den Glauben jener alten Mutter wurde das ganze Ausmaß der Bösartigkeit des Lutz R. offenbar. Nach vielen Jahren.

Alles beginnt – oder sollte es besser heißen: endet? – damit, dass im Mai 1992 eine etwa siebzigjährige Frau auf der Zuhörerbank in einem Verhandlungssaal des Hamburger Landgerichts Platz nimmt. Sie hat im *Abendblatt* gelesen, dass gegen den Kürschner Lutz R. ein Prozess stattfinden soll. Und weil sie den Mann kennt, geht sie hin.

Der Angeklagte, ein polteriger, aber nicht unbeliebter Familienvater, hatte früher zum Bekanntenkreis ihrer Tochter Annegret gehört, die vor dreieinhalb Jahren ganz plötzlich über Nacht verschwunden war. Zum Abschied hatte sie damals Verwandten und Freunden, ihrem Lebensgefährten und ihrer Mutter noch ein paar Mal gefaxt oder geschrieben, dass sie ein neues Leben mit einem neuen Mann anzufangen gedenke. Alles Gute! Und tschüs! Irgendwann hatten die meisten Adressaten sich damit abgefunden, dass die schicke Industriekauffrau, einer plötzlichen Eingebung folgend, wohl mit einem fremden reichen Liebhaber durchgebrannt sei. Allein die Mutter glaubte es nicht. Sie kannte ihre Annegret, und sich so zu verhalten war ganz und gar nicht ihre Art. All die Jahre hindurch hatte sie daher weiter unbeirrbar nach ihrem Kind gesucht.

Zurück in den Gerichtssaal: Lutz R., angeklagt wegen erpresserischen Menschenraubs, erkennt die alte Dame dort drüben auf der Zuschauerbank wieder. »Hallo, wie geht es Annegret?«, begrüßt er sie locker. Er muss doch wissen, dass die junge Frau verschwunden ist. Aber Takt ist R.s Sache nie gewesen.

Im nun folgenden Prozess, den die Mutter aufmerksam verfolgt, wird dem Kürschner nachgewiesen, dass er die Freundin seines ehemaligen Chefs Kurt Kloeßer, die dreiundfünfzigjährige Christa S., mit Gewalt in den unterirdischen Atombunker seines Hamburger Reihenhauses verschleppt und sie dort mit dem Ziel festgehalten hat, seinem früheren Arbeitgeber dreihunderttausend Mark abzupressen. Als er merkte, dass die Polizei ihm auf der Spur war, ließ er die Frau nach einer Woche frei, die für sie ein Alptraum, eine Zeit des Grauens gewesen ist. Er wird zu drei Jahren Haft verurteilt.

Doch tritt im Laufe des Prozesses auch eine überraschende Episode aus dem Dunkel der Vergangenheit ans Licht der Gegenwart: Kurt Kloeßer, der ehemalige Chef des Angeklagten, der um dreihunderttausend Mark erleichtert werden sollte, hatte bereits sechs Jahre zuvor einen herben Verlust erlitten. Seine Ehefrau Hildegard war im Frühling 1986 nach einer gemeinsamen Ferienreise völlig unerwartet verschwunden. Auf dem Esszimmertisch hatte sie eine dürre Mitteilung hinterlassen:

Hab Arbeiten satt
ich will nicht mehr Arbeiten
Will nur noch Leben. im Urlaub ist es mir klar geworden.

Auf der Rückseite hatte gestanden:

Brief Folkt.

Sämtliche Ausweispapiere der Frau und auch der kleine Hund waren fort. Ein paar Mal hatte sie noch geschrieben, Briefe und Karten aus dem sonnigen Süden. Aber irgendwann war keine Post mehr gekommen.

Der Mutter auf der Zuhörerbank kommt das alles entsetzlich vor – entsetzlich bekannt. Obendrein verschlagen ihr die Erlebnisse, die das Entführungsopfer Christa S. dem Richter aus der Haftzeit im Bunker berichtet, den Atem. Sie sei in einem winzigen Raum an ein Stockbett gefesselt gewesen, habe vorformulierte Briefe schreiben und Kassetten mit vorgegebenen Texten besprechen müssen, die der Kürschner dann an ihren Lebensgefährten oder ihren Sohn geschickt habe. Immer wieder habe sie die Todesangst niederkämpfen müssen.

Einmal habe R. ihr auch Pornofotos gezeigt, sagt sie aus. Es seien Polaroidaufnahmen einer jungen Frau gewesen, die sadistisch gefoltert worden sei. In der nächsten Verhandlungspause geht die Mutter der Annegret Bauer auf die Zeugin zu und zeigt ihr Bilder von der verschwundenen Tochter. Ob das vielleicht die junge Frau sei, die sie auf den schrecklichen Fotos in R.s Bunker gesehen habe? »Ja«, sagt Frau S., »diese Frau war es.« Sie ist sich ganz sicher.

Wer kann ermessen, was in der alten Mutter vorgeht? Sie sucht nun Hilfe bei einer Kriminalbeamtin, die ebenfalls im Gerichtssaal sitzt. Wieder erzählt sie die Geschichte von der verschwundenen Tochter. Und endlich wird sie ernst genommen: Der Argwohn der Beamtin ist geweckt, sie fordert die Vermisstenvorgänge Bauer und Kloeßer an und stellt verblüffende Parallelen fest: Beide Frauen waren überraschend aus ihrem Alltag ausgebrochen; beide hatten anschließend noch Briefe an Angehörige geschickt; beide hatten an die Polizei geschrieben, dass sie *auf keinen Fall* als Vermisste zu betrachten seien, sondern ein neues Leben angefangen hätten; beide hatten die Nummer ihres Ausweises auf den Brief gesetzt; beide hatten angegeben, ins Ausland gehen zu wollen. Die Vermisstenanzeigen waren von verschiedenen Hamburger Polizeidienststellen bearbeitet und die Nachforschungen bald eingestellt worden. Die Vorgänge waren unter der Rubrik »Nicht aufgeklärt« in den Vermisstenarchiven der Hamburger Polizei versauert. Ähnlichkeiten zwischen den beiden Fällen waren niemandem aufgefallen. Nun wird dank der Aufmerksamkeit von Annegrets Mutter plötzlich klar, dass die zwei verschwundenen Frauen noch eine weitere Gemeinsamkeit hatten: Beide kannten Lutz R.

Jetzt endlich geschieht, was die alte Dame seit Jahren in Gang zu setzen versucht. Die Mühlen der Polizei beginnen zu mahlen. Die eigens eingerichtete Sonderkommission 924 vernimmt Freunde und Nachbarn des Kürschners, durchsucht geheime Unterstände und öffnet Schließfächer. Und die Beamten werden fündig, sie entdecken Schmuck und Gegenstände aus dem Besitz der Vermissten. Dann werden die beiden Häuser der Familie R. inspiziert: Im Keller des Hamburger Reihenhauses schlagen Leichensuchhunde an. Die Gärten werden umgegraben. Am 1. Dezember 1992 fördern die Beamten auf dem Grundstück des Wochenendhauses in Basedow ein blaues Zweihundert-Liter-Fass zu Tage. Es ist in zweieinhalb Meter Tiefe vergraben und mit dreißigprozentiger Salzsäure gefüllt. Darin schwimmt die völlig zersetzte Leiche einer Frau. Am 4. Dezember stoßen die Polizeibeamten im Garten des Reihenhauses in einem Meter Tiefe auf Beton. Mit Presslufthämmern graben sie weiter. Nach vier Stunden finden sie ein zweites Fass. Von der darin enthaltenen Frauenleiche ist nur noch Brei übrig.

Von einer »Sektion« kann somit bei den Hamburger Rechtsmedizinern keine Rede mehr sein. Die Leichen werden ihnen quasi auf den Tisch gekippt. Mit einem sanften Wasserstrahl bearbeiten sie das zerfließende Material aus menschlichen Zellen. Die eine Leiche ist nicht mehr zu identifizieren, nur dass es ein älterer Mensch gewesen ist, kann durch Zahnkronen nachgewiesen werden. Dennoch sind Rechtsmedizin und Justiz davon überzeugt, dass es sich um die Überreste der einundsechzigjährigen Hildegard Kloeßer handelt. Die andere Leiche ist zweifelsfrei die der einunddreißig Jahre alt gewordenen Annegret Bauer.

Der am 11. Januar 1995 gegen den Kürschner Lutz R. eröffnete Mordprozess gerät zum Mammutverfahren. Anderthalb Jahre dauert er, 186 Zeugen und fünfzehn Gutachter müssen aufmarschieren, um klar werden zu lassen, warum dem Säuremörder über Jahre niemand auf die Schliche kam. Es war das reibungslose Zusammenwirken von Tücke und Infamie, mit der einerseits R. vorging, und von Borniertheit und Betriebsblindheit, mit der andererseits der Hamburger Polizeiapparat alle auflaufen ließ, die als Informanten in Frage gekommen wären.

Am Abend des 12. März 1986 fand der Ehemann der Hildegard Kloeßer den erwähnten Zettel auf dem Tisch vor, auf dem stand, dass sie »Arbeiten satt« habe. Er rief die Polizei, die jedoch keinen Handlungsbedarf sah, da es offensichtlich schien, dass hier jemand freiwillig ausgestiegen war. Es fehlten Kleidungsstücke (allerdings nur Oberbekleidung) und teurer Schmuck und außerdem zwanzigtausend Mark, die aus dem Versteck hinter dem Spiegelschrank im Badezimmer gerissen worden waren.

Zwei Tage später traf ein in Hamburg abgestempelter Brief mit der Handschrift seiner Frau bei Herrn Kloeßer ein:

»Lieber Kurti!
Ich habe dich Jahrelang gebeten das Geschäft aufzugeben oder zu verkaufen. Aber du suchst immer neue ausreden um bei deinen Pelzen zu bleiben. Das wurde mir jetzt im Urlaub

erst richtig klar ... Ich gebe dir noch eine möglichkeit be-
nehme dich wie ein Mann, laufe nicht gleich zur Polizei, denn
die kennt meine neue Adresse nicht. *Bitte* bleibe *ganz ganz ruhig* und denke darüber nach ... Verhalte Dich ruhig, dan
könnte es sein das meine Sachen mit mir plötzlich wiede im
Hause sind ...«

Des Weiteren wurde Kloeßer ermahnt, weder Zeitungen noch
Detektive einzuschalten.

Am selben Tag ging ein ebenfalls handschriftlicher Brief
von Frau Kloeßer beim zuständigen Polizeirevier ein: Man
möge nicht nach ihr suchen, sie sei keine Vermisste. Um sich
zu identifizieren, hatte die Absenderin die Nummer ihres Personalausweises im Briefkopf angegeben.

Am nächsten Morgen bekam Frau Kloeßers Schwester Post
von der Verschwundenen. Sie möge doch den Kurt von
Dummheiten abhalten, heißt es in dem Brief. »Wenn Er die
Polizei verrückt macht bitte beruhige Ihn.«

Zwei Wochen später meldete sich Hildegard wieder schrift-
lich bei ihrem Mann: »Wenn Du mein Verschwinden weiter
überall erzählst, komme Ich gar nicht mehr nach Hause. (Das
ist unsere Sache) ...«

Ende Mai 1986 erhielten der Ehemann und die Schwester
der Frau Kloeßer je eine Karte von der Kanareninsel Teneriffa
mit frohen Urlaubsgrüßen von ihr. Sie waren am Geburtstag
der Absenderin aufgegeben worden und stellten ihre letzten
Lebenszeichen dar. Danach kam nichts mehr.

Als diese Karten eintrafen, war Hildegard Kloeßer schon
etwa zehn Wochen tot. Sie hatte mehrere Tage lang angeket-
tet im Atombunker tief unter R.s Rasen gesessen und muss To-
desqualen ausgestanden haben. Immer wieder war R. zu ihr
gekommen und hatte sie gezwungen, Karten und Briefe zu
verfassen, um die Verwandten und Behörden von Nachforschungen abzuhalten. Sie muss gewusst haben, dass sie ihr

Gefängnis nicht lebend verlassen würde. Wie es R. gelungen war, sie samt Dackel, Schmuck und Geld zu entführen und in seinen Bunker zu bugsieren, ist nie geklärt worden. Ebenso wenig, ob er sie dort sexuell missbrauchte. Doch es ist sicher, dass er sie spätestens am 16. März ermordet, ihre Leiche in das Fass mit Salzsäure gesteckt und die Tonne vergraben hat. Ihre Kleidung schnürte er zu Geschenkpaketen und verschickte sie an die bedürftige Verwandtschaft in der DDR. Eine Methode, Beweismaterial loszuwerden, von der man damals noch hoffen durfte, dass sie totsicher sei.

Der Ehemann der Verschwundenen, Kurt Kloeßer, suchte in seiner Verzweiflung ganz Hamburg und später auch Teneriffa nach seiner Hilde ab. Er konnte das alles nicht fassen. Seine Ehe war doch immer heil und schön gewesen. Am 8. September 1986 erstattete er Vermisstenanzeige. Kurz danach wurde er schwer herzkrank, er war ein gebrochener Mann. Sein Pelzgeschäft gab er auf.

Zwei Jahre nachdem Kloeßer seine Frau als vermisst gemeldet hatte, am 6. Oktober 1988, einem Donnerstag, entdeckte die Putzfrau der Annegret Bauer einen Zettel mit folgenden Zeilen im Haus der jungen Industriekauffrau:

»Mir ist sowieso egal was Sie
machen ich ziehe aus.
Alles Gute für Sie
persönlich«

Von da an blieb Annegret Bauer verschwunden. Eigentlich wollte sie am nächsten Tag ihren in Hannover ansässigen Lebensgefährten Thomas treffen, um mit Freunden übers Wochenende ins Elsass zu fahren. Stattdessen traf in Hannover ein Fax mit ihrer Handschrift ein, von dem nicht viel zu entziffern war.

Zwei Tage später erhielt Annegrets Mutter einen – ebenfalls

248

mit der Hand geschriebenen – Brief der Tochter, in dem
es hieß:

»Ich glaube ich habe für Thomas eventuell schon einen Ersatz
gefunden. Ich kenne seit 5 Monaten einen Finanzunterneh-
mer, der Finanzgeschäfte in der ganzen Welt abwickelt. Er ist
sehr vermögend mach mich gern, und wohnt zwischen Zürich
und Basel. Sein Haus liegt wunderschön in den Bergen. Er ist
seit 4 Jahren geschieden ist 45 Jahre alt und hat einen 12jäh-
rigen Sohn, der in den USA lebt.«

Immer wieder wurden größere Geldbeträge von Annegret
Bauers Konten abgehoben und größere Anschaffungen in ihrem Namen getätigt, die von irgendjemandem abgeholt wurden. Doch außer ihrer Unterschrift bekam niemand etwas von
der jungen Frau zu Gesicht. Am 14. Oktober ging bei der
Firma, in der Annegret Bauer arbeitete, folgendes Schreiben
ein:

»*Kündigung*
Sehr geehrter Herr B.,
ich möchte hiermit mit sofortiger Wirkung kündigen. Meine
Gründe dafür liegen nur im privaten Bereich. Ich war sehr
gerne in dieser Firma und habe mich wohl gefühlt, bitte haben sie für mein unkaufmännisches Geschäftsgebaren Ver-
ständnis …«

Dieser Brief war ausnahmsweise auf einer Reiseschreibma-
schine getippt worden. In den folgenden Tagen und Wochen
trafen regelmäßig handgeschriebene Briefe und Karten von
Annegret ein, bei ihrem Freund, ihrem geschiedenen Mann,
bei ihrer Mutter. Was die Adressaten besonders irritierte, war
die unbeholfene Ausdrucksweise der Absenderin und auch
die Menge der orthografischen Fehler, denn Annegret hatte

sonst immer großen Wert auf Stil und Rechtschreibung gelegt. Doch es war zweifellos ihre Schrift.

Am 21. Oktober hielt es Annegrets Mutter nicht mehr aus. Sie erstattete Vermisstenanzeige bei der zuständigen Polizeiwache und gleichzeitig bei der Kriminalpolizei. Um den Ermittlern die Nachforschungen zu erleichtern, übergab sie ihnen eine Liste mit den Namen von guten Bekannten ihrer Tochter. Auch Lutz R. stand auf dieser Liste; er trainierte mit Annegret im gleichen Schwimmverein und war früher sogar Trauzeuge bei ihrer Hochzeit gewesen.

Unglückseligerweise geriet die Anzeige jedoch in die Hände eines Kriminalkommissars, der ebenfalls dem besagten Schwimmverein angehörte und mit R. und Annegret gleichermaßen bekannt war. Er nahm die Anzeige an sich und fuhr in das Reihenhaus, in dem der Kürschner mit Frau und Kind lebte und das diesem als biedere Fassade einer bürgerlichen Existenz unschätzbare Dienste leistete. Dort fütterte R. den Polizisten mit neuesten Gerüchten: Annegret habe einen tollen Kerl kennen gelernt und lebe inzwischen im Ausland. Der Mann sei sehr reich, was Annegret ja immer wichtig gewesen sei. Er, R., habe ihr sogar den VW-Golf abgekauft, damit sie ungehindert von dannen ziehen könne. Und der Kriminalbeamte nahm jedes Wort seines Vereinsgenossen für bare Münze.

Heute weiß man, dass Annegret Bauer, panisch vor Angst, tief unten im Atombunker eingesperrt war, während sich der Kriminalbeamte ein paar Meter über ihr von ihrem späteren Mörder beschwatzen ließ. Sie saß gefesselt in einem Etagenbett und wartete auf ihr Ende. Kein Mensch kann beschreiben, was Annegret Bauer in den letzten Wochen ihres Lebens durchlitten hat. Fünfundzwanzig endlose Tage lang ließ der Sadist und Vergewaltiger R. seine kranke Seele ungehindert an ihr aus, bevor er sie ermordete. Dabei ließ er sie auf Tonband sprechen, was ihr widerfuhr, und machte jene Polaroidaufnahmen von seinem Folteropfer, die ihn später zu Fall bringen sollten.

Der Kripobeamte jedenfalls ging an jenem Tag ruhigen Herzens nach Hause. R. hatte ihn gründlich davon überzeugt, dass mit Annegret alles zum Besten stehe. Allerdings wollte der Kürschner seine Aussagen vertraulich behandelt wissen, weshalb der Herr von der Kriminalpolizei am 28. Oktober 1988 in der Akte vermerkte, er wisse »aus zuverlässiger Quelle«, dass im Fall Annegret Bauer Kriterien für eine polizeiliche Vermisstenfahndung *nicht* vorlägen. Danach wurden die Ermittlungen eingestellt.

Dass die junge Frau noch am Leben gewesen sein muss, als der unprofessionelle »Kriminaler« seinen Besuch abstattete, beweist ein Brief von ihrer Hand, der sich später in der Privatpost des besagten Polizisten fand. Unter der Nummer ihres Personalausweises hatte Annegret Bauer Folgendes geschrieben:

»Betr.: Vermisstenanzeige
Ich möchte hiermit klarstellen, dass ich, Annegret Bauer nicht vermisst bin.
Lieber XX,
Ich habe von dem ganzen Ausmaß, den meine Mutter angerichtet hat, gehört. Mein Bruder wurde von mir gebeten, auf unsere Mutter aufzupassen aber er kann sie wohl auch nicht bremsen. Seit dem Tode meines Vaters, bin ich ihr ein und alles.

Da ich meine Entscheidung allein treffen möchte, ohne Familienrat, und ohne das wenn und aber. Deshalb der plötzliche Abbruch. Kannst du mir helfen?? (Bitte)

Wenn du es nicht kannst, wäre es das Ende meiner neuen Beziehung. Bitte versetze dich in meine Lage, wie peinlich und entwürdigend es wäre, an der Grenze neben meinem neuen Bekannten festgenommen zu werden …«

R.s Täuschungsmanöver legten die gesamten polizeilichen Ermittlungen lahm. Den Argwohn der Menschen aus Annegrets engster Umgebung, die ihre Persönlichkeit am besten kannten, nahmen die Behörden nicht zur Kenntnis. Die Befürchtungen der Mutter – die auch immer wieder bei R. auftauchte und ihn beschuldigte, er habe etwas mit dem Verschwinden ihrer Tochter zu tun – nahm ohnehin keiner ernst, und als der Lebensgefährte auf weiteren Nachforschungen bestand, hielt man ihm entgegen, das Verschwinden der jungen Frau sei für ihn als verlassenen Liebhaber zweifellos tragisch, aber er solle doch bitte keinen Fall für die Polizei daraus machen.

Das Hamburger Landgericht kommt in der Hauptverhandlung zu dem Schluss, dass R. seiner Gefangenen am 30. Oktober 1988 in einem sexuellen Rauschzustand das Leben genommen haben muss. Alle Karten und Briefe, die aus Chile, den USA oder der Schweiz auch noch sehr viel später eintrafen, waren von ihr in jenen Oktoberwochen im Bunker geschrieben und von Mittelsmännern R.s in aller Herren Länder in den Postverkehr gebracht worden. Das ursprüngliche Motiv für die Entführung von Annegret Bauer – so nimmt das Gericht zu R.s Gunsten an – sei nicht ihre sexuelle Folterung, sondern Habgier gewesen. R. hatte sein Opfer durch Abhebungen um insgesamt etwa dreißigtausend Mark gebracht, die es ihm ermöglichen sollten, sich nach Mittelamerika abzusetzen. Mit diesem Geld hatte er allerhand Güter angeschafft, die er nach Costa Rica zu verschiffen im Begriffe war, als man ihn wegen der Entführung von Christa S. festnahm. Das Hamburger Landgericht verurteilt Lutz R. am 22. Mai 1996 wegen zweier Mordtaten zu lebenslanger Freiheitsstrafe mit anschließender Sicherheitsverwahrung.

Erst im Zuge der Ermittlungen wurden übrigens die Postkarten der Annegret Bauer – Jahre nach ihrem Tod – von einem Schriftsachverständigen unter die Lupe genommen. Nun kam ein Hilferuf ans Licht, den die zu Tode Geängstigte in einer Weihnachtskarte an die Mutter versteckt hatte: »Ich liebe dich und wünsche dir vor allem Gesund**h**eit**l**ich **f**ürs neue Jahr alles Gute«, stand in Annegrets Handschrift auf der Karte, die am 23. Dezember 1988 in der Post lag. Liest man nur die fett nachgezogenen Buchstaben, wird die wahre Botschaft des Schreibens erkennbar: **hilf**.

Auch der Bruder erhielt auf einer Postkarte, die am 31. März 1989 – also ein knappes halbes Jahr nach dem Tod von Annegret Bauer – in seinem Briefkasten lag, ein verborgenes Signal: »**L**iebes Br**u**derher**z**!«, redete die Absenderin den Adressaten an. Und sagen wollte sie: **Luz**.

Der Kunstschmied

Ein Fall vom Niederrhein, der ahnen lässt, wie viele Ermordete in den Vermisstenkarteien schlummern

»Das Gesicht von Konstantin K. (26) ist blass und weich. Gutmütige braune Augen hinter dicken Brillengläsern. Ein netter Kerl, groß und kräftig. Etwas verschlossen zwar, aber immer freundlich und hilfsbereit. So haben ihn seine Freunde und Kollegen kennen gelernt. Als ›zärtlich und romantisch‹ beschreibt ihn eine ehemalige Freundin. ›Sensibel und fürsorglich‹, sagt der Pfarrer. Doch Konstantin K., hoch gelobter Kunstschmied, Kriegsdienstverweigerer aus Überzeugung – dieser ›nette Kerl‹ hat drei Menschen umgebracht. Er hat seine Familie ausgelöscht, um ans große Geld, ans Erbe zu kommen. Am 26. November beginnt in Kleve der Prozess gegen Konstantin K.«

Mit diesen Zeilen eröffnet die *Bild am Sonntag* am 15. November 1992 den Artikel über die Untaten des Konstantin K. aus Alpen, einem kleinen Ort am Niederrhein. Er war am 7. Dezember 1991 festgenommen worden, nachdem er seiner langjährigen Freundin Frauke alle Verbrechen, die auf seinem Gewissen lasteten, gebeichtet hatte. Sie war mit ihm auf einem Rheindeich spazieren gegangen und hatte, durch die verwirrte und befremdende Art ihres Freundes Konstantin misstrauisch geworden, angefangen, bohrende Fragen zu stellen. Schließlich war alles aus ihm herausgebrochen: die Morde an seiner Schwester, an einem weiteren jungen Mädchen, am eigenen Pflegevater.

Nach anfänglichem Zögern und einem Suizidversuch wie-

254

derholte K. sein Geständnis auch gegenüber der Polizei. Er schilderte in allen Details die Umstände seiner Verbrechen, die er zusammen mit einem Kumpanen geplant und begangen hatte. Auch der Mittäter wurde kurze Zeit später gefasst. Das Gericht verurteilte die beiden jungen Männer zu lebenslanger Haft. Zwei der drei Leichen bleiben für immer verschwunden.

1988 lernen die beiden späteren Täter sich auf der Berufsschule in Hamburg kennen und entdecken eine Menge Gemeinsamkeiten. Beide träumen Aussteigerträume und hängen Auswanderungsphantasien nach. Das sorgenfreie, unabhängige Leben unter Palmen und südlicher Sonne am Meer ist ihr großes Ziel. Beide sind sich darüber im Klaren, dass sie sich mit ehrlicher Arbeit ihren Wunsch nie werden erfüllen können. Beide stellen fest, dass sie vor Straftaten nicht zurückschrecken. Sie fangen an, gemeinsam Autos zu stehlen, die sie dann ausschlachten oder auffrisieren und weiterverkaufen.

Die kriminelle Energie, mit der sie vorgehen, ist beträchtlich und wird durch die Tatsache beflügelt, dass sie nie erwischt werden. Bei ihrer späteren Festnahme werden die beiden Mörder, obwohl sie ein Delikt nach dem anderen begangen haben, nicht vorbestraft sein. Doch für den ganz großen Südseetraum reichen solche Autogaunereien natürlich nicht aus. Um den zu verwirklichen, brauchen sie sehr schnell sehr viel Geld, und den sichersten und mühelosesten Weg, sich dieses Geld zu verschaffen, sehen sie im – wie sie es nennen – »forcierten Erben«.

Von den beiden kann nur einer mit einer Erbschaft rechnen: K. Er wurde als verhaltensgestörter Dreijähriger von einem kinderlosen Paar aufgenommen und bis zum Abitur gepäppelt. Die Adoptiveltern waren Heink und Ursula Banemann aus Alpen, er ein respektierter Bauingenieur, sie eine engagierte Kommunalpolitikerin. Wer konnte damals ahnen, dass sie sich mit dem fremden Kind den Tod ins Haus holten?

Der kleine Konstantin gelangt jedenfalls auf diese Weise aus dem Elend (seine leibliche Mutter hatte sich umgebracht, vier Pflegefamilien hatten das Kind bereits wieder zurückgegeben) in gutbürgerliche Verhältnisse. Die Banemanns besitzen neben dem Einfamilienhaus in Alpen noch ein Mietshaus in Duisburg, darüber hinaus Wertpapiere, Geldvermögen, Antiquitäten und teures Porzellan. K. und sein neuer Freund schätzen das Gesamtvermögen auf eine gute Million Mark ein. Das Ehepaar Banemann hat testamentarisch verfügt, dass ihr Pflegesohn Konstantin und ihre Pflegetochter Manuela dereinst einmal alles zu gleichen Teilen erben sollen. Deshalb muss zuallererst die Miterbin sterben.

Jener erste Mord an der Pflegeschwester fällt – im Gegensatz zu den beiden, die später begangen werden – nicht ins Dunkelfeld. Er wird als Tötungsdelikt offenbar, allerdings täuschen die beiden Täter einen Sexualmord vor. Im November 1990 reisen sie nach Portugal, wo sie schon einmal Grundstücke und elegante, großzügige Immobilien mit Meeresblick zwecks späteren Kaufes in Augenschein nehmen. Sie spielen mit dem Gedanken, sich vor dem großen Sprung »ans andere Ende der Welt« vorübergehend hier niederzulassen. Auf der Reise allerdings ändern sie ihre Absicht und beschließen, den Plan vom beschleunigten Erben jetzt rasch durchzusetzen. Die Zeit drängt, besonders weil die Pflegeschwester Manuela frisch verheiratet ist und die beiden Täter fürchten, durch die zu erwartende Nachkommenschaft könnte die Zahl der Nutznießer am Banemannschen Erbe ins Uferlose wachsen.

Deshalb fahren die beiden von Portugal nach Karlsruhe, wo sie der ahnungslosen Manuela morgens auf dem Weg zur Arbeit auflauern und sich anerbieten, sie mit dem Wagen zum Ziel zu chauffieren. Manuela freut sich über die unverhoffte Begegnung und steigt zutraulich ins Auto. K. nimmt hinter ihr Platz, der Komplize sitzt am Steuer. Wenig später tun die beiden so, als wären sie vom Weg abgekommen. An einer einsamen Stelle wirft K. seiner Schwester von hinten ein Seil über den Kopf und zieht zu – bis der Tod eintritt. Dann entkleiden die zwei Männer die Tote, bedecken sie mit Zweigen und Laub und lassen sie nackt liegen. Sie fahren zurück auf die iberische Halbinsel, und K. schreibt den Eltern noch eine nette Urlaubskarte mit dem Datum vom Todestag der Schwester. Als er – nach Hamburg zurückgekehrt – von seinen Pflegeeltern erfährt, dass die Schwester verschwunden sei, spielt er den Besorgten und Ahnungslosen.

Zwei Monate nach der Tat wird die Leiche der Manuela in teilskelettiertem Zustand aufgefunden. Die Nachricht vom Fund der Toten bestürzt K. außerordentlich, er ergeht sich in düsteren Andeutungen gegenüber seiner Freundin Frauke, die sich über ihn wundert. Doch sie hat keine Gelegenheit mehr, ihrer Ahnung auf den Grund zu gehen, da K. sich gerade neu verliebt hat und jede freie Minute mit seiner Flamme Tanja, einer Deutsch-Italienerin, verbringt.

Er ist so entzückt, dass er alle Vorsicht außer Acht lässt. Er nimmt Tanja mit in die heimliche Werkstatt, wo er und sein Spießgeselle ihren kriminellen Autogeschäften nachgehen. Sie merkt, dass hier gestohlene Wagen umgerüstet oder ausgeschlachtet werden und dass die Werkstatt als Beutelager dient. Ja, die abenteuerlustige und ein bisschen naive Tanja lässt sich sogar in die üblen Machenschaften einspannen und geht für die beiden Diebe zur Zulassungsstelle, um gestohlene Fahrzeuge umzumelden. Diese Dummheiten wird sie später mit dem Leben bezahlen.

Trotz aller Schrecken und Leidenschaften haben K. und sein Kollege ihren Plan vom »forcierten Erben« keineswegs aufgegeben. Sie zerbrechen sich nach wie vor die Köpfe, wie man das Ehepaar Banemann durch einen inszenierten Autounfall aus der Welt schaffen könnte oder wie sie es wohl anstellen sollten, das Flugzeug, mit dem die Pflegeeltern in Urlaub fliegen wollen, »runterzuholen«. In diese Überlegungen hinein erreicht Konstantin K. die Neuigkeit, dass seine Pflegemutter Krebs in fortgeschrittenem Stadium hat und in nächster Zeit sterben wird. Also beschließt das skrupellose Gespann, die natürliche Lösung des ersten Problems abzuwarten und sich dann um die gewaltsame Lösung des zweiten zu kümmern, also die Beseitigung des Erblassers Heink Banemann.

Doch noch vor Banemann muss die Italienerin Tanja ihr Leben lassen. Im Sommer 1991 geht die Beziehung zwischen ihr und Konstantin K. in die Brüche. Er fährt zu ihr nach Rom, wo er sich in ihrem Umfeld gehemmt und unwohl fühlt und mit ihrem Vater nicht gut auskommt. Im Spätsommer besucht er sie nochmals in Triest, wo sie in einer Wohngemeinschaft lebt. Ihre Freude über sein Auftauchen hält sich jedoch in Grenzen; dennoch lässt sie sich überreden, auf dem Motorrad mit nach Venedig zu kommen. Schon am zweiten Tag der Reise sind beide so genervt voneinander, dass sie sich trennen. Zu einem offenen Streit kommt es nicht.

Doch Tanja ist nun eine Gefahr geworden. Sie weiß um die Geheimnisse von K. und Kompagnon, und da die beiden befürchten, sie könnte »auspacken«, beschließen sie, dieses Sicherheitsrisiko auszuschalten und das Mädchen zu töten. Zum Verschwindenlassen der Leiche besorgt K. in Krefeld vorsorglich ein elektrisches, akkubetriebenes Sägemesser. Sein Kumpan steckt eine Pistole ein. Ob sie Tanja nun erdrosseln oder erschießen werden, machen sie von den Umständen abhängig. Es wird nie geklärt werden, wie die junge Frau tatsächlich ums Leben gekommen ist.

Im Oktober ruft K. Tanja in Heidelberg an, wo sie gerade einen Termin wahrnimmt. Er bietet ihr an, sie von Düsseldorf nach Hamburg mitzunehmen, wo sie ihre vom Vater in Rom geschiedene Mutter besuchen will. Er selbst behauptet, er sei dort zu einer Party eingeladen. Die beiden treffen sich am 26. Oktober 1991 abends um acht am Düsseldorfer Hauptbahnhof und fahren los. Kurz vor Mitternacht nähern sich K.

258

und Tanja einer Autobahnraststätte nicht weit von Bremen. Vor ihnen taucht plötzlich ein sehr langsam fahrender Ford Taunus auf und biegt in die Raststätte ein. Am Steuer sitzt (wie ausgemacht) der Komplize von Konstantin K. Dieser folgt dem alten Ford.

Was dann genau passiert, wird niemand je erfahren. Fest steht nur, dass Tanja von beiden Männern gemeinsam oder von einem mit Hilfe des anderen umgebracht und dass ihre Leiche im Kofferraum des Ford Taunus abtransportiert wird. Von diesem Tag an jedenfalls ist Tanja verschwunden. Weder der Vater noch die Mutter, weder Freunde noch Bekannte haben je wieder ein Lebenszeichen von ihr erhalten. Erst gilt sie als vermisst. Später weiß man, dass sie ermordet wurde. Ihre Leiche ist bis heute nicht gefunden worden.

Zwei Tage später fährt K. zurück nach Alpen. Sein Kumpan beklagt sich, dass der alte Ford »nach Leiche stinkt«. Daraufhin beschließen sie, den Wagen »abzufackeln«. K. steuert das mit einer falschen Nummer versehene Auto auf eine Wiese. Dort stellt er es ab. Die beiden Männer begießen den Ford mit Benzin und stecken ihn in Brand. Das noch brennende Fahrzeug wird bald entdeckt und von der Feuerwehr an ein Abschleppunternehmen übergeben. Im Dezember 1991, nach Konstantin K.s Geständnis, beschlagnahmt die Polizei das ausgebrannte Fahrzeug auf dem Hof des Abschleppdienstes. Die Leichenspürhunde schlagen an.

Das Mädchen Tanja ist gerade seit einem Monat vermisst, da stirbt die Pflegemutter Ursula Banemann eines natürlichen Todes. Der 25. November 1991 ist ihr letzter Tag. K. sieht sich seiner Erbschaft wieder einen Schritt näher. Er plant nun die Ermordung seines vierundsechzigjährigen Pflegevaters. Der Zeitpunkt ist günstig, denn der Mord lässt sich gerade jetzt überzeugend als Suizid eines untröstlichen Witwers kaschieren. Am 26. November telefoniert K. mit seinem Komplizen, und sie besprechen die Selbstmordinszenierung: Das Schlaueste sei es, Banemann an eine einsame Stelle zu locken, dort niederzuschlagen und den Bewusstlosen auf nahe gelegene Bahngleise zu transportieren. Der nächste Zug sollte das Opfer dann überrollen und zerstückeln.

Noch am Abend des 27. November wird die Tat begangen. K. bittet seinen Pflegevater, ihn an eine einsame Landstraße zu chauffieren. Ein Freund habe gerade angerufen, er sei dort mit einer Reifenpanne liegen geblieben. Er, K., sei – vom Tod der Mutter erschüttert – leider nicht in der Lage, sich selbst ans Steuer zu setzen. Banemann erklärt sich bereit zu helfen und holt gegen neun Uhr abends den Wagen aus der Garage. Es ist inzwischen dunkel geworden. K. nimmt auf dem Beifahrersitz Platz. Auf der vorgesehenen Landstraße werden die beiden von einem Citroën mit Blaulicht überholt, in dessen Rückfenster die Laufschrift »Polizei, bitte folgen« aufleuchtet. Im Citroën sitzt, als Polizist verkleidet, der Mittäter. Er hält eine Kelle aus dem Fenster und zwingt Banemann zum Abbremsen. K. versucht derweil, seinem Pflegevater weiszumachen, er sei an der letzten Baustelle zu schnell gefahren. Der hält an. Auch der Polizeiwagen stoppt. Der Komplize kommt im Polizeikostüm zu ihnen herüber und gibt Banemann in scharfem Ton zu verstehen, seine TÜV-Plakette sei beschädigt. (Dass dies tatsächlich zutrifft, hat K. vorher arrangiert.) Banemann, ein überaus gründlicher Mann, will das nicht glauben und steigt aus, um sich das hintere Nummernschild anzusehen. K. folgt ihm. Während der Pflegevater sich zur TÜV-Plakette beugt, reicht der Komplize Konstantin K. eine Stabtaschenlampe, damit er den Ahnungslosen niederschlage. Doch der richtet sich überraschend auf, geht nach vorn und wühlt im Handschuhfach nach der Kfz-Zulassung und dem TÜV-Nachweis. Nun rafft K. sich auf und schlägt dem Pflegevater, als der sich ihm zuwendet, auf den Kopf. Doch der Schlag, halbherzig und voll innerer Hemmung ausgeführt, ist zu schwach. Der Pflegevater verliert keineswegs das Bewusstsein. Er hält sich die Hände schützend über den Kopf und setzt sich dann gegen den völlig verdutzten Angreifer zur Wehr. Es kommt zu einem wilden Handgemenge. »Schieß doch!«, ruft K. seinem Helfer zu, woraufhin dieser die Pistole zieht und dem Pflegevater zwei Mal in den Rücken schießt. Banemann sackt tödlich getroffen zusammen. Um ganz sicher zu gehen, drückt der Stiefsohn dem Sterbenden noch mit beiden Händen die Kehle zu.

Der Suizidplan ist nun geplatzt. Mit zwei Geschossen im Leib überzeugt selbst ein vom Zug Zerstückelter nicht als Selbstmörder. Die beiden ziehen die Leiche von der Straße und grübeln. K. schlägt vor, die Kugeln aus dem Körper des Toten herauszuoperieren und ihn dann doch noch aufs Gleis zu legen. Der Komplize dagegen bestimmt: »Die Leiche muss verschwinden.«

Die beiden versuchen zunächst, den toten Banemann in Mülltüten aus Plastik zu verpacken, doch diese reißen. Schließlich legen sie ihn auf eine Decke im Kofferraum des Citroën und werfen einen Mantel darüber. Der Komplize verspricht, alle Spuren zu beseitigen, und fährt mit dem Citroën und der Leiche im Kofferraum davon. Vom vierundsechzig Jahre alt gewordenen Heink Banemann fehlt bis heute jede Spur.

K. fährt mit Banemanns Wagen zurück, stellt ihn in die Garage und lässt im Haus die Rolläden herunter. Dann quartiert er sich bei einem Freund ein.

Am nächsten Morgen, dem 28. November 1991, säubert K. den Audi seines Pflegevaters innen und außen, bringt die TÜV-Plakette, so gut es geht, in Ordnung und stellt das Fahrzeug an einer Parkuhr am Duisburger Hauptbahnhof ab. Er will nahe legen, Banemann sei »in einem Anfall geistiger Verwirrung« in den Zug gestiegen und ins Nirgendwo gefahren. Am Nachmittag telefoniert K. im Freundeskreis und in der Nachbarschaft der Familie herum, ob nicht jemand wisse, wo der Vater stecke, er, der Sohn, mache sich schreckliche Sorgen, und morgen solle doch die Mutter beigesetzt werden.

Dann geht K. zur Polizei und erstattet Vermisstenanzeige. Er wird als Zeuge vernommen, und es gelingt ihm, bei den Beamten auf der Wache den Eindruck eines völlig verzweifelten Sohns zu erwecken. Hätte er seiner alten Freundin Frauke nicht später überraschend alles gestanden, wäre ein Mord ungeklärt geblieben, und zwei weitere Ermordete wären für immer in der Vermisstenkartei verschwunden.

Von Tätern und Opfern

Geschichten aus dem Dunkelfeld

Im Sommer 1999 findet am Hamburger Landgericht der Prozess gegen die einunddreißigjährige Veronika XY* statt. Der Studentin wird von der Staatsanwaltschaft vorgeworfen, ihren neun Wochen alten Sohn Fred* in einer Nacht des vergangenen Winters mit der Decke seines Kinderbettchens erstickt zu haben.

Drei Tage dauert die Gerichtsverhandlung gegen die junge Mutter. Zeugen und Gutachter werden gehört, viele Fragen gestellt, Hintergründe ausgeleuchtet, Plädoyers gehalten, und es kommt schließlich zur Urteilsverkündung. Dennoch lässt das Ergebnis der Verhandlung die meisten Beteiligten mit beklommenen Gefühlen zurück: Die Rechtsmedizin ist im Fall XY an die Grenze ihres Wissens gestoßen, und der Prozess wird dadurch, dass ein valides Gutachten des forensischen Mediziners nicht möglich ist, zum Paradebeispiel für die juristische Binsenweisheit, dass eine Lücke klafft zwischen dem, was wahr erscheint, und dem, was sich beweisen lässt.

Protokoll aus einem Strafprozess vor dem Hamburger Landgericht

Erster Verhandlungstag

Erster Zeuge: der Vater

Der Vater des toten Babys, ein Angestellter Anfang dreißig, tritt blass, aber dominant und von sich überzeugt auf. Obwohl er mit der Angeklagten nach wie vor liiert ist, sagt er gegen sie aus. Er schaut die Freundin dabei nicht an und schluchzt so heftig, dass die Richter ihn kaum verstehen. Der Saaldiener bringt ihm Wasser.

Der Zeuge erzählt, er sei von seiner Freundin pausenlos hingehalten worden. Sie habe nicht mit ihm zusammenziehen und ihn auch nicht heiraten wollen. In jener Nacht, in der sein Baby gestorben sei, habe er bei ihr übernachtet. Etwa um zwei Uhr früh seien sie vom Schreien des Säuglings erwacht. Er habe das Kind geholt und der Mutter im Bett an die Brust gelegt. Dann sei er in seine nahe gelegene Wohnung hinübergegangen, denn er habe an diesem Tag einen sehr frühen Termin gehabt und in den verbleibenden Stunden noch am Computer sitzen wollen.

Gegen fünf Uhr morgens habe das Telefon geklingelt. Seine Freundin Veronika sei am Apparat gewesen und habe gerufen: »Komm schnell, dem Freddie geht es schlecht. Er sieht so blau aus.« Er sei hinübergehastet und habe die Frau weinend am Bettchen mit dem leblos auf dem Laken liegenden Kleinen vorgefunden. Was los sei, habe er sie gefragt und dann, da sie nur geweint habe, das Kind aus dem Bett gerissen und begonnen, es auf dem Boden zu reanimieren. Vergeblich. Keine Atmung, kein Herzschlag. Die Mutter des Kindes habe wie erstarrt daneben gestanden. Sie sei nicht einmal in der Lage gewesen, einen Rettungswagen zu rufen. Das habe er selbst tun müssen.

In der Klinik angekommen, erfuhren die beiden, dass ihr Sohn gestorben war. Die Klinikärzte diagnostizierten den Plötzlichen Kindstod. Die Eltern lehnten eine Obduktion »aus Pietätsgründen« ab. Beide waren zutiefst verstört. Die Todesursache sei ihm, sagt der Zeuge, außerdem völlig rätselhaft gewesen: »Wir sind doch keine Raucher, keine Trinker, wir gehören zu keiner Risikogruppe für den Plötzlichen Kindstod. Warum wir? Warum unser Freddie?«

Den Abend verbrachten die beiden in seiner Wohnung. Plötzlich wand sich Veronika XY aus den Armen des Freundes mit den Worten: »Wenn ich dir das jetzt sage, das verzeihst du mir nie.« Er bedrängte sie, ihm zu erzählen, was sie bedrücke. Dann legte sie bröckchenweise ein Geständnis ab. »Ich habe mit Freddies Tod etwas zu tun«, begann sie. Sie habe ihren Sohn nach dem Stillen wieder in sein Bettchen gelegt. Doch er habe keine Ruhe gegeben. Sie habe ihn angefleht, endlich still zu sein: »Mami muss morgen zur Uni gehen.« Vergeblich. Da habe sie in ihrer Verzweiflung schließlich die Bettdecke über den Kopf des Säuglings gezogen und die Hand auf sein Gesicht gelegt. Plötzlich sei es ganz still gewesen. Da habe sie die Decke weggezogen und gesehen, dass ihr Kind tot sei. »Ich wollte meine Ruhe«, sagte sie abschließend.

Zur Polizei ist der Vater nicht gegangen. Er hielt sie für krank. Was hätte eine Gefängnisstrafe ihr schon geholfen? So dachte er bei sich. Aber er sorgte dafür, dass sie das Geständnis vor vielen Zeugen wiederholte. Die Großmütter erfuhren vom Tötungsdelikt an ihrem Enkel, ein Psychologe, verschiedene Freunde und Verwandte – insgesamt etwa sechs oder sieben Personen. Zur Polizei ging keiner von ihnen! Erst nach einiger Zeit drang das Geständnis schließlich auf gewundenen Wegen – über eine frühere Freundin des Vaters, die einen Freund hatte, der mit einem Polizisten befreundet war – bis zu den Strafverfolgungsbehörden vor. So erlangte der Staat Kenntnis vom gewaltsamen Ableben des kleinen Fred.

Zweiter Zeuge: ein Freund des Vaters

Der junge Mann sagt, der Vater habe ihm wenige Tage nach Freds Tod während einer gemeinsamen Autofahrt anvertraut, dass seine Freundin das Kind erstickt habe. Er, der Zeuge, habe geantwortet: »Das ist eine Straftat. Das muss man melden.« Davon habe der Vater nichts wissen wollen und erwidert, sie seien im Gespräch mit einem Therapeuten. Der Zeuge habe sich erleichtert gefühlt – ein Psychologe sei quasi eine öffentliche Person. »Der Stein war damit von meinen Schultern genommen.«

Dritter Zeuge: ein Freund der Mutter

Er kenne die Angeklagte schon seit elf Jahren, sagt er. Sie sei in einem starken inneren Konflikt zwischen ihrem Lebensgefährten und ihrer Mutter gewesen. Knappe drei Wochen nach dem Tod des Kindes hätten die verwaisten Eltern am späten Abend bei ihm angerufen und auf ein Treffen gedrängt. Sie seien regelrecht bei ihm eingefallen und hätten behauptet, nun sei es Zeit für die Wahrheit. Sie hätten sich, auf dem Sofa sitzend, an den Händen gehalten und ihm die Geschichte von Freds Erstickungstod erzählt.

Vierte Zeugin: die Großmutter

Sie ist die Mutter von Freds Vater, eine attraktive Frau Anfang fünfzig. Schon wenige Stunden nach dem Tod des Enkels habe Frau XY ihr weinend bekannt: »Ich bin eine schlechte Mutter.« Sie habe nicht verstanden, was damit gemeint sein solle. Später habe Veronika ihr gegenüber dann das Geständnis der Tötung wiederholt – allerdings mit einer schaurigen Ergänzung: Sie habe dem Kind die Decke aufs Gesichtchen gelegt, bis es aufgehört habe zu schreien. Daraufhin habe sie die Decke zurückgeschlagen, und der Kleine habe sie mit einem Blick angesehen, der zu fragen schien: Mama, was machst du da? Dennoch habe sie ihm die Decke wieder übers

Gesicht gezogen und den Erstickungsprozess zu Ende gebracht. Dieses Geständnis habe sie nie widerrufen, erklärt die Großmutter. Als sie aufgestanden sei, um Veronika in den Arm zu nehmen, habe diese gerufen: »Ich muss bestraft werden. Ich habe Freddie getötet.«

Fünfter Zeuge: der Rechtsmediziner
Zwölf Tage nach Freds Tod wurde der Leichnam auf Anordnung des Staatsanwalts obduziert. Er war nur deshalb noch nicht bestattet, weil er eingeäschert werden sollte und die Formalitäten für eine Kremation recht langwierig sind.
Der Auftritt des Rechtsmediziners vor Gericht ist kurz. Der junge Arzt sagt aus, das Kind sei »sehr schlank« gewesen, was auffällig sei. Sonst habe man von außen nichts erkennen können. Aber auch die innere Leichenschau habe keine letzten Erkenntnisse gebracht. Die Lunge des Jungen sei überwässert gewesen, das Gehirn leicht angeschwollen. Die Erstickung eines Kindes mit weicher Bedeckung könne ein vollkommen spurenarmes Tötungsdelikt sein. Die Anzeichen einer Erstickung seien mit denen des Plötzlichen Kindstodes oft völlig identisch. Deshalb sei die Todesursache hier nicht eindeutig zu diagnostizieren gewesen. Der Arzt ist mit seinem Latein am Ende. Er kann nicht sagen, woran das Kind gestorben ist.

Zweiter Verhandlungstag

Die Aussage der Angeklagten
Schmal sieht die Mutter aus. Eher Opfertyp als Täterin, neben einer tonangebenden Anwältin. Veronika XY hat bisher jede Aussage verweigert. Nun trägt sie, unterbrochen von vielen Tränen, ihre Version der Geschichte vor: Gegen 2.30 Uhr habe der Kleine in jener Nacht geschrien. Der Freund sei aufge-

standen, habe den Sohn gewickelt und ihn ihr an die Brust gelegt, wo er viel und gut getrunken habe. Als der Freund in seine Wohnung gegangen sei, habe sie selbst den Säugling ins Kinderbett zurückgebracht und sich wieder ins Bett begeben. »Er war ruhig.«

Nach einiger Zeit sei sie erwacht und zur Toilette gegangen. Es sei ganz still gewesen im Kinderzimmer, deshalb habe sie nach Freddie gesehen. Er habe auf dem Rücken gelegen und alle viere von sich gestreckt. Er sei nicht mehr zugedeckt und sein Gesicht »wachsfarben bläulich« gewesen. Sie habe sich zu Tode erschrocken und den Freund angerufen: »Freddie sieht so komisch aus.« Fünf Minuten später sei er bei ihr gewesen. »Was hast du mit unserem Kind gemacht?«, habe er geschrien. »Ich krieg dich dran wegen unterlassener Hilfeleistung.« Er habe weitergeschrien, sie solle endlich den Notarzt anrufen, wozu sie nicht in der Lage gewesen sei. Er habe dem Kind mit der Schere die Kleider vom Leib geschnitten und Reanimationsversuche unternommen. Dann seien die Sanitäter gekommen.

Auf der Intensivstation sah sie ihren Sohn wieder. Er lag unter einer Folie. »Er sah nicht besser aus als vorher.« Die Ärzte sagten: »Wir konnten nichts mehr machen. Es ist vorbei. Sie können von Freddie jetzt Abschied nehmen.« Die Eltern wickelten und wuschen ihr kaltes und bleiches Kind. Dann kamen die Doktoren wieder und fragten, ob es obduziert werden solle. »Nein«, habe der Freund gerufen, »auf keinen Fall.« – »Das entscheidet ohnehin der Staatsanwalt«, habe eine Ärztin erwidert.

Am Nachmittag seien sie nochmals in die Klinik gefahren. Da lag der Kleine, aufgebahrt mit Schnuller und Stofftier. Er war so kalt, als hätte er auf Eis gelegen. Eine Klinikangestellte machte letzte Fotos. »Das ist nicht mehr Ihr Kind«, habe jemand gesagt, »es ist nur noch die Hülle. Und die gehört jetzt dem Staat.« Später hätten sie aber erfahren, dass der Staatsanwalt eine Obduktion ihres Babys für unnötig gehalten habe, da »alles ganz normal« aussehe.

Der Freund, erzählt die junge Frau dem Gericht, habe den Tod des Kindes nicht begreifen können. »Du hast nicht auf Freddie aufgepasst«, habe er ihr vorgeworfen. »Es ist nicht möglich, dass er einfach so gestorben ist.« Und ihr seien Schuldgefühle gekommen: »Ich bin eine wahnsinnig schlechte Mutter.« Den Abend nach dem Schockerlebnis verbrachten sie in der verdunkelten Wohnung des Mannes. Sie hatte das Schreien des Kindes noch im Ohr gehabt, und die Brust schmerzte vom dringenden Bedürfnis zu stillen. »Hast du Freddie wirklich lieb gehabt?«, habe ihr Freund unablässig gefragt. Da habe sie sich gedacht: Nun ist doch alles scheißegal. Und geantwortet: »Ich hab Freddie was getan.« – »Er hat es sofort geschluckt«, sagt die Angeklagte zum Richter. »Endlich hatte er eine Erklärung für Freddies Tod.«

Von nun an, sagt Veronika XY, habe ihr Freund sie pausenlos dazu getrieben, ihr Geständnis möglichst oft zu wiederholen. Vor seiner Mutter, vor den Freunden. Auch beim Therapeuten habe er gleich gedrängt: »Los, sag jetzt dem Psychologen, was du gemacht hast.« Sie habe die Geschichte ein Mal und hundert Mal erzählt und sich dabei auch noch erleichtert gefühlt. Es sei allen als das Naheliegendste erschienen, dass sie dem Kleinen die Decke über den Kopf gezogen habe. Alle hätten ihr geglaubt, und sie habe immer weiter gelogen, um dem furchtbaren Druck zu entgehen.

»Glauben Sie wirklich, dass so was unter der Decke bleibt?«, fragt der Richter. »Sie gestehen eine Tötung und fragen: Was soll schon passieren?«

»Ja«, antwortet die Frau. Sie habe nie damit gerechnet, dass ihr Lebensgefährte selber nicht dichthalten, dass er die Geschichte sogar seiner Ex-Freundin anvertrauen könnte, durch deren Indiskretion die Sache ja dann zur Justiz vorgedrungen sei. Nein, das habe sie nicht für möglich gehalten.

Die Idee, Freddie einäschern zu lassen, gehe übrigens auf die Frau vom Beerdigungsinstitut zurück. Sie habe dazu geraten, sagt die Angeklagte, um den Eltern den »gräßlichen Anblick« des kleinen weißen Kindersargs zu ersparen. Später, als dieselbe Frau gehört habe, dass polizeiliche Ermittlungen wegen eines Tötungsverdachts liefen, habe sie gesagt, das sei ihr gleich spanisch vorgekommen, dass die Eltern eine Feuerbestattung gewünscht hätten. Von dieser Frau erfuhr die Angeklagte auch, dass Freddie abgeholt worden war und der Staatsanwalt jetzt doch eine Obduktion angeordnet hatte. »Da läuft was gegen Sie«, habe ihr die Frau mitgeteilt. Und plötzlich seien alle, denen sie sich anvertraut habe, zur Polizei gegangen, um auszusagen. Nur sie selbst habe geschwiegen und sich eine Anwältin genommen.

Sie mache jetzt eine Therapie, erklärt die Angeklagte: Die vorläufige Diagnose laute Posttraumatische Depression. Ein Stofftier mit Namen Mäxchen helfe ihr, über den Verlust des Kindes hinwegzukommen.

Die Einschätzung der Gutachterin
Die Gutachterin hat die Angeklagte psychiatrisch untersucht. Die junge Frau wirke im Umgang ruhig und heiter und trage eine »Fassade der Unanrührbarkeit« zur Schau, sagt sie. Dahinter seien allerdings aggressive Elemente verborgen, die nicht ausgelebt würden.

Der Lebensweg der Veronika XY war nicht leicht: Als sie sieben Jahre alt war, ließen sich die Eltern scheiden; der Vater kümmerte sich danach nicht mehr um das Kind. Sie war Anfang zwanzig, als ihre Mutter mit massivem Verfolgungswahn für ein Jahr in die geschlossene Anstalt kam. Dieses Syndrom hatte sich schon viele Jahre früher angedeutet, doch die schleichende Entwicklung des Krankhaften war anfangs nicht zu erkennen gewesen. »Die verzerrte Wahrnehmung einer solchen Mutter«, sagt die Psychiaterin, »kann sich auf das

Kind übertragen. Es erlebt über Jahre die ständige ›Verfolgung‹ der Mutter.«

Mit der Mutter verbindet die Angeklagte eine ungelöste und unkommunikative Beziehung. Sie leben eng zusammen und sind doch weit voneinander entfernt. Behütet und doch ohne Zärtlichkeit wächst das Kind auf, in zähen, aber brüchigen Familienverhältnissen. Die rettenden Beziehungen Veronikas sind die zu ihren Freunden aus dem Sportverein und ihrem Studentenjob.

Liebesgeschichten entwickeln sich bei ihr immer langfristig. Die Männer erlebt sie als groß und stark und beschützend. Mit ihrem vorigen Freund war sie fast zehn Jahre zusammen; als er krank wurde und die Beschützerrolle Risse bekam, verließ sie ihn. Der aktuelle Freund passe ins gleiche Muster, sagt die Gutachterin. Er trete stark auf und entspreche genau dem Typ, auf den die Angeklagte alle Hoffnungen projiziere. Deshalb auch gleich das Kind.

Frau XY habe eine narzisstische Persönlichkeitsstruktur, diagnostiziert die Psychiaterin. Ihr Studium bringe sie nicht zu Ende, weil sie Angst habe, sich zum Examen anzumelden. Menschen, die vor Prüfungen versagten, ertrügen es nicht, den Spiegel vorgehalten zu bekommen und sehen zu müssen, was sie tatsächlich alles *nicht* könnten.

Nun zur Anklage: Das Krankheitsbild der psychotischen Depression in der Nachgeburtszeit sei nicht unüblich. Auch komme es vor, dass die Mutter unter dieser Belastung in Extremfällen ihr Kind umbringe. Die Mutterliebe der Veronika XY sei mit anderen, weniger erfreulichen Gefühlen durchmengt gewesen. Die Angeklagte sei als ungewolltes Kind aufgewachsen. Auch als sie nun selbst festgestellt habe, dass sie ein Kind bekomme, sei der dramatische Einfluss ihrer psychotischen Mutter zum Tragen gekommen, denn diese habe, nachdem sie von der Schwangerschaft der Tochter in Kenntnis gesetzt worden sei, hinter deren Rücken einen Abtreibungstermin ausgemacht, den die Schwangere fast wahrgenommen hätte. Erst kurz vor dem Eingriff habe Veronika XY beschlossen, das Kind doch auszutragen.

Die Gutachterin hat drei Varianten der Todesnacht bei der Begutachtung durchgespielt:

Erstens: Die Angeklagte hat die Tat so, wie es in der Anklageschrift steht, begangen, gibt das aber vor Gericht nicht zu.

Zweitens: Sie hat die Tat begangen, erinnert aber das Geschehen nicht mehr richtig; sie verleugnet also die Tat.

Drittens: Sie hat die Tat nicht begangen und ist von ihrem Lebensgefährten zu einem falschen Geständnis gedrängt worden.

Bei einem Tötungsdelikt, fährt der Psychiater fort, gebe es selten nur ein Motiv, und auch im vorliegenden Fall hätten sich mehrere Probleme aufeinander getürmt. Veronika XY habe sofort nach der Entbindung wieder mit dem Studium angefangen und sich in einer »totalen Überforderungssituation« befunden. Auch habe sie sich von Freds Vater allein gelassen und dem Kind ausgeliefert gefühlt. In der Schicksalsnacht sei sie unter besonderen Druck geraten, da sie am nächsten Morgen zur Uni habe gehen wollen. Deshalb habe sie das Kind auch angefleht, sie endlich schlafen zu lassen. Das Schreien des Jungen habe sie jedes Mal in Panik versetzt, was sich auf ihn übertragen habe, und je nervöser sie geworden sei, desto mehr habe er geschrien. »Sie war überschwemmt von Aggression«, sagt die Gutachterin. »Was der Säugling signalisierte, hielt die Mutter nicht aus.« Deshalb sei es möglich, dass sie es unterbunden habe.

Sollte die Angeklagte die Tat begangen haben, wäre auch die passiv-aggressive Vorgehensweise typisch für sie. Sie sei im Umgang ein aggressionsferner Mensch, daher habe sie den Säugling weder geschlagen noch geschüttelt. Ein Ersticken in aller Stille passe zum Charakter der Frau. Auch ihr späteres Benehmen könne als Nachtatverhalten gedeutet werden: Täter stünden oft starr auf dem Fleck und könnten sich nicht rühren.

Allerdings sei es auch möglich, dass der Lebensgefährte sie zum Gestehen gezwungen und sich damit selbst von seinen Schuldgefühlen befreit habe. Immerhin sei er bei jedem Geständnis dabei gewesen. Die Angeklagte sei von beiden immer die Schwächere gewesen. Der Vater habe jede Verantwortung am Tod des Säuglings abgestritten und alle Versagensgefühle auf die Frau abgewälzt. Die Angeklagte habe die Schuld widerspruchslos auf sich genommen, und so hätten beide ihre Ruhe gefunden.

Die Gutachterin schließt mit den Worten, sie könne und dürfe sich nicht hundertprozentig festlegen. »Die Angeklagte«, sagt sie, »ist zwar nicht psychotisch gestört, aber in hohem Maße psychopathologisch auffällig.« Sie empfiehlt die Anwendung des Paragraphen 21 Strafgesetzbuch, die zur Verminderung der Schuldfähigkeit führt.

Dritter Verhandlungstag

Plädoyer des Staatsanwalts
Der Staatsanwalt muss weit zurückdenken, um sich eines Prozesses zu entsinnen, bei dem die Beweisaufnahme so schwierig war. Die wenigen Minuten der Tat seien durch das Verfahren nicht geklärt worden, sagt er. Die Eltern blieben bei ihren jeweiligen Versionen, und die Beweislage sei äußerst kompliziert: Es gebe keine Zeugen, kein Geständnis vor der Justiz, keine medizinischen oder naturkundlichen Beweise. Die Todesursache des Säuglings sei nach wie vor unklar. »Es spricht sehr viel dafür, dass sie getan hat, was sie so vielen gestand«, sagt der Staatsanwalt. »Es spricht fast alles gegen sie. Solche Geschichten werden nicht ausgedacht.« Für die Schuld der Angeklagten spreche auch, dass sie überfordert, zwischen

Mann und Mutter hin- und hergerissen gewesen sei, dass sie eine hochpathologische Persönlichkeit habe.

Diese gestörte Persönlichkeit wecke aber andererseits auch Zweifel in ihm. Die Angeklagte mache sich von der Meinung anderer abhängig, sie sei leicht beeinflussbar und wolle es allen recht machen, sie nehme Dinge heftiger und größer wahr, als sie in Wirklichkeit seien, sie neige zu überdimensionierten Schuldgefühlen, die durch das Nachbohren des dominierenden Lebensgefährten wüchsen und zu falschen Geständnissen führen könnten. »Für mich bleiben leise, doch begründete Zweifel an der Schuld der Angeklagten«, sagt er. Deshalb plädiert er für Freispruch. *In dubio pro reo.*

Plädoyer der Verteidigerin
Die Verteidigerin vergleicht die Situation zwischen den Partnern am Abend nach dem Tod mit einem Polizeiverhör. Alle Angaben, auf die sich die Anklage gestützt habe, stammten vom Lebensgefährten oder seien von ihm beeinflusst. »Alles ist denkbar«, sagt die Verteidigerin, »es ist ein Stochern im Nebel. Die Umstände werden nie geklärt werden.« Sie plädiert ebenfalls für Freispruch.

Das Urteil
»Es gibt Straftaten, die den Gerichten ihre Grenzen zeigen«, sagt der Richter. »Dann wünscht man sich hellseherische Fähigkeiten.« Wenn solch starke Zweifel bestünden, sei der Angeklagte freizusprechen. Es gebe im vorliegenden Fall nach wie vor die zwei Möglichkeiten: Die Angeklagte sei eine Täterin, oder sie sei es nicht. Und weil man auf die Aussagen der Zeugen und Gutachter keine Verurteilung stützen könne, verurteile das Gericht die Angeklagte eben auch nicht.

Auch die vielen Geständnisse der Angeklagten reichten

als Beweise nicht aus. Man wisse aus der Justizgeschichte, dass Menschen schon Morde und Doppelmorde gestanden hätten, an denen sie in Wirklichkeit nicht im Geringsten beteiligt gewesen seien. Der Richter sagt: »Ein Rechtsstaat kann es hinnehmen, wenn ein Schuldiger freigesprochen wird. Aber er kann es nicht hinnehmen, wenn ein Unschuldiger verurteilt wird.« Die Kosten des Verfahrens trägt die Staatskasse.

Wann wird ein Mensch zum Opfer?

Wer wird zum Opfer eines Tötungsdelikts? Im Prinzip ist jedermann ein potentieller Kandidat. Denn Tötungen sind vor allem Beziehungsdelikte, weshalb die größte Gefahr von den Menschen droht, die uns am nächsten stehen. Ausgehend von einer eigenen, 1978 angestellten Täter-Opfer-Untersuchung schreibt Klaus Sessar, Professor für Kriminologie in Hamburg: »Es scheint gerade die Eigenart der Tötungskriminalität zu sein, dass die Gewalt ein Element der für die Lebensphasen jeweils typischen Primärbeziehungen ist. Zu Beginn des Lebens sind es die Eltern, in der Mitte des Lebens die Ehepartner, später dann die Kinder, die die größte Bedrohung darstellen; erst dort, wo solche Primärbeziehungen keine derart dominierende Rolle spielen, wo also der bisherige ›clinch‹ sich lockert oder ein neuer sich noch nicht gebildet hat, werden andere Beziehungen relevanter, also in den Phasen zwischen Kindheit und Vollerwachsenenalter beziehungsweise dann, wenn die Kinder aus dem Haus sind und der Ehepartner gestorben ist. Viktimologisch wird damit die Tötungskriminalität unter dem Aspekt *präventiver Opferhilfe* relevant. Es ist leicht begreiflich, dass angesichts ihres Konfliktcharakters eine Prävention über die Strafandrohung nutzlos ist; die Intensität der Gewaltsituation dürfte einen Gedanken an irgendwelche Rechtsfolgen des aktuellen Verhaltens kaum zulassen. Auf der anderen Seite sind solche Konflikte sehr häufig sichtbar. Die meisten Tötungen haben eine Vorgeschichte, sie sind oft nichts weiter als der Schlusspunkt einer Eskalation lange andauernder Gewalttätigkeiten.«

Diese Erkenntnisse gelten allerdings für jene Tötungsdelikte, die erkannt, statistisch erfasst und in ihrer Genese in irgendeiner Form öffentlich geworden sind. Im Dunkelfeld könnten sich die Gewichte verschoben haben. Hier dürften manche Personengruppen weit mehr bedroht sein als andere – sowohl im Hinblick auf ihre »Eignung« zum Opfer als auch auf die Wahrscheinlichkeit, vom Dunkelfeld nicht erkannter Tötungsdelikte verschluckt zu werden. Dr. Ernst-Heinrich Ahlf, Leiter der Forschungsabteilung des Bundeskriminalamtes, hält unerkannte Tötungen besonders in folgenden drei Opfergruppen für denkbar:

- Unter denjenigen, die auf Grund ihres *Lebensstils* exponiert sind. Darunter fallen Drogensüchtige, die durch ihre illegale Abhängigkeit häufig in die kriminelle Szene abrutschen und deshalb auch leicht unter nicht aufklärbaren Umständen zu Tode kommen. (Wer kann schon beweisen, dass die Überdosis Heroin nicht vom Verstorbenen selbst gespritzt worden ist?) Das gilt ebenso für Alkohol- und Medikamentenabhängige, die es einem Mörder auf Grund ihres Leidens leicht machen. Besonders betroffen sind auch Menschen, die im Freien und ohne den Schutz einer Wohnung leben, Tippelbrüder oder Obdachlose. Gefährdet sind ebenfalls Menschen, die von ihren uneingestandenen Leidenschaften ins kriminelle Milieu gelotst werden, zum Beispiel die heimlichen Kunden von männlichen und weiblichen Prostituierten.
- Unter denjenigen, die auf Grund ihrer *Verwundbarkeit* exponiert sind. Dazu gehören alle körperlich und geistig Schwachen, die auf andere Menschen angewiesen sind. Den größ-

ten Teil dieser Gruppe machen Menschen aus, die am Beginn oder am Ende ihres Lebens stehen. Babys und Kleinkinder, Alte, Kranke und Pflegebedürftige sind als Opfer geradezu prädestiniert: Sie sind einerseits hilflos, bieten sich also als Blitzableiter für Frust und ungestrafte Aggression an, und andererseits auf Grund ihrer Abhängigkeit auch fordernd, strapazieren also das Nervenkostüm derer, die für sie sorgen müssen, was wiederum Aggressionen weckt. Wenn dann die Kontrollen nicht funktionieren, was bei häuslicher Pflege oder bei Gewalt in der Familie immer wieder der Fall ist, kann es relativ schnell zu Tötungsdelikten kommen. Und da das Kontinuum Mensch am Anfang und am Ende seiner Existenz dem Tod naturgemäß besonders nahe ist, werden Mord und Totschlag in diesen Lebensphasen von Ärzten und Polizisten auch besonders leicht übersehen.

- Unter denjenigen, die auf Grund einer *deliktspezifischen Besonderheit* zum Opfer einer unerkannten Tötung werden, wozu alle scheinbaren Unfallopfer zählen, die bei Stürzen, im Verkehr, bei Wanderungen im Hochgebirge, in der Badewanne oder auf hoher See ihr Leben gelassen haben. Ebenso vermutet man unter bestimmten Arten der Selbsttötung eine gewisse Mordrate: bei Vergiftung mit Gas oder Medikamenten, bei Erhängen, bei Stürzen aus dem Fenster oder vom Dach. Taten sie es aus eigenem Willen, oder hat ein fremder Wille nachgeholfen?

All diese Opferwerdungstheorien, darauf legt man beim BKA großen Wert, sind Spekulation. Sie gründen auf Erfahrungswerten der Polizei, keinesfalls auf soliden, wissenschaftlich verifizierten Erkenntnissen. Gesichert ist: Die Rate der bekannt gewordenen Tötungsdelikte ist relativ klein, auf hunderttausend Einwohner kommen etwa zwei durch fremde Hand beseitigte Personen. Diese Zahl ist seit etwa fünfzehn Jahren konstant. Daher rechnet das BKA bei Tötungsdelikten auch mit einer relativ stabilen Dunkelziffer, wie hoch auch immer sie sein mag.

Eine Gruppe allerdings hat man beim Bundeskriminalamt übersehen: die Einsamen. Auch sie werden leicht zu Opfern von Gewalttaten, die niemals ans Licht kommen. In den deutschen Großstädten, wo fast die Hälfte der Einwohner allein lebt, ist die Zahl der so genannten Ekelleichen besonders hoch – das sind Überbleibsel von Menschen, die in Badewannen oder Sofasesseln sitzen und die seit Wochen keiner vermisst. Gerade bei dieser Personengruppe ist die Todesursache wegen der fortgeschrittenen Verwesung meist gar nicht mehr feststellbar. Und da Einsame eben keine Freunde und Angehörigen haben, keiner also mit ihren Lebensgewohnheiten vertraut ist oder davon erfährt, wenn sie sich in Gefahr wähnen, wird es auch nach ihrem Tod niemanden geben, der zur Kripo geht und einen Verdacht äußert. In unserer Gesellschaft nimmt die Vereinsamung zu, eine Tendenz, die zum Beispiel bei der Polizei darin zum Ausdruck kommt, dass die Hinweise aus der Bevölkerung immer seltener werden. Und da sich die Zahl der Menschen in Deutschland, die isoliert oder in problematischen Verhältnissen leben, permanent vergrößert, ist Christian Pfeiffer, Professor für Kriminologische Forschung in Hannover, davon überzeugt, dass auch die Dunkelziffer der unerkannt Getöteten in aller Stille weiter steigt.

Der Suizid der Bäuerin

Die folgende Geschichte geschah irgendwo im Norden Deutschlands. Diese Angaben müssen ausreichen, denn der Täter und seine Kinder haben inzwischen ein neues Leben begonnen.

Zwischen dem Bauern und seiner Frau hatte schon seit geraumer Zeit nicht mehr alles zum Besten gestanden. Er war der Alleinerbe eines recht beachtlichen Hofs, hatte viel Arbeit und wenig Geduld. Seine junge Frau litt unter der Last der landwirtschaftlichen Arbeit und hatte sich wohl von ihrem Leben ein bisschen mehr versprochen als Melken und barsche Worte. Ihr Mann schnauzte sie häufig an, wenn sie die Aufgaben nicht so verrichtete, wie er sich das wünschte. Als zusätzliche Belastung erwies sich die Schwiegermutter, die mit auf dem Hof lebte und unentwegt in die Ehe und die Erziehung des kleinen Kindes hineinredete. Eines Tages hielt es die junge Bäuerin nicht mehr aus und verließ ihren Mann. Das war 1981.

In der Hoffnung, jetzt würde alles besser werden, kehrte sie ein knappes Jahr später auf den Hof zurück. Ihr Mann hatte sie angefleht, ihm noch eine Chance zu geben, und hatte sogar den Hof für sie aufgeben wollen. Wieder wurde die Bäuerin schwanger, bald gebar sie das zweite Kind. Doch ihr Mann blieb leider, wie er war. Er fuhr sie an und nahm auf ihre Schwangerschaft keine Rücksicht. Manchmal schlug er sie auch, wie er es mit den Tieren machte, wenn sie nicht taten, was er wollte. Ein Mal brachte er ein Kalb um, aus Wut über die Ungehorsamkeit des Tieres. Sogar auf eine kalbende Kuh hatte er aus Zorn schon mit der Forke eingeprügelt.

Ein paar Jahre später betrog ihn seine Frau. Sie fand ihn kalt und ohne Zärtlichkeit. Als sie ihm den Fehltritt offenbarte, schwiegen sich beide über die Gründe aus. Immerhin schenkte er ihr jetzt manchmal Blumen und fuhr auch hin und wieder mit ihr in Urlaub, doch der Ton ihrer Verständigung blieb hart und rau.

Im Juni 1989 kam ein zweiter Mann auf den Hof, ein Wanderarbeiter, den der Bauer zur Aushilfe angeheuert hatte. Er schlief in der zur Unterkunft umfunktionierten Garage und aß mit der Familie. Nach ein paar Wochen gehörte er schon dazu. Jetzt blieb er auch nach den Mahlzeiten im Wohnzimmer sitzen, und als er Geburtstag hatte, bekam er von den Bauersleuten ein Geschenk. Mit der Bäuerin verband ihn ein besonders herzliches Verhältnis. Zuerst schüttete sie ihm ihr Herz aus und erzählte ihm von ihrer zerrütteten Ehe. Dann kam sie nachts in die Garage, um sich an ihm zu wärmen.

An einem schönen Julitag trat die Katastrophe ein. Den ganzen Tag über hatten der Bauer, der Wanderarbeiter und die Frau einen Schuppen gebaut. Am Abend dann saßen alle drei auf dem Sofa, tranken Whisky und schauten sich eine Fernsehsendung an. Die Bäuerin hatte in der Mitte zwischen den Männern Platz genommen. Immer wieder schenkte sie ihrem Mann das Glas voll. Den Bauern, der nur manchmal ein Bier trank, beschlich der Gedanke, sie wolle ihn vielleicht betrunken machen. Als die drei sich um halb elf trennten, war die Whiskyflasche fast leer.

Die Bäuerin ging ins Schlafzimmer, der Wanderarbeiter in seine Garage, der Bauer versorgte noch das Vieh und kam dann zu seiner Frau ins Bett. Er schlief mit ihr und wurde dabei das Gefühl nicht los, sie sei ganz anders als sonst. Was in ihr vorgehe, wollte er wissen. Nichts, antwortete sie.

Um ein Uhr nachts wachte der Bauer auf. Er war allein im Bett. Erst dachte er, seine Frau sei ins Wohnzimmer umgezogen, weil er geschnarcht habe, und wollte weiterschlafen, aber dann fiel ihm das ungewohnte Wesen seiner Frau wieder ein, wie sie ihm Alkohol aufgedrängt hatte, wie sie beim Liebesakt so fremd gewesen war. Plötzlich keimte ein Verdacht in ihm. Der Bauer stand auf, nahm eine Taschenlampe und suchte seine Frau. Auf dem Sofa lag sie nicht, und auch das Badezimmer war leer. Aber die Terrassentür stand offen. Sein Misstrauen wuchs. Er ging zur Garage und riss die Tür auf. Im Lichtkegel der Taschenlampe sah er seine Frau. Sie war nackt und schlief gerade mit dem fremden Mann. Der Bauer stürzte sich auf die Frau und drosch auf sie ein, bis die Lampe zerbrach. Der Liebhaber versuchte vergeblich, sie zu schützen. Schließlich zog sie sich Unterwäsche an und lief ins Wohnhaus hinüber. Der Bauer folgte ihr, nachdem er dem Saisonarbeiter gesagt hatte, er habe genau eine Viertelstunde Zeit, das Haus zu verlassen.

Im Wohnzimmer lag die Bäuerin und kühlte sich die Blutergüsse im Gesicht und an den Augen. Der Bauer fragte sie, warum sie ihm untreu sei. »Du bist kalt«, antwortete sie. »Du bist nicht zärtlich genug.« Der Bauer wunderte sich, er kam sich gar nicht so vor, wie seine Frau ihn sah. Sie sagte: »Du musst dir schon selber Gedanken machen.« Nun kam der Liebhaber herbeigeeilt, der etwas im Bad hatte liegen lassen, und warf dem Bauern vor, er interessiere sich nur für seinen Hof, aber nicht für Weib und Kinder. Die Bäuerin pflichtete ihm bei. Wie ein Stück Vieh behandle er seine Frau, setzte der Liebhaber nach, wie eine Kuhmagd. »Aber für wen habe ich die ganze Arbeit denn gemacht?«, fragte der Bauer. Dann warf er den Rivalen hinaus.

»Ich hab doch alles nur für die Familie getan«, sagte der Bauer zu seiner Frau, als sie allein waren. Sie stand auf. »Dir fehlen die Wärme und die Zärtlichkeit«, sagte sie und ging ins Schlafzimmer. Ihr Mann folgte ihr. Sie werde ihn verlassen und die Kinder mitnehmen, kündigte sie an. Er war wie zerschmettert. Er wollte die Kinder behalten. Darüber gebe es keine Diskussion, entgegnete sie. Immer wieder fragte der Bauer seine Frau, warum alles so gekommen sei, doch sie antwortete immer das Gleiche: Er sei kalt und ohne Zärtlichkeit. Er solle sie in Ruhe lassen. Dann schlief sie ein.

Am nächsten Morgen weckte die Frau den Bauern, um wie üblich das Vieh zu versorgen. Sie molk, er fütterte. Er war müde. Im Kälberstall fiel sein Blick auf die Stricke. Er dachte daran, sich das Leben zu nehmen. Er stieg auf den Heuboden, knüpfte eine Schlinge in den Strick und befestigte ihn an einem Balken. Er legte sich die Schlinge um den Hals und schickte sich an, in die Tiefe zu springen. Doch als er so dastand, fragte er sich, ob ihm wirklich keine andere Möglichkeit mehr bleibe. Vielleicht habe es ja doch Sinn, dachte er, sich noch einmal mit der Frau zu unterhalten, vielleicht könne er sie gerade noch im letzten Moment umstimmen. Er befreite sich von der Schlinge und legte sie achtlos zur Seite, der Strick allerdings blieb am Balken befestigt.

Reumütig stieg er hinunter und fütterte die Tiere. Seine Frau molk. Er ging zu ihr und fragte: »Warum?« Sie sagte: »Lass mich in Ruhe.« Beide verrichteten stumm ihre Arbeit. Nach einer Weile trafen sich die Eheleute zufällig wieder am Fuß der Leiter, die zum Heuboden führte. Wieder fragte der Mann: »Warum?« Sie wolle leben, antwortete sie. Sie wolle die Kinder mitnehmen und zu einem Freund ziehen, und wenn das Geld nicht reichen sollte, werde sie arbeiten. Dem Bauern ging auf, dass es seiner Frau bitterernst war, und er beschloss, sie umzubringen.

Er sagte ihr, die Katze habe geworfen und auf dem Heuboden sei ein Nest mit kleinen Kätzchen, denn er wusste, dass seine Frau sehr tierlieb war und sich durch diese Lüge zu der tödlichen Schlinge locken ließe, die seit seinem Selbstmordimpuls am Balken über dem Heu wartete. Dieser Strick war jetzt für sie bestimmt.

Der Bauer kletterte die Leiter hoch. Seine Frau folgte ihm. Oben angekommen, standen sie sich einen Wimpernschlag lang gegenüber. Der Blick, der ihn traf, war aus Eis. Seine Frau kam ihm vor wie der klirrende Frost. Blitzschnell griff der Bauer nach dem Strick und warf ihn ihr über den Kopf. Die Öse war im Nacken. »Bist du verrückt?«, fragte sie noch, dann zog er die Schlinge zu. Sie schlug um sich und versuchte zu entkommen – doch ihr Mann hielt die Schlinge so lange fest um ihren Hals zugezogen, bis ihre Kräfte erlahmten. Sie erstickte in seinen Armen.

Als sie tot war, schnitt der Bauer sie vom Strick ab und trug sie vom Boden herunter. In der Scheune legte er sie auf den Fußboden. Er war ratlos. Er trieb die Tiere auf die Weide, dann lief er zu einem Nachbarn und tat aufgeregt: Seine Frau habe sich erhängt. Der Nachbar folgte dem völlig aufgelösten Bauern in die Scheune, wo die Leiche der Bäuerin unverändert lag. Jetzt riefen die beiden Männer den Notarzt und die Polizei. Während der Nachbar am Straßenrand auf die Einsatzfahrzeuge wartete, entfernte der Bauer den Strick vom Balken.

Gegen 8.30 Uhr kamen die Kripo und ein Arzt, der den Tod feststellte. Der Bauer erzählte, er habe seine Frau erhängt vorgefunden, und berichtete auch vom Streit und der Prügelei in der Nacht. Die Geschichte wiederholte er auch drei Tage später vor der Mordkommission. Die Nachbarn wurden vernommen, der Suizid wurde rekonstruiert und für möglich gehalten. Auch die Gerichtsmedizin konnte nichts Wesentliches beitragen: Die Tote war durch Strangulation gestorben, sie zeigte eine diskret ansteigende Strangfurche, die auf eine Selbsterhängung hindeutete. Sie hatte Blessuren am ganzen Körper und ein blaues Auge, aber die Gewaltspuren waren durch die nächtliche Schlägerei erklärbar. Es gab keinen Eindruck vom Tatort und auch keine Fotos von der Auffindesituation. Alle Informationen stammten vom Ehemann. Die Mordkommission schloss die Ermittlungen ab, da keine ausreichenden Hinweise auf ein Kapitaldelikt vorlagen, und die Staatsanwaltschaft stellte das Verfahren ein.

Im Oktober des Jahres 1990 unternahm der Bauer einen Selbstmordversuch. Er ging in den Stall, legte sich eine Schlinge um den Hals und zog zu. Ein Freund, der zu einer Verabredung auf den Hof kam und in der Wohnung des Bauern auf eine Abschiedsbotschaft stieß, fand den Bauern mit dem Strick um den Hals, auf dem Heuboden kniend, vor. Er hatte eine halb leere Whiskyflasche in der Hand. Der Freund löste den Strick und schleppte den Betrunkenen vom Heuboden ins Haus. Am nächsten Tag begleitete er den Bauern zum Arzt, der diesem den Rat gab, einen Psychiater aufzusuchen. Nach dem Arztbesuch brach es aus dem Bauern heraus: »Ich gehöre nicht ins Krankenhaus, ich gehöre hinter Gitter«, sagte

er zum Freund. Die beiden Männer gingen erst zu einem Anwalt und dann in die psychiatrische Klinik.

Von der Psychiatrie aus telefonierte der Bauer mit seiner
Schwiegermutter, die nie an den Suizid ihrer Tochter hatte
glauben wollen. Er gestand ihr, seine Frau umgebracht zu haben. Sie meldete das Geständnis der zuständigen Staatsanwaltschaft. Im Dezember 1990 wurde der Bauer in der Wohnung seiner Mutter festgenommen und ein Jahr später vom
Landgericht zu einer Freiheitsstrafe von zehn Jahren und
sechs Monaten verurteilt. Das Gericht lastete ihm einen Totschlag an, da sich der Angeklagte zur Tatzeit in einer affektiv
aufgeladenen Krisenstimmung befunden habe. Zu Gunsten
des Angeklagten wurde gewertet, dass er sich aus Gewissens-
gründen selbst gestellt und mit seinen Aussagen die Klärung
des Falles möglich gemacht hatte, der andernfalls für immer
im Dunkeln geblieben wäre.

Wann wird ein Mensch zum Mörder?

Wie sieht eigentlich ein Mörder aus?, werde er immer wieder
gefragt, schreibt Rudolf Niederschelp, Chef der Todesermittlung in Düsseldorf, in der Fachzeitschrift *Polizei*. Seine Antwort lautet: »So wie du und ich.« Der Mörder und Totschläger
sei eben nicht der Mann mit dem angewachsenen Ohrläpp-
chen, den zusammenwuchernden Augenbrauen und der flie-
henden Stirn. Tötungsdelikte begingen vielmehr häufig Menschen, die nie zuvor kriminell gehandelt hätten. Ganz
normale, völlig unauffällige Personen, von denen jeder behaupten würde: Der? Niemals!

Das stimmt mit den Erkenntnissen der Kriminologie überein. Nur 3 Prozent aller Mörder sind geisteskrank, der Rest gehört zur so genannten normalen Bevölkerung. Der Kriminologe und Viktimologe Professor Hans Joachim Schneider geht
davon aus, dass die meisten Mörder nur einmal im Leben ei-

nen Menschen umbringen. Ob sie sich auf diese eine Tat beschränkten oder mehrfach töteten, hänge entscheidend davon ab, welche Art von Gewalt sie anwendeten, die *expressive* oder die *instrumentelle*.

Die *expressive* Gewalt breche sich aus Verzweiflung und gewaltigem Leidensdruck heraus nur ein einziges Mal Bahn. Diese Art von Tötung basiere auf einer ungeplanten Folge von Ereignissen, die außer Kontrolle gerieten. Alkohol und Drogen trügen zur Eskalation des Konflikts bei. Wer so töte, müsse es keineswegs wieder tun.

Die *instrumentelle* Gewalt werde dagegen angewandt, um ein Ziel zu erreichen, sei es sexuelle Befriedigung oder ein materieller Vorteil. Hier setze ein Lernprozess ein: Komme der Täter anfangs ungeschoren davon, werde die Gewalt als Weg, ein bestimmtes Ziel zu erreichen, mit der Zeit akzeptiert. Oder wie Kriminaloberkommissar Stephan Harbort, Experte für Serientäter, es formuliert: »Die Tötungshemmung wird sukzessive von der Tatgewöhnung überlagert.« Nach einem solchen Lernprozess, meint der Kriminologe Schneider, sei die Gefahr, dass jemand wieder töte, ungleich größer, denn wer Gewalt zu einem Instrument mache, benutze es dann auch regelmäßig. Werde ein solcher Mörder nicht gefasst, sei dies für ihn mehr als nur ein Erfolg – es sei eine Ermutigung zu weiteren Gewalttaten.

Ob einer töten wird oder nicht, kann niemand vorhersagen. Kriminologie ist keine Wissenschaft, die es mit berechenbaren Naturerscheinungen zu tun hat wie die Physik. Aber es gibt, so Schneider, in der Kriminologie Risikogruppen, wie man sie etwa in der Medizin kennt. Menschen, denen das Schicksal liebe Eltern, ein warmes Zuhause und eine gute Ausbildung beschert hat, werden aller Wahrscheinlichkeit nach nicht töten. Wer dagegen in Verlassenheit, in kalten oder gewaltbereiten Verhältnissen aufgewachsen ist oder einem problematischen Milieu entstammt, ist von Anfang an anfälliger, auch deshalb, weil er von den Vorbildern in seinem sozialen Umfeld keine intelligenten und gewaltfreien Problemlösungsstrategien erlernen konnte.

Nach Ansicht des Kriminologen Schneider dürfte es in Deutschland eine Reihe Menschen geben, die für ein Tötungsdelikt nicht zur Verantwortung gezogen worden sind. Gerade der familiäre Nahraum, in dem sich die meisten Tötungen zutrügen, sei gleichzeitig prädestiniert für das Dunkelfeld. Häufig habe niemand aus diesem Nahraum ein Interesse daran, einen Mord anzuzeigen oder publik zu machen, und gleichzeitig scheuten sich die Strafverfolgungsbehörden letztlich, ihn ohne massiven Verdacht zu betreten.

Wer einen Mord anzeigt, muss mit gewaltigem Druck rechnen, nicht nur aus dem persönlichen Umfeld, sondern auch seitens der Polizei, der Medien und der öffentlichen Meinung. Die Angst, diesem Druck nicht standhalten zu können, so Schneider, bewege viele ängstliche Zeugen oder ohnehin traumatisierte Mitopfer, das Wissen um eine Straftat für sich zu behalten.

Beim Einkreisen des Dunkelfelds bei Tötungsdelikten darf deshalb auch die Frage nach Verdachtssituation und Anzeigeverhalten nicht unberücksichtigt bleiben. Der Kriminologe Klaus Sessar konstatiert in seinem Buch *Rechtliche und soziale Prozesse einer Definition der Tötungskriminalität*, dass lediglich 4 Prozent der getöteten Opfer von der Polizei selbst entdeckt werden. In allen anderen Fällen erfährt sie von der Tat durch eine Anzeige oder Information aus der Bevölkerung. 35 Prozent der Anzeigen stammen von den Personen, die die Toten finden, weitere 17 Prozent von Tatzeugen. Bei den übrigen 48 Prozent bildet sich unter den verschiedensten Umständen ein Verdacht heran, der zur Meldung führt: Auffälligkeiten bei der Leichenschau oder bei der Einlieferung ins Krankenhaus, Vermissen eines später tot aufgefundenen Angehörigen oder Ähnliches.

Ein Hinweis darauf, wie zögerlich auch schwere Verbrechen gegen das Leben angezeigt werden, wenn sie im *persönlichen Nahraum* begangen werden, findet sich ebenfalls in der Untersuchung des Kriminologen Sessar. Er hat sich mit der Anzeigebereitschaft von Opfern befasst, die einen Tötungsversuch *überlebt* haben. Das Ergebnis: Die Hälfte aller Taten wurde nicht vom Opfer, sondern von *Dritten* angezeigt, die überdies auch noch sehr viel schneller zur Polizei gingen als die überlebenden Opfer, die sich zu diesem Schritt entschlossen. Auch wenn das Opfer keinerlei körperliche Verletzungen davongetragen hatte, ging immer noch bei einem Drittel der Fälle die Anzeige von einem Zeugen aus. Sessar schreibt in seinem Buch über die Tötungskriminalität: »Diese unerwarteten Zusammenhänge konnten durch die Hereinnahme der Täter-Opfer-Beziehungen, unterschieden nach familiären und engen freundschaftlichen Beziehungen, Bekanntschaften und fehlenden Beziehungen (der Verdächtige ist Fremder), geklärt werden: Opfer gingen zögernd zur Polizei, wenn der Verdächtige ein Bekannter, noch zögernder, wenn er ein Familienangehöriger oder Freund war; solche Unterschiede existierten nicht, wenn ein Dritter die Anzeige erstattete, und dies bedeutete gleichzeitig, dass eine Anzeige von einem Dritten oder vom Opfer gleich zügig erstattet wurde, wenn der Verdächtige Fremder war.« Professor Sessar schließt daraus, dass jedenfalls im Bereich der versuchten Tötungen »ein außerordentlich großes Dunkelfeld vermutet werden kann«.

Leben mit der Tat – der Fall des Ehepaars F.

Sie haben Schutz gefunden in der Anonymität einer Hochhaussiedlung. Zehngeschossige Plattenbauten aus Waschbeton durcheinander gewürfelt auf einem kahlen Feld. Peripherie einer mitteldeutschen Stadt. Auf den Treppen sitzen

Menschen, trinken Bier aus Dosen und brüllen ihre Kinder an. Die geleerten Dosen lassen sie unter sich. Türen und Treppenhäuser sind beschmiert, Klingelknöpfe weggerissen, der Aufzug ist voll gepinkelt und knöchelhoch mit Zeitungspapier bedeckt.

Hier, wo niemand vom anderen weiß und jeder so viele Probleme hat, dass er sich in die des Nachbarn nicht auch noch vertieft, hier, wo Hunderte schwieriger Mieter übereinander gestapelt sind, kennt keiner die Geschichte des Ehepaars aus dem vierten Stock links. Und das ist den beiden recht.

Seit einem halben Jahr sind sie aus der Haft entlassen. Zwei Drittel haben sie abgesessen von den fünfzehn Jahren, zu denen sie 1990 verurteilt worden sind. Im Namen des Volkes – wegen mehrfachen Mordes. Über fünf Jahre hinweg töteten sie ihre fünf Neugeborenen und ließen die Leichen so spurenlos verschwinden, dass keiner etwas bemerkte. Erst nach der letzten Tat kam die Tötungsserie durch Zufall ans Licht.

Wer auf Besuch bei den Tätern monströse Finsterlinge erwartet hat oder aufgeschwemmte, harte Visagen mit eisigem Blick, muss sich wundern. Die beiden wirken stumm und ängstlich. Sie sind freundliche, ein bisschen schüchterne Leute. Dem Mann verleihen seine runden, zwinkernden Augen einen Gesichtsausdruck, als nähme er ständig staunend zur Kenntnis, was es so alles gibt in der Welt. Die Frau ist sehr schmal und zierlich und blickt Fremde von schräg unten aus den Augenwinkeln an, scheu, als wollte sie sich verstecken.

Die Delikte der beiden fanden in jener Zeit statt, als es hier noch die DDR gab. Da heiratet 1971 die achtzehnjährige Kellnerin den einundzwanzigjährigen Heizer. Einfache Leute. Sie lieben sich, er hängt an ihr. In den folgenden zwölf Jahren gebiert sie sechs Kinder, das vierte, ein Mädchen, stirbt kurz nach der Entbindung an einem Zwerchfellriss. Die Ärzte können es nicht retten. Die beiden jüngsten Kinder sind wieder

Jungen, wie die drei Großen. 1983 haben die beiden insgesamt fünf Söhne.

Im Juli 1984 bringt die Frau einen weiteren Säugling zur Welt, heimlich und zu Hause. Ihr Mann hilft bei der Geburt. Er nabelt das Kind ab. Sie fordert ihn auf, es umzubringen. Er gehorcht. Er drückt dem Neugeborenen Zellstoff auf Mund und Nase, wickelt es mit der Nachgeburt in eine Decke, steckt es in einen Schließkorb im Elternschlafzimmer und legt noch Decken und eine Matratze darauf. So lassen sie ihr Kind liegen, bis es erstickt ist. Dann nimmt der Mann das kalte Bündel mit zur Arbeit und wirft es in den großen Ofen, den er als Heizer in Stand zu halten hat. Ein perfekter Mord. Leicht zu begehen. Nichts bleibt zurück. Im Jahr darauf wiederholt sich die Prozedur: Leben geben und Leben nehmen zur selben Stunde. Im folgenden Jahr wieder und dann wieder und wieder … Fünf Neugeborene lassen so, unter dem Deckenhaufen im Elternschlafzimmer, von der ganzen Welt unbemerkt, ihr Leben.

Warum haben die Eltern das getan? 1990, bei der Gerichtsverhandlung, wussten sie es nicht. Die Frau habe Angst vor Ärzten gehabt, lautete die dürre Erklärung. Oder: Man habe keinen anderen Weg gesehen. Letztlich hat der ganze Prozess kein Licht in das Verhalten des Ehepaars gebracht. Die Motivlage für die Serientötung blieb im Dunkeln.

Die beiden wissen auch heute nicht, was sie damals getrieben hat. Sie sitzen im trostlosen Hochhaus auf ihrer Garnitur aus der Altmöbelbörse und sind sich selbst ein Rätsel. Aber die Angst habe all die Jahre an ihnen gefressen, dass schließlich doch jemand etwas von dem entsetzlichen Ritual bemerken könnte, das sich regelmäßig im privatesten ihrer Zimmer vollzog. Angst und schlechtes Gewissen: »Wir wussten genau, was wir taten.« Nur eben nicht, warum.

Die beiden sind nicht Menschen großer Worte, Analysen oder Reflexionen. Sich auszudrücken und erklären zu müssen bedeutet für sie eine enorme Anstrengung, ja Qual. Sie hätten auch miteinander über ihr furchtbares Geheimnis geschwiegen, sagen sie heute. Und sie hätten nur unmittelbar vor den Taten kurz darüber nachgedacht und geredet. Dafür begannen sie zu trinken, genau fünf Jahre lang und exzessiv. Bier – und vor allem Schnaps. »Der Alkohol hatte viel damit zu tun«, sagt die Frau. »Ich habe vorher nicht getrunken und trinke heute nicht.« Schnaps habe ihr damals geholfen, die Alpträume zu überstehen, die alle zwei oder drei Nächte zu ihr gekommen seien und in denen sie immer wieder Kinder geboren und getötet habe. Schnaps habe sie auch über die Tage gerettet, von denen jeder einzelne im Schatten der bösen Taten gelegen habe. »Es waren schreckliche Jahre«, sagt die Frau. »Nicht nur die Straftaten. Die fünf Jahre waren insgesamt schrecklich!«

1988 nimmt die Frau – wieder schwanger – einen Job in einer Putzkolonne an. Im Dezember meldet sie sich krank und bringt am 16. ihr letztes Kind zur Welt. Die beiden lassen es verschwinden. Doch diesmal wird eine Kollegin aufmerksam. Sie will wissen, wo das Baby geblieben sei. Die Frau tischt die Lüge von der Fehlgeburt auf. Sie hat Blutungen und Schmerzen. Die Chefin schickt sie zur Ärztin, und die überweist sie ins Krankenhaus, wo eine Ausschabung vorgenommen wird. Als die Frau aus der Narkose erwacht, sitzt bereits die Kripo am Bett und fragt nach dem Kind. Die Frau streitet alles ab, sogar eine Schwangerschaft. Die Polizei nimmt sie »zwecks Prüfung eines Sachverhalts« mit und verhört sie pausenlos. Dann verhaften sie auch den Mann und vernehmen ihn getrennt. Die beiden sagen heute, sie hätten es nie herausgefunden, welcher von ihnen anfing zu gestehen. Aber als der Damm gebrochen war, gestanden beide all ihre unerkannten Morde.

Es gab keine Indizien, keine Beweise, keine Leichen, die man hätte obduzieren, keine Zeugen, die man hätte befragen können. Es gab nur die endlosen Geständnisse der Eheleute, die ihr böses Geheimnis jahrelang stumm mit sich herumgeschleppt und ihr Gewissen täglich neu im Alkohol ersäuft hatten. Die beiden sagen heute, es sei für sie eine Befreiung gewesen, endlich alles erzählen zu dürfen – obwohl sie beim Verhör durch DDR-Volkspolizisten sicher nicht auf übermäßiges Feingefühl hoffen durften. Und sie sagen, sie seien froh gewesen, verurteilt worden zu sein – obwohl der nun folgende Strafprozess in der Wendezeit zur Orgie der Voreingenommenheit und des Dilettantismus geriet. »Hier wurden nicht Menschen in ihrer Not beschrieben und erklärt, sondern unerwünschte Elemente hingerichtet«, schrieb der *Spiegel* damals.

Und was hätte sich abgespielt, wenn sie nicht aufgefallen wären? Wäre das Kindertöten immer so weitergegangen, bis die Biologie allem ein Ende gesetzt hätte? »Nein.« Sagen die beiden jedenfalls, obwohl fraglich ist, wie sie den Teufelskreis wirklich aus eigener Kraft hätten durchbrechen können. Sie hätten sich, vermuten sie, wohl eines Tages selbst gestellt, denn der Druck und die Pein seien »wirklich sehr, sehr groß« gewesen. »Es hat keinen Gewöhnungsprozess gegeben«, sagt der Mann. Im Gegenteil: »Es war jedes Mal schlimmer.« Die Tötung eines Kindes sei nicht die Lösung eines Problems, sondern das Problem selbst.

In der Haft wurde die Last, die ihnen die Seele erdrückte, langsam leichter. Sie wurde regelrecht abgetragen, nach und nach. Auch die Alpträume wurden seltener. Die beiden sind heute mit sich allein. Ihre fünf Söhne leben in Pflegefamilien, sie wissen nicht, wo. Doch obwohl sie jetzt alle ihre Kinder verloren haben, sagen sie, dieses einsame Leben sei ihnen lieber als ihr früheres mit der Schuld in alle Ewigkeit.

1994, in der Haft, ließ die Frau sich scheiden. 1996 schrieb der Mann ihr aus dem Männergefängnis ins Frauengefängnis, dass er sie immer noch liebe und mit ihr zusammen sein wolle, »bis dass der Tod uns scheidet«. Im selben Jahr heirateten die beiden wieder – hinter Gittern und kirchlich. »Wenn man so viel zusammen durchgemacht hat«, sagt er, »soll man sich nicht trennen.«

An den Wänden ihrer Hochhauswohnung hängen kleine Fotos. Man muss sehr nah herantreten. Eines zeigt die zweite Hochzeit, die anderen befreundete Mitgefangene. Kinderbilder sind nicht zu sehen. Doch die Frau besitzt noch fünf. Von jedem lebenden Sohn kramt sie eines heraus. Fünf alte Fotos, auf denen immer das gleiche Kind in unterschiedlichen Lebensaltern abgebildet zu sein scheint: »Alles meine Jungs.« Das klingt stolz. Kann jemand, der fünf Kinder auf dem Gewissen hat, auf die fünf anderen stolz sein? Vor solchen Gefühlen kapituliert einer, dem eine so genannte normale Biografie vergönnt ist.

Denken sie oft an ihre Kinder? »Natürlich.« Wie sie jetzt wohl aussähen, wie es ihnen gehe, welchen Beruf sie hätten. Denken sie auch an die toten Kinder? Er sagt: »Nur an die lebenden.« Und sie: »An alle elf.«

Interview mit der Psychiaterin und Psychotherapeutin Dr. Marianne Röhl, *Oberärztin in der Psychiatrischen Abteilung des Klinikums Nord in Hamburg und psychiatrische Gutachterin für Strafprozesse am Landgericht Hamburg*

Frau Dr. Röhl, bei welchen Opfergruppen halten Sie eine hohe Dunkelziffer bei Tötungsdelikten für wahrscheinlich?

Eine ziemliche Dunkelziffer vermute ich bei den älteren Leuten, die es schon jahrelang am Herzen haben oder an Krankheiten leiden, die unerwartet zum Tode führen können. Der Hausarzt kommt dann und sagt mit gutem oder weniger gutem Gefühl: Nun gut, jetzt hat es ihn oder sie eben erwischt. Und er stellt den Totenschein aus, ohne sich große Gedanken zu machen.

Eine gewisse Dunkelziffer vermute ich auch bei Unglücks-fällen oder scheinbaren Suiziden. Ich habe jetzt gerade wieder von einer Türkin gelesen, die ihre Wohnung in Brand steckte und deren Mann dabei umkam. Die Frau war in psychia-trischer Behandlung, der Mann hatte eine neue Beziehung, und es war nicht klar, ob es ein Mordanschlag der Frau gegen ihren Mann war oder ein Suizidversuch der Frau oder ein Un-fall. Die Staatsanwaltschaft jedenfalls hat die Sache einge-stellt. Mord und Selbstmord liegen oft sehr eng beieinander. Es gibt ja das Phänomen des verschobenen Suizids: Jemand möchte sich eigentlich selbst suizidieren, bringt aber dann ei-nen anderen um.

Und dann gibt es meiner Meinung nach noch die dritte Gruppe, bei der Tötungsdelikte nicht erkannt werden: die scheinbaren Verkehrsunfälle. »Kam aus ungeklärter Ursache von der Straße ab«, heißt es dann im Polizeibericht. Es finden sich keine Bremsspuren. Und Fahrer und Beifahrer sind tot. Darunter verbergen sich sicherlich auch Tötungsdelikte, bei denen der Täter – was er einkalkuliert oder sogar beabsichtigt hat – mit ums Leben kam.

Haben Sie selbst erlebt, dass Ihnen jemand ein nicht entdecktes Tötungsdelikt gestand?

Nein. Aber ich habe davon gehört, dass jemand, der wegen seiner Psychose in Behandlung war, dem Arzt ein Tötungsde-likt mitgeteilt hat.

Ist jeder Mensch dazu fähig, einen anderen umzubringen?

Im Grunde ja. Jeder kann hineingeraten. Man kann für nie-manden die Hand ins Feuer legen. Ich würde es jedenfalls nicht tun. Auch für mich selbst nicht. Auch für Sie nicht. Jeder von uns kann in ein Eifersuchtsdrama oder eine Affekthand-lung hineingezogen werden. Wenn dann noch Drogen oder Medikamente oder Alkohol im Spiel sind – was ja bei Tö-tungsdelikten häufig der Fall ist –, kommt es sehr leicht zu ei-ner Überreaktion.

Gibt es Hinweise, dass ein Mensch töten wird?

Ich begutachte keine Auftragskiller, sondern ich sehe als Gutachterin Menschen mit Psychosen, mit schweren neurotischen Fehlentwicklungen und die eben beschriebenen Affekttäter. Bei der Psychose kann man oft sagen: Der wird wieder töten, oder er wird es – bei richtiger Medikamentierung – nie mehr tun. Es hängt von der Erkrankung ab und davon, wie gut der Betreffende auf die Medikamente anspricht. Wenn Psychotiker töten, ist ihre Krankheit im Regelfall unbehandelt. Das heißt, das Umfeld hat vielleicht gemerkt, der ist ein bisschen verrückt – manchmal ist auch gar niemandem etwas aufgefallen, und plötzlich bringt er jemanden um. Aber wenn er dann kontinuierlich medikamentös behandelt wird, kann man oft prognostizieren, der wird es nicht mehr tun. Zum Beispiel, weil er nach Einnahme von Neuroleptika keine Halluzinationen mehr hat und die Stimmen, die ihm das Töten befohlen haben, nicht mehr hört.

Dann gibt es noch die Personen mit der schweren Persönlichkeitsstörung. Sie sind fast gar nicht in den Griff zu bekommen. Denn gegen ihre innere Struktur gibt es keine Medikamente. Man kann hier oft sagen, die seelischen Defizite und Defekte sind so gravierend, die Störung hat eine solch starke innere Dynamik, dass dieser Mensch immer wieder töten wird. Serientäter zum Beispiel sind oft so strukturiert. Ihnen könnte höchstens eine Psychotherapie weiterhelfen, aber die würde sehr langwierig sein und kaum eine hundertprozentige Sicherheit bringen. Gerade wenn einer schon älter ist oder schon mehrere Tötungsdelikte begangen hat, sehe ich keine andere Möglichkeit, als ihn auf Lebzeiten von der Bevölkerung wegzuschließen.

Bei einer Persönlichkeitsstörung ist das ganze persönliche Gebilde dieses Menschen beschädigt. Er ist wie ein Haus, bei dem jeder einzelne Ziegelstein kaputt ist. Wo soll man da mit der Behandlung anfangen? Wenn man einen Stein herausnimmt, brechen ganze Wände zusammen. Eine mit Sicherheit Erfolg versprechende Behandlung für Persönlichkeitsstörungen gibt es noch nicht. Es kommt gerade bei Sexualstraftätern zum Beispiel immer wieder vor, dass man sie als austherapiert entlässt, und drei Wochen später passiert wieder ein Mord nach dem gleichen Schema.

Menschen mit einer schweren Persönlichkeitsstörung wirken nicht immer auffällig oder verrückt, sie sind im Umgang oft sehr angepasst. Wenn man die Akte von solchen Leuten liest, dann denkt man, hier ist von einem Monster die Rede. Und dann kommt das Monster in mein Zimmer und ist auf den ersten Blick ein lieber, freundlicher und netter Mensch.

Und was stimmt? Die Akte oder der Eindruck?

Es stimmt beides. Man muss solche Menschen von allen Seiten ihres Wesens sehen. Wenn man also die Vergehen in einer Akte liest, da sind manchmal wirklich üble Sachen – gegen Frauen zum Beispiel – dabei; aber dann hört man sich die Biografie des Täters an, und es wird klar, wie drängend es im Inneren dieser Person gewesen ist und dass der seelische Druck leider nur in dieser Form nach außen dringen konnte. Und dann rückt man ab von der Einschätzung, dass der hier nur ein schrecklicher Mensch ist. Man darf natürlich seine Taten nicht leugnen. Aber man muss auch den Mörder von seiner ganzen Persönlichkeit her sehen. In seinen dunklen Ecken und in seiner Nettigkeit.

Warum gesteht eigentlich ein Mörder eine Tat, die ihm niemand vorgeworfen hat?

Es gibt Leute, die noch nach vielen, vielen Jahren gestehen. Sie wollen etwas loskriegen, sich erleichtern. Wenn sie anderen Menschen von den begangenen Schrecklichkeiten Mitteilung machen, ist es für sie selbst leichter zu ertragen. Das ist ein zutiefst menschliches Bedürfnis.

Warum gesteht der eine und ein anderer nicht?

Das ist eine sehr schwere Frage. Wer ein Tötungsdelikt gesteht, muss es erst mal vor sich selber gestanden haben. Der erste Schritt ist, vor sich selber zuzugeben: Ich hab's getan! Dann erst bin ich bereit, mich mit den Folgen auseinander zu setzen. Doch es gibt viele Täter, die schon zu diesem ersten Schritt gar nicht fähig sind, sondern darauf bestehen, dass sie es nicht waren. Sie erhalten dadurch ihre innere Stabilität aufrecht.

Der Pfarrer G. aus Braunschweig zum Beispiel ist so ein Fall. Er ist von den Indizien her unwiderlegbar überführt, aber er gibt die Tötung seiner Frau nicht zu. Hier scheint mir eine schwere narzisstische Persönlichkeitsstörung vorzuliegen. G. würde wahrscheinlich völlig auseinander fallen, schwer depressiv oder suizidal werden, wenn er vor sich eingestehen würde: Ich war's.

Es gibt das Phänomen, dass Mörder sich an die Tat nicht mehr erinnern können, sie haben einfach eine Erinnerungslücke. Primäre Verdrängung nennt man das in der Psychiatrie. Das ist ein reiner Schutzmechanismus. Es gibt Mörder, die sitzen in der Zelle und zermartern sich den Kopf und versuchen sich an die Zeitphase zu erinnern, in der sie die Tötung begangen haben. Sie wurden von Zeugen bei der Tat gehört und anschließend gesehen, der Fall ist glasklar, aber sie selbst haben einen Blackout. Sie bemühen sich (für mich glaubhaft), die Situation zurückzurufen – aber es geht nicht. Aus Scham, aus Schmerz, aus dem Gefühl, so schlecht zu sein, dass nur noch der Suizid übrig bleibt – es sind ganz viele durchmengte Gefühle, die erklärbar machen, warum sich jemand mit seiner Tat nicht auseinander setzt.

Sie meinen, die nicht gestehen, wissen auch gar nicht von ihrer Tat?

Viele wollen es nicht wissen. Sie können es nicht wissen, im Sinne von: Ihre Seele würde es nicht verkraften. Sie wollen sich auch manchmal gar nicht psychiatrisch begutachten lassen, denn bei einer Begutachtung wird auch reingeguckt ins

Innerste. Und das kann schrecklich sein. Was Frauen und Männern da zugemutet wird, wenn sie im Gerichtssaal die psychiatrischen Gutachten hören müssen. Klatsch, klatsch, kriegen sie es um die Ohren. Das kann zu einer schweren Traumatisierung führen – gerade bei ganz jungen Leuten.

Ich habe gerade einen jungen Mann begutachtet, der wegen eines Tötungsdelikts angeklagt war. Er hatte einen alten Mann totgeschlagen und wohl auch -getreten, weil der ihn nicht telefonieren ließ. Ich fragte nach Dingen aus seinem Leben, die sonst eher nicht zur Sprache kommen. Der junge Mann gab sich in der Sitzung mit mir völlig cool, er stritt die Tat ab, las nebenher Zeitung und fragte dazwischen herablassend: Na, was woll'n Se denn noch wissen? Als man ihn dann in die Untersuchungshaft zurückbrachte, rannte er aufs Klo und übergab sich.

Das Gespräch ging ihm so an die Nieren?

Aber massiv. Ich sehe oft Menschen, bei denen ich mir denke: Mein Gott, hast du ein schlimmes Schicksal gehabt! Sie können einem oft Leid tun.

Wenn jemand ein Tötungsdelikt begangen hat und dabei nicht erwischt worden ist – wird ihn das ermutigen, noch eines zu begehen?

Wer getötet hat, lebt anschließend oft in einer Art und Weise, dass er gar nicht mehr in eine Situation geraten kann, wie sie damals zur Tötung geführt hat. Sie meiden schon im Vorfeld alles, was dazu führen könnte. Sie leben ein reduziertes Leben, gehen – je nachdem, was das Motiv war – keine Beziehungen mehr ein oder trinken keinen Alkohol mehr oder gehen nicht mehr unter Menschen oder so.

Wenn man den Dunkelzifferexperten glauben darf, gibt es ja eine beachtliche Menge von nicht entdeckten Mördern. Und ich frage mich, was das bedeutet. Haben diese Leute ein Triumphgefühl? Haben sie nur ein einziges Mal getötet, um ein einziges Problem aus der Welt zu schaffen? Oder entwickelt sich für Menschen, deren Tat

nicht ans Licht kam – und somit ja Erfolg hatte –, das Töten zu ei-
ner ganz normalen Problemlösungsstrategie?

Es gibt jede der Variationen, die Sie aufgezählt haben, eben
weil es sehr viele unterschiedliche Menschentypen gibt. Es ist
im Prinzip alles möglich.

Aber der typische Fall ist: Mann bringt aus Eifersucht Frau
um. Strafrechtlich bleibt die Sache unauffällig. Trotzdem wird
der nie mehr töten, sein Problem ist ein für alle Mal gelöst.
Das ist die Regel.

Bei der Kripo gibt es das Sprichwort: Der Muttermörder mordet
nur einmal.

Natürlich gibt es auch diejenigen, die aus dem Nichtent-
decktwerden lernen und sich sagen: Na, das ist ja alles ganz
gut gegangen, probieren wir's doch mal wieder. Es gibt ja
diese ganz gemütsarmen Menschen, »Psychopathen« sagte
man früher. Heute spricht man von Persönlichkeitsstörungen.
Dieser Bereich der Persönlichkeitsstörungen ist sehr bunt.
Und darunter sind Leute, die sind eiskalt. Und wenn sie noch
dazu intelligent sind, entdeckt kein Mensch deren Taten. Es
heißt zwar immer, ein Mord kann noch so intelligent geplant
sein – der Mörder macht irgendwann einen Fehler, und alles
kommt raus. An diese Weisheit glaube ich aber nicht. Ich bin
überzeugt: Perfekte, fehlerlose Morde gibt es.

Literatur

Ahlers, Klaus/Küper, Friedo (1990): Der »stille« Mord. *Kriminalistik* 4

Arbenz, Ueli (1999): Der plötzliche Säuglingstod. Herausforderung für Rechtsmedizin und Ermittlungsbehörden. *Kriminalistik Schweiz,* Februar

Balke, Bärbel (1994): Frauen töten einsam. Begegnungen mit weiblicher Gewalt. Berlin

Becker, Volker (1986): Die klinische Obduktion. Erlangen

Berg, S./Ditt, J. (1984): Probleme der ärztlichen Leichenschau im Krankenhausbereich. *Niedersächsisches Ärzteblatt* 8

Betsch, Jürgen/Giesel, Bernd (1989): Stromtod in der Badewanne. *Kriminalistik* 1

Biereth, Dieter (1998): Verkennung gewaltsamer Todesursachen bei der Leichenschau. *Der Kriminalist* 10

Bleibtreu, Eike/Jaeger, Rolf (1997): Die Perfektion des Dilettantismus – Wird die Polizei immer dümmer? *Der Kriminalist* 12

Brettel, Hans Friedrich (1988): Eine Aufklärung ist nicht immer gewährleistet. Rechtsmedizinische und kriminalistische Probleme beim Tod in der Badewanne. *Kriminalistik* 1

Brinkmann, Bernd, et al. (1986a): Der unklare Tod. *Der Pathologe* 2

Brinkmann, Bernd, et al. (1986b): Exhumierungen aus strafprozessualen Anlässen. *Arch. f. Krim.* 177

Brinkmann, Bernd, et al. (1997a): Fehlleistungen bei der Leichenschau in der Bundesrepublik Deutschland. *Arch. f. Krim.* 199, Heft 1–2 (Teil 1) und 3–4 (Teil 2)

Brinkmann, Bernd, et al. (1997b): Die Krematoriumsleichenschau – formaler Akt ohne Effizienz? *Arch. f. Krim.* 201

Brinkmann, Bernd/Püschel, Klaus (1991): Definition natürlicher, unnatürlicher, unklarer Tod. Todesursachen-Klärung. Derzeitige Praxis. *Med R* 9

Council of Europe, Committee of Ministers (1999): Recommendation

No. R (99)3, Of the Committee of Ministers to Member States on the Harmonisation of Medico-Legal Autopsy Rules

Dörmann, Uwe (1988): Dunkelfeldforschung im Dunkeln. *Kriminalistik* 7

Du Chesne, Alfred, et al. (1996): Spurenarme Tötungsdelikte an Kindern. *Arch. f. Krim.* 198

Dürwald, Wolfgang (1957): Vier Giftmorde an Patienten, die nach Operationen im Krankenhaus lagen. *Arch. f. Krim.* 119

Dürwald, Wolfgang (1993): Tötungsdelikte in Krankenhäusern. *Versicherungsmedizin* 45, Heft 1

Ender, K. (1985): Hochkonjunktur für einfallsreiche Mörder. *Kriminalistik* 42

Feigl, W./Leitner H. (1986): Die hohe Autopsierate Österreichs und ihre Gründe. *Der Pathologe*

Friedrichs, Jürgen, Hg. (1973) Teilnehmende Beobachtung abweichenden Verhaltens. Stuttgart

Friedrichsen, Gisela (1990): »Damit nicht Anarchie ausbricht«. *Der Spiegel* 26

Friedrichsen, Gisela (1995): »Eher eine Sache der Philosophie«? *Der Spiegel* 52

Gabriel, Friedhelm/Huckenbeck, Wolfgang (1998): Grundlagen des Arztrechts. Berlin

Grede, Jürgen (1987): »Plötzlich und unerwartet...« *Kriminalistik* 11

Harbort, Stephan (1999): Kriminologie des Serienmörders. *Kriminalistik* 10 (Teil 1) und 11 (Teil 2)

Heinemann, Axel/Püschel, Klaus (1996): Zum Dunkelfeld von Tötungsdelikten durch Erstickungsmechanismen. *Arch. f. Krim.* 197

Höpker, Wilhelm-Wolfgang/Wagner, Stephan (1998): Die klinische Obduktion. *Deutsches Ärzteblatt*, 19. Juni

Huckenbeck, Wolfgang/Gabriel, Friedhelm (1999): Feuerbestattung und Leichenschau. *Sero-News* 1

Jäger, Alfred (1983): Massenmord oder Sterbehilfe? *Kriminalistik* 6

Jaeger, Rolf (1997): Vergewaltigung der Kripo durch einheitspolizeiliches Denken. *Der Kriminalist* 6

Janssen, Werner (1978): Rechtsmedizinische Probleme bei der diagnostischen Tätigkeit des Pathologen. Kunstfehler – Nicht natürlicher Tod. *Kriminalistik* 1

Janssen, Werner (1979): Definition und Meldung des nichtnatürlichen Todes im ärztlichen Bereich. *Beitr. Gerichtl. Med.* 37

Kirch, Wilhelm, Hg. (1992): Fehldiagnosen in der Inneren Medizin. Stuttgart

Kleemann, W. J., et al. (1997): Obduktionsfrequenz bei plötzlichen

Kindstodfällen in der Bundesrepublik Deutschland in den Jahren 1985 bis 1989. *Rechtsmedizin 7*

Knight, B. (1992): Legal aspects of medical practice. Edinburgh

König, Wolfgang/Kreuzer, Arthur (1998): Rauschgifttodesfälle: Kriminologische Untersuchung polizeilicher Mortalitätsstatistiken. Mönchengladbach

Körner, Harald Hans (1992): Staatsanwaltschaft und Kriminalpolizei. *Kriminalistik 3*

Kreuzer, Arthur (1982): Definitionsprozesse bei Tötungsdelikten, Teil 1 und Teil 2. *Kriminalistik 8, 9 und 10*

Kreuzer, Arthur, et al., Hg. (1999): Fühlende und denkende Kriminalwissenschaften. Mönchengladbach

Lange, Hans-Jürgen (1999): Innere Sicherheit im politischen System der Bundesrepublik Deutschland. Opladen

Lockemann, Ute, et al. (1990): Trauma im Kindesalter – Misshandlung/Unfall. Das Schütteltrauma. *Hautnah'90 Pädiatrie*, Jahrgang 2, Heft 5

Madea, Burkhard, Hg. (1999): Die Ärztliche Leichenschau. Berlin

Madea, Burkhard, et al., Hg. (1996): Innere Medizin und Recht. Berlin/Wien

Maisch, Herbert (1997): Patiententötungen. München

Maiwald, Manfred (1978): Ermittlungspflicht des Staatsanwalts in Todesfällen. *Neue Juristische Wochenschrift 12*

Mätzler, Armin (1997): Todesermittlungen. Heidelberg

Meyer, Kurt (1941): Die unbestraften Verbrechen. Leipzig

Modelmog, Dieter (1991): Das neunte Dezennium aus der Sicht des Pathologen. *Münchner Medizinische Wochenschrift 133*, Nr. 7

Modelmog, Dieter, et al. (1989): Der gegenwärtige Stellenwert einer annähernd einhundertprozentigen Obduktionsquote (Görlitzer Studie). *Z. Klin. Med. 44*, Heft 24

Naumann, Ute (1992): Heilprozesse vor Gericht. *Die Zeit*, Nr. 48

Niederschelp, Rudolf (1993): Chronik des gewaltsamen Todes. *Polizei in Düsseldorf*

Niederschelp, Rudolf/Wixfort, Dietmar (1995/96): In rettenden Blutkonserven lauerte der Tod. *Polizei in Düsseldorf*

Oehmichen, Manfred (1993a): Todesbescheinigung: Nicht aufgeklärte Todesart. *Schleswig-Holsteinisches Ärzteblatt 4*

Oehmichen, Manfred (1993b): Todesbescheinigungen. *Kriminalistik 2*

Oehmichen, Manfred/Reiter, Arthur (1992): Todesursache Gift. *Kriminalistik 3*

Penttilä, A./Ahonen, H. (1984): Gerichtsmedizinische und klinische Obduktionen in Finnland. *Beitr. Gerichtl. Med. 42*

Peschel, Oliver/Priemer, Fritz/Eisenmenger, Wolfgang (1997): Letzter Dienst am Menschen. *Münchener Medizinische Wochenschrift*, Sammel-Sonderdruck

Poets, Christian F. (1995): Das Münchhausen-Syndrom. *Kriminalistik* 8 und 9

Polizeiliche Kriminalstatistik der Bundesrepublik Deutschland 1998

Popitz, Heinrich (1968): Über die Präventivwirkung des Nichtwissens. Tübingen

Projektstudie über das Mobilitätsverhalten von Serien- und Intensivtätern. Durchgeführt von der Fachhochschule der Polizei. Wiesbaden 1996

Prokop, O./Göhler, W. (1975): Forensische Medizin. Berlin

Püschel, Klaus/Kappus, S./Janssen, W. (1987): Ärztliche Leichenschau im Krankenhaus – Fehler und Probleme. *Arzt und Krankenhaus* 4

Roll, Holger (1999): Typische Wahrnehmungsverzerrungen und -einengungen bei der Tatortanalyse. *Güstrower Studien*, Schriftenreihe der Fachhochschule für öffentliche Verwaltung und Rechtspflege 1

Roll, Holger (2000): Kriminalistisches Denken. In: Rolf Jaeger (Hg.), Kriminalistische Kompetenz. Lübeck

Romanowski, U./Schäfer, H. D. (1992): Durch Verwaltungssektionen aufgedeckte Tötungsdelikte im Obduktionsgut des Hallenser Instituts. Vortrag bei der 1. Frühjahrstagung der Rechtsmedizin Nord in Gießen

Saukko, P. (1984): Leichenschau in Skandinavien. *Beitr. Gerichtl. Med.* 42

Saukko, P. (1995): Medicolegal investigation system and sudden death in Scandinavia. *Jpn. J. Legal Med.* 49

Schneider, Hans Joachim (1994): Kriminologie der Gewalt. Stuttgart/Leipzig

Seibel, O., et al. (1997): 131 Exhumierungen und ihre Bedeutung für die Rechtspflege und Versicherungsmedizin. *Versicherungsmedizin* 49

Sessar, Klaus (1979): Das Verbrechensopfer. Sonderdruck des Studienverlags Dr. Norbert Brockmeyer. Bochum

Sessar, Klaus (1981): Rechtliche und soziale Prozesse einer Definition der Tötungskriminalität. Freiburg

Spann, Wolfgang (1997): Kalte Chirurgie. Landsberg

Spann, Wolfgang/Maidl, Karoline (1985): Die Frequenz gerichtlicher Leichenöffnungen in der Bundesrepublik Deutschland. *Med. R.* 2

Stefenelli, N., et al. (1993): Auswirkungen der Begegnung von Medizinstudenten und Krankenhausärzten mit dem menschlichen Leichnam. *Der Pathologe* 14

Stock, Jürgen/Kreuzer, Arthur (1996): Drogen und Polizei. Bonn

Trübner, Kurt/Püschel, Klaus (1991): Todesfälle in der Badewanne. *Arch. f. Krim.* 188

Vock, Reinhard/Hofmann, Maria (1996/97): Verschleierte Tötungsdelikte. Eine zehnteilige Serie. *Kriminalistik* 50 und 51

Vock, Reinhard/Trauth, W., et al. (1999a): Tödliche Kindsmisshandlung (durch physische Gewalteinwirkung) in der Bundesrepublik Deutschland im Zeitraum 1. 1. 1985 bis 2. 10. 1990. Ergebnisse einer multizentrischen Studie. *Arch. f. Krim.* 203: 73–85

Vock, Reinhard/Trauth, W., et al. (1999b): Tödliche Kindsvernachlässigung in der Bundesrepublik Deutschland im Zeitraum 1. 1. 1985 bis 2. 10. 1990. Ergebnisse einer multizentrischen Studie. *Arch. f. Krim.* 204: 12–22

Volkenandt, M. (1989): Die klinisch-wissenschaftliche Obduktion in der Bundesrepublik Deutschland. *Deutsche Medizinische Wochenschrift* 114

Volmer, W. (1988): Dunkelfeld bisher immer überbewertet. *Kriminalistik* 42

Weber, Fritz (1963): Bearbeitung von Kapitalverbrechen, insbesondere Todesermittlungssachen, Teil 1 und 2. *Kriminalistik* 11 und 12

Wehner, Bernd (1954a): Die Phänomene der Zufallsentdeckung von Tötungsdelikten. *Polizei-Praxis*, S. 161

Wehner, Bernd (1954b): »Dunkelziffer« und latente Kapitalverbrechen. *Polizei-Praxis*, S. 189

Wehner, Bernd (1954c): Die latente Tötungskriminalität in der Sicht kriminalpolizeilicher Praxis. *Polizei-Praxis*, S. 246

Wehner, Bernd (1957): Die Latenz von Straftaten. Schriftenreihe des Bundeskriminalamtes. Wiesbaden

Wehner, Bernd (1985): Kölner Leichenfundort-»Modell«. *Kriminalistik* 39

Wirth, Ingo/Strauch, Hansjürg (1992): Immer aktuell: Verwaltungssektionen. *Kriminalistik* 11

Wirth, Ingo/Strauch, Hansjürg (1994): Tod durch Erdrosseln. *Kriminalistik* 11